深/圳/市/烹/饪/协/会/发/布

# 深圳餐饮产业发展报告
## (2019)

主　　编／刘致良
执行主编／贾贵龙

SHENZHEN CANYIN CHANYE
FAZHAN BAOGAO(2019)

四川科学技术出版社

图书在版编目（CIP）数据

深圳餐饮产业发展报告.2019 / 刘致良主编.——成都：四川科学技术出版社，2020.6
ISBN 978-7-5364-9862-4

Ⅰ.①深… Ⅱ.①刘… Ⅲ.①饮食业–产业发展–研究报告–深圳–2019 Ⅳ.①F719.3

中国版本图书馆CIP数据核字(2020)第103256号

# 深圳餐饮产业发展报告（2019）

SHENZHEN CANYIN CHANYE FAZHAN BAOGAO（2019）

| | |
|---|---|
| 主　　编 | 刘致良 |
| 执行主编 | 贾贵龙 |
| 出 品 人 | 钱丹凝 |
| 责任编辑 | 张湉湉 |
| 责任出版 | 欧晓春 |
| 出版发行 | 四川科学技术出版社 |
| | 成都市槐树街2号　邮政编码 610031 |
| | 官方微博：http://e.weibo.com/sckjcbs |
| | 官方微信公众号：sckjcbs |
| | 传真：028-87734035 |
| 成品尺寸 | 200 mm × 270 mm |
| 印　　张 | 19　字数 380 千　插页 4 |
| 印　　刷 | 四川华龙印务有限公司 |
| 版　　次 | 2020年7月第1版 |
| 印　　次 | 2020年7月第1次印刷 |
| 定　　价 | 668.00元 |

ISBN 978-7-5364-9862-4

邮购：四川省成都市槐树街2号　邮政编码：610031
电话：028-87734035

■ 版权所有　翻印必究 ■

# 编委会成员

**顾　　问**：李统书　杨铭铎　庄礼祥　张和平　杜　莉　吴　坚

**主　　任**：黄　平

**副 主 任**：李晓林　刘永忠

**主　　编**：刘致良

**执行主编**：贾贵龙

**副 主 编**：胡春林　雅　文　王存山

**编　　委**：（排名不分先后）

|  |  |  |
|---|---|---|
| 郑会广 | 中国中旅酒店（集团）有限公司 | 副总经理 |
| 叶启腾 | 南粤春餐饮连锁 | 董事长 |
| 姚志忠 | 思爱普（中国）有限公司SAP大中华区餐饮 | 总监 |
| 温锦培 | 深圳市饭饭得食品有限公司 | 董事长 |
| 张瑞勇 | 君德餐饮猎头公司 | 董事长 |
| 贾　春 | 博客·格兰云天国际酒店 | 副总经理 |
| 彭　昆 | 深烹协名厨专业委员会 | 主席 |
| 欧阳海林 | 深圳市尚厨餐饮管理有限公司 | 董事长 |
| 萧宏涛 | 中国潮江春集团有限公司 | 董事总经理 |
| 杜建斌 | 都百味集团 | 董事长 |
| 杨　阳 | 雀巢（中国）有限公司专业餐饮深圳城市群 | 总经理 |
| 刘中权 | 广东芙蓉楼餐饮有限公司 | 董事长 |
| 李成锋 | 深圳市探炉餐饮连锁有限公司 | 董事长 |
| 苏师芦 | 深圳市国兰酒楼饮食有限公司 | 董事长 |
| 唐正纯 | 合纵文化集团 | 执行董事 |
| 王胜兵 | 深圳市德立安食品有限公司 | 总经理 |
| 陈天亮 | 本人造（深圳）传媒科技有限公司 | 总经理 |
| 黄嘉超 | 深圳市鼎日文化传播有限公司 | 董事长 |

|  |  |  |
|---|---|---|
| 林钦华 | 深圳市委党校 | 副科长 |
| 李金凤 | 深圳市艾美御膳餐饮管理有限公司 | 董事长 |
| 伍彩仪 | 深圳市五稻厨房餐饮有限公司 | 董事长 |
| 董玉振 | 深圳市福田区香格里拉大酒店 | 行政总厨 |
| 程建华 | 深圳五耕餐饮投资管理有限公司 | 董事长 |
| 郑庆元 | 深圳第二高级技工学校健康产业学院 | 院　长 |
| 任景华 | 深圳市饪一碗餐饮服务有限公司 | 董事长 |
| 陈鹏鹏 | 陈鹏鹏餐饮（广东）有限公司 | 总经理 |
| 陈永田 | 深圳市潮泰实业有限公司 | 董事长 |
| 李永利 | 众安康后勤集团有限公司餐饮公司 | 总经理 |
| 姜崇斌 | 中质安信（深圳）科技有限公司 | 总　裁 |
| 迟焕涛 | 深圳市云味馆餐饮管理 有限公司 | 创始人 |
| 陈家莲 | 深圳市智会投资管理有限公司（潮悦世家） | 总经理 |
| 郑国庆 | 益海嘉里食品营销有限公司深圳分公司餐饮发展 | 高级经理 |
| 文庆均 | 深圳市誉兴饮食管理有限公司 | 总经理 |
| 谭子滔 | 深圳市谭厨餐饮管理有限公司 | 董事长 |
| 王克明 | 深圳市日月永和餐饮有限公司 | 董事长 |
| 罗华山 | 餐饮O2O新媒体 | 创始人 |
| 曾昭志 | 深圳市科脉技术股份有限公司 | 创始人、董事长 |
| 江本华 | 深圳佳宁娜餐饮管理有限公司 | 董事总经理 |
| 鹤　九 | 哈谷传媒（餐饮界新媒体） | CEO（创始人） |
| 侯丽捷 | 深圳市烹饪协会办公室 | 主　任 |
| 谢海兵 | 深圳市好伙夫餐饮管理有限公司 | 创始人 |
| 李　伟 | 深圳市幸福汇餐饮管理策划有限公司 | 董事长 |
| 苏晓铨 | 爱特味（深圳）餐饮文化投资有限公司 | 总经理 |
| 赵俊亦 | 深圳餐谋长品牌策划公司 | 创始人 |
| 周素素 | 深圳市湖景一号饮食管理有限公司 | 董事长 |
| 王　永 | 深圳市星厨和盛餐饮管理有限公司 | 总经理 |

# 主编、副主编简介

**主编：刘致良** 男，中国民主促进会会员，四川广元人，华中科技大学工商管理硕士（MBA）。现任深圳职业技术学院管理学院教授，酒店餐饮研究中心主任；深圳市政协委员；深圳市"地方级领军"高层次专业人才；深圳市烹饪协会第一届理事会副会长，第二届监事会监事长；广东省教育厅高等学校高级职称（教授）评定委员会评委；深圳市政府发展研究中心专家库成员。1995年毕业于四川旅游学院烹饪系，1995—1997年任江苏省张家港市国贸酒店（五星）餐饮部主管。主持国家级、省部级课题7项，已出版多部学术专著，主编教材8部，在国内旅游经济管理类核心期刊发表餐饮专业学术论文30余篇。

**执行主编：贾贵龙** 男，硕士研究生，哈尔滨商业大学烹饪与营养教育本科，云南财经大学工商管理MBA教育中心工商管理硕士特聘导师。现任深圳航空有限责任公司配餐部生产经理。深圳市中式烹调高级考评员、餐饮行业国家级评委、饭店业高级职业经理人，中国烹饪协会餐饮教育委员会委员，中国食文化研究会理事。

**副主编：胡春林** 男，博士，教授，深圳职业技术学院管理学院酒店管理专业主任，休闲产业研究中心主任。深圳市优秀教师。主持完成国家社科基金项目1项、广东省哲学社会科学规划课题2项。出版专著3部，发表论文20余篇。研究方向：区域经济管理、服务经济管理、休闲产业管理。

**副主编：雅 文** 女，北京大学工商管理EMBA，深圳泽源雅文教育咨询创始人，餐饮商业模式创新辅导老师、商业模式和阿米巴/合伙人项目负责人、餐饮业绩管控和食品品牌危机管理培训主讲老师。

**副主编：王存山** 男，中央厨房商学院创院院长，深圳市普凡逊中央厨房科技有限公司创始人。长期致力于餐饮业中央厨房与餐饮食品工业化的系统性研究、职业教育、应用推广。中央厨房建设与运营整体解决方案模式的创立者，中央厨房职业技能教育的倡导者和推动者，中央厨房企业公益行发起人。

## 宗 旨

行业趋势预见

企业成长分享

平台资源融合

智慧思想传播

# 序

2019年8月，中共中央、国务院《关于支持深圳建设中国特色社会主义先行示范区的意见》提出，深圳要"进一步弘扬开放多元、兼容并蓄的城市文化""大力弘扬粤港澳大湾区人文精神""加快建设区域文化中心城市和彰显国家文化软实力的现代文明之城"，打造"城市文明典范"和"民生幸福标杆"。其中，"文化"是关键词。

在人类学中，"文化"通常是指人类社会的全部活动方式，是地区人类生活要素形态的总和。人类通过社会实践创造了文化，而文化又成为其独特性的标志与符号象征。文化是一种历史现象，也是一种社会现象。"国以民为本，民以食为天"，饮食活动作为人类社会的生活要素与生活方式，毫无疑问属于地区人类文化的重要内容。

为进一步推动人类文化的保护与传承，倡导和维护世界文化的多样性，2004年联合国教科文组织推出了"全球创意城市网络"项目，分设"设计之都""美食之都"等七大申评主题。我国的成都、顺德、澳门、扬州四市先后于2010年、2014年、2017年和2019年入选其中，成为具有文化独特性的世界"美食之都"。

全球创意城市"美食之都"既是一种现代性文化现象，又是激活餐饮业综合活力、打造城市文化软实力的有效工具。它一方面体现了联合国教科文组织致力于人类文化传承与保护的理念；另一方面也勾勒出了世界"美食之都"的理想面貌，为充实城市文化内涵、塑造并强化世界城市的文化个性指明了方向。

*Preface*

  深圳是一座充满魅力、动力、活力与创新力的国际化创新型城市。在建设中国特色社会主义先行示范区的背景下，如何发挥衔接中西、开放多元、美食荟萃的优势，以打造世界"美食之都"为牵引，助力深圳率先塑造展现社会主义文化繁荣兴盛的现代城市文明，是深圳市餐饮业面临的重要课题。可喜的是，深圳市餐饮业界学界深思远虑，对此已帷幄运筹。

  期待深圳餐饮业在深圳市烹饪协会的领导下，依托美食、聚焦文化，实现创新发展！

  是为序。

姜俊贤

中国烹饪协会会长

2020 年 1 月

# 前言

Preface

中共中央、国务院出台《关于支持深圳建设中国特色社会主义先行示范区的意见》，明确了深圳区域文化中心的城市定位，也赋予了深圳提升文化软实力、率先塑造展现社会主义文化繁荣兴盛的现代城市文明的历史使命。深圳餐饮业春蚕破蛹，面临发展蝶变。

饮食文化是人类存在方式的表征，也是体现文化软实力的重要方面。在新的时代背景下，充分发挥国际化创新型城市的综合优势，进一步弘扬敢闯敢试、敢为人先、埋头苦干的特区精神，加快推动餐饮业向"美食+文化"产业转型，是深圳餐饮业面临的新课题。

《深圳餐饮产业发展报告（2019）》中"宏观篇"的首篇，以打造创意城市"美食之都"为方向，从禀赋条件、发展现状与产业贡献三个方面，对深圳餐饮业发展状况作了比较研究，提出了"深度挖掘、精心培育，用时间打磨深圳味型与本土风味""依托美食、聚焦文创，助推深圳餐饮业向'美食文创'产业蜕变"等发展命题。"宏观篇"次篇则指出，渗透在骨子里的"创新基因"与务实精神，是引领深圳餐饮业转型发展、化蛹为蝶的根本动力。

创意城市关注文化传承与创意驱动，其"美食之都"申评有8条描述性标准，具体可细分为22个维度与66项细分指标。围绕这些维度标准与相关指标，并呼应"宏观篇"提出的新时代发展命题，本年度报告"中观篇"从资源禀赋、产业基础、文化传承与社会环境四个方面聚焦深圳餐饮产业的转型发展问题，涉及供应链管理、食品质量可追溯体系、产品研发与设计、烹饪技术与设备、厨师培养与培训、自媒体与美食文化传播等内容。

餐饮企业是餐饮产业的结构单元，也是饮食文化传承与创新创意的实践主体。本年度报告"微观篇"从经营业态、管理创新以及研发机构三个方面选取誉兴、潮泰、科脉以及行膳等代表性企业与机构，呈现深圳餐饮企业与机构在产业转型发展过程中的实践探索，内容包括宴会与团餐经营、百年老店的打造、互联网时代的数字化营销与品牌建设、餐饮研发与产业化支持等等。

"不忘初心，方得始终"。面对新的时代背景与新的发展命题，深圳餐饮业界学界博观约取、厚积薄发、砥砺前行，必将推动深圳餐饮产业的文化蝶变，助力深圳中国特色社会主义先行示范区建设。让我们同力协契、携手奋进！

刘致良

深圳职业技术学院管理学院教授

酒店餐饮研究中心主任

2020 年 1 月

# 目录

## 宏观篇 HONGGUAN PIAN

**B.1 打造世界美食之都——深圳餐饮业发展的比较研究**
　　　　　　　　　　　　　　　　　　　　　　胡春林　赵合敏　刘致良 / 002
　一、深圳餐饮业发展禀赋的比较研究 …………………………………… 003
　　（一）经济禀赋 ………………………………………………………… 003
　　（二）人口规模 ………………………………………………………… 004
　　（三）文化禀赋 ………………………………………………………… 007
　二、深圳餐饮业发展现状的比较研究 …………………………………… 010
　　（一）产业规模 ………………………………………………………… 010
　　（二）投资增长 ………………………………………………………… 012
　　（三）美食活动与教育 ………………………………………………… 015
　三、深圳餐饮业产业贡献的比较研究 …………………………………… 017
　　（一）经济增长贡献 …………………………………………………… 017
　　（二）消费增长贡献 …………………………………………………… 021
　　（三）就业增长贡献 …………………………………………………… 025

四、结论与政策建议 ········································································· 027
　　（一）研究结论 ······································································· 027
　　（二）政策建议 ······································································· 028

## B.2 看深圳学华为——新时代新餐饮趋势研究　　　　罗华山　贾贵龙　031

一、餐饮业激荡10年的趋势分析 ···················································· 031
　　（一）餐饮上市和融资爆发 ······················································ 032
　　（二）标准的规模正餐 ····························································· 032
　　（三）小吃品类强势崛起 ························································· 033
　　（四）"茶饮+"模式更受追捧 ···················································· 034
　　（五）食材上涨导致成本高企 ··················································· 035
　　（六）智慧餐厅初露锋芒 ························································· 036
　　（七）单品产业化将是热门 ······················································ 037
　　（八）商场增加，回归社区店 ··················································· 037
　　（九）下沉三四线城市，巨头出海捞金 ······································· 038
　　（十）餐饮食品化：效率提升，零售加持 ···································· 038
二、2019年新时代餐饮趋势总结 ···················································· 040
三、2020年餐饮业为何要看深圳、学华为 ········································ 041
　　（一）土壤：年轻人+购物中心双集中 ········································ 041
　　（二）思维：公司化+品牌化双轮驱动 ········································ 042
　　（三）创新：骨子里的务实+创新精神 ········································ 043
　　（四）餐饮业最好的老师——华为 ············································· 044
四、深圳餐饮业将代表餐饮业未来 ·················································· 045

# 中观篇　ZHONGGUAN PIAN

## B.3 深圳餐饮市场原材料供应链分析　　　　潘先锋　梁　贝　048

一、食材行业发展现状——以惠尔来为例分析 ································· 049

（一）惠尔来食材优质提供商 …………………………………… 049
　　（二）食材行业的发展趋势 ……………………………………… 051
二、餐饮行业食材供应链问题分析 …………………………………… 051
　　（一）安全问题 …………………………………………………… 051
　　（二）效率问题 …………………………………………………… 052
　　（三）服务问题 …………………………………………………… 052
三、食材行业代表企业解决方案及未来发展对策 …………………… 053
　　（一）优秀企业代表的特点 ……………………………………… 053
　　（二）科学规范应用 ……………………………………………… 058
　　（三）展望未来 …………………………………………………… 060

## B.4 深圳餐饮市场原材料供应链分析　　　　　　　　　李 荧　**061**
一、食品追溯的概述 …………………………………………………… 062
　　（一）食品安全是食品质量的根本 ……………………………… 063
　　（二）物联网在食品质量追溯上的应用 ………………………… 065
　　（三）跨领域研究比较 …………………………………………… 066
　　（四）不同角度使用者对食品质量追溯的诉求 ………………… 069
二、食品质量追溯建设中的注意事项 ………………………………… 070
　　（一）模式设计逻辑闭环 ………………………………………… 070
　　（二）制定标准要合乎实际 ……………………………………… 071
　　（三）科学保护信息安全 ………………………………………… 071
三、食品质量追溯建设中的设计难点 ………………………………… 073

## B.5 深圳厨房设备市场现状及发展报告　　　　陈春燕　殷俊先　**077**
一、燃气之殇 …………………………………………………………… 079
　　（一）难以捉摸的厨房危险 ……………………………………… 079
　　（二）难以忍受的厨房污染 ……………………………………… 081
二、商用电磁炉：餐饮业灶具的必然选择 …………………………… 082
　　（一）什么是商用电磁炉 ………………………………………… 082
　　（二）商用电磁炉工作原理 ……………………………………… 082
　　（三）电磁感应加热技术应用与发展趋势 ……………………… 083

（四）为什么要使用商用电磁炉……………………………………………084
三、商用电磁炉市场分析……………………………………………………086
　　（一）商用电磁炉行业宏观环境分析………………………………………086
　　（二）商用电磁炉现状分析…………………………………………………087
　　（三）发展机遇分析…………………………………………………………087
　　（四）商用电磁灶市场发展前景……………………………………………088
　　（五）外部挑战分析…………………………………………………………089
四、金肯科技——商用电磁炉业界的领航者………………………………089
　　（一）金肯商用电磁炉研发历程……………………………………………092
　　（二）金肯商用电磁炉介绍…………………………………………………093
　　（三）金肯商用电磁炉餐饮行业案例………………………………………100

## B.6 基于新理论的产品研发与管理新思维研究　　胡 罡　104

一、八代总厨介绍及其胜任力………………………………………………105
　　（一）八代总厨——背景……………………………………………………105
　　（二）八代总厨——定义……………………………………………………105
　　（三）八代总厨的胜任力……………………………………………………109
二、产品研发设计——以"变量"思维做产品……………………………110
　　（一）产品"变量"…………………………………………………………110
　　（二）品牌博弈………………………………………………………………111
　　（三）技术赋能………………………………………………………………111
　　（四）新旧融合………………………………………………………………112
　　（五）由内而外………………………………………………………………113
　　（六）场景构建………………………………………………………………113
三、产品研发设计——以"系统"思维管产品……………………………114
　　（一）产品生命周期管理概述………………………………………………114
　　（二）产品生命周期管理准则………………………………………………115
　　（三）产品生命周期管理模型………………………………………………115
　　（四）产品生命周期管理流程………………………………………………116

## B.7 深圳名厨名师谈培训行业 ............................................. 甘智荣 **117**

### 一、厨师是可以成就人生梦想的职业 ............................................. 118
（一）厨师行业的选择 ............................................. 118
（二）从厨经历与成果 ............................................. 118
（三）从事厨师行业的前景分析 ............................................. 125

### 二、深圳厨师培训市场浅议 ............................................. 127
（一）厨师资格证书 ............................................. 128
（二）深圳厨师人才供不应求 ............................................. 129
（三）厨师教育培训生源不断 ............................................. 129
（四）拓宽了厨师加薪晋升通道 ............................................. 129

### 三、厨师培训市场发展需多方关注 ............................................. 129
（一）政府多方的扶持 ............................................. 129
（二）厨师人才的紧缺 ............................................. 130
（三）学习平台的搭建 ............................................. 130

## B.8 基于深圳自媒体视角的餐饮业透析 ............................................. 鹤 九 **131**

### 一、2019餐饮呈现八大常态 ............................................. 132
（一）正餐快餐化 ............................................. 133
（二）快餐零售化 ............................................. 133
（三）边界模糊化 ............................................. 134
（四）外卖平台红利消退 ............................................. 135
（五）连锁品牌市场下沉 ............................................. 135
（六）中餐频繁走出去 ............................................. 136
（七）细分市场依然火热 ............................................. 136
（八）国潮风愈演愈烈 ............................................. 137

### 二、2020餐饮发展六大核心关键词 ............................................. 137
（一）夜经济 ............................................. 138
（二）IP赋能 ............................................. 138
（三）新零售 ............................................. 138
（四）跨界 ............................................. 139

（五）两极分化……139
（六）活下去……140

# 微观篇　WEIGUAN PIAN

**B.9 南粤春——深圳餐饮宴会市场发展分析**……叶启腾 **142**
  一、宴会市场的历史沿革与特点……143
    （一）宴会市场的历史沿革……143
    （二）宴会市场的特点……147
  二、宴会市场的发展变化……152
    （一）餐饮市场的细分……152
    （二）酒店配套餐饮的宴会优势……152
    （三）餐饮宴会市场的增值效应……153
  三、宴会市场分析……154
    （一）政策机遇……154
    （二）深圳餐饮宴会市场分析……154
  四、发展建议与展望……155
    （一）宴会发展建议……155
    （二）宴会市场展望……156

**B.10 誉兴——团餐发展新模式探索**……张北京 **157**
  一、誉兴团餐标准化发展微观史……158
    （一）食品安全方面……159
    （二）健康营养方面……160
    （三）中央加工中心的运用……161
    （四）誉兴经验……162
  二、誉兴团餐发展模式探讨……162
    （一）学生营养餐的誉兴模式简介……162
    （二）誉兴模式优劣势分析……164
    （三）誉兴模式带来的绿色循环经济……164

（四）学生营养餐誉兴模式的优势……………………………………………166
　　（五）瑞金学生营养餐的实施情况……………………………………………166
　　（六）中央加工中心的八大管理亮点…………………………………………167
　　（七）学生营养餐誉兴模式的运营方式………………………………………167
三、借鉴誉兴模式探索团餐未来发展……………………………………………170
　　（一）整合上下游产业链………………………………………………………170
　　（二）充分抱团争取政府支持…………………………………………………171
　　（三）同行之间合作建设中央厨房……………………………………………171
　　（四）主动拥抱互联网、大数据和人工智能…………………………………171

**B.11 潮泰——以产品质量为核心打造百年企业** 陈成铭　陈伟润　莫如锋　**175**
一、产品是餐饮业的核心竞争力……………………………………………………176
二、潮泰牛肉火锅概述………………………………………………………………176
　　（一）潮泰成立初心……………………………………………………………176
　　（二）潮泰的发展历程…………………………………………………………177
　　（三）诚信为本…………………………………………………………………178
　　（四）公司管理与经营理念……………………………………………………179
三、产品质量与特色…………………………………………………………………180
　　（一）牛肉自身的优势…………………………………………………………180
　　（二）全牛火锅宴………………………………………………………………181
　　（三）好产品结合品牌定位……………………………………………………181
　　（四）良心食材，匠心打造……………………………………………………181
　　（五）郑重承诺，一言九鼎……………………………………………………181
　　（六）营销模式的升级…………………………………………………………183

**B.12 科脉——品牌餐饮企业会员数字化营销**…… 曾昭志　刘　献　李小建　**184**
一、会员运营概述……………………………………………………………………185
二、为什么要做会员运营……………………………………………………………186
　　（一）维护客情关系……………………………………………………………186
　　（二）提升复购率………………………………………………………………186
　　（三）扩大品牌影响力…………………………………………………………186

（四）扩充营销渠道……187

三、餐饮企业会员运营的现状……187
　　（一）TOP 品牌餐饮企业……187
　　（二）大型连锁企业……188
　　（三）中小连锁企业……188
　　（四）小微餐饮门店……188

四、会员运营四部曲……189
　　（一）会员体系搭建……189
　　（二）会员拉新……190
　　（三）会员复购……196
　　（四）精准营销……198

五、餐饮企业会员运营的发展趋势……202
　　（一）会员运营体系化……202
　　（二）会员运营广泛化……202
　　（三）会员运营精准化……202

## B.13 佳宁娜——餐饮品牌的革新之路　江本华　陈锦莲 / 203

一、佳宁娜集团的发展……204
　　（一）佳宁娜餐饮发展的概述……205
　　（二）品牌建设的重要性……205
　　（三）品牌建设过程中存在的问题……207

二、品牌建设中的探索……208
　　（一）品牌意识的树立……209
　　（二）企业文化建设……209
　　（三）优秀团队创建……209
　　（四）科学管理……210
　　（五）产品质量保证……210
　　（六）创新……210

三、佳宁娜品牌的互联网推广……211
　　（一）引入会员系统……211
　　（二）第三方平台合作……211

中观篇

　　（三）智能化数据管控…………………………………………………………211
　　（四）外卖研发投入……………………………………………………………211
　　（五）推广电子点单……………………………………………………………211

四、互联网时代的品牌建设　212
　　（一）阳光行动，从头做起……………………………………………………212
　　（二）品质提升，经久不衰……………………………………………………212
　　（三）培育基因，长期坚守……………………………………………………213
　　（四）数字定义，实时共享……………………………………………………213
　　（五）战略主导，持之以恒……………………………………………………213

## B.14 行膳——餐饮业产学研通路探寻　　　　　　　　吴　麟　214

一、基于市场反应的研发端——研　218
　　（一）产品研发…………………………………………………………………219
　　（二）服务研究…………………………………………………………………220
　　（三）管理研发…………………………………………………………………221
　　（四）模式研发…………………………………………………………………221
　　（五）周边研发…………………………………………………………………221
　　（六）营销推广研究……………………………………………………………222

二、储蓄后备力量的教学端——学　223
　　（一）技术教学…………………………………………………………………223
　　（二）学术交流…………………………………………………………………223

三、服务市场需求的出品端——产　224
　　（一）会员服务…………………………………………………………………224
　　（二）模式输出…………………………………………………………………224

四、运营推广助力行膳前行　226
　　（一）《行膳有味》栏目…………………………………………………………226
　　（二）行膳全球赛事……………………………………………………………226
　　（三）行膳创业基金……………………………………………………………227

五、对于餐饮企业更好适应时代发展的建议………………………………………227

## 附 录 FULU

B.15 附录一 2019年深圳市烹饪协会大事记 …………………………………… 230

B.16 附录二 关于印发《广东省"粤菜师傅"工程实施方案》的
通知 ………………………………………………………………… 245

B.17 附录三 关于印发《深圳经济特区食品安全监督条例行政处罚
裁量权实施标准》的通知 ………………………………………… 250

B.18 附录四 关于印发《食品安全初步筛查管理规定(试行)》的
通知 ………………………………………………………………… 260

B.19 附录五 关于印发《深圳市餐饮服务违法行为记分管理办法(试行)》
通知 ………………………………………………………………… 264

B.20 附录六 《深圳市餐饮服务违法行为记分管理办法(试行)》
政策解读 …………………………………………………………… 279

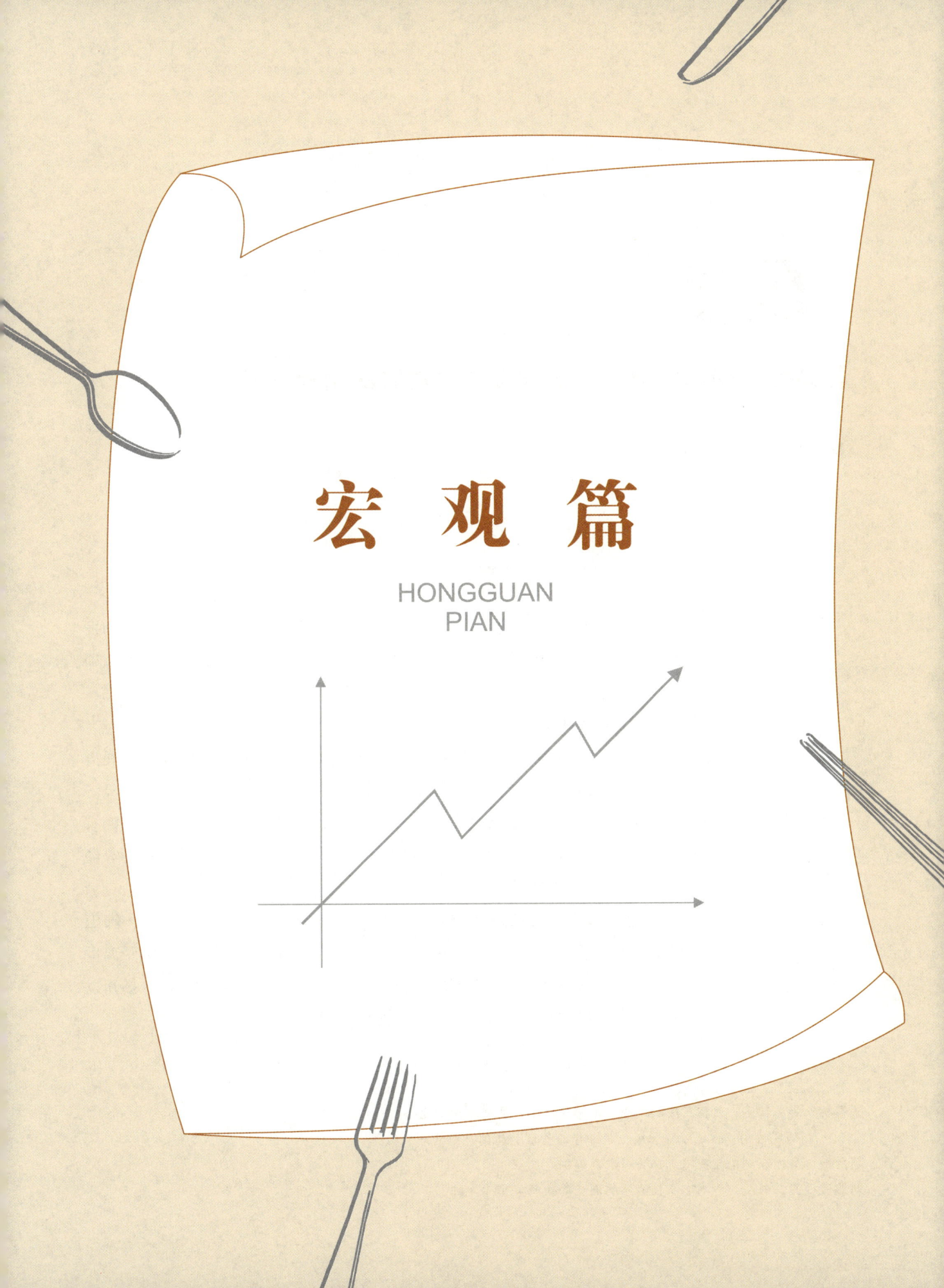

# 宏 观 篇

HONGGUAN PIAN

# B.1

## 打造世界美食之都——深圳餐饮业发展的比较研究

■ 胡春林　赵合敏　刘致良

为倡导和维护世界文化的多样性，促进城市文化与经济、社会的交流和发展，联合国教科文组织（UNESCO）于2004年推出了全球"创意城市网络"项目，分设"文学之都""设计之都""美食之都"等七个申评主题。我国成都、顺德、澳门和扬州四个城市先后入选，成为世界"美食之都"。

创意城市网络既是一种创意性文化现象，也是激发城市综合活力与发展潜力的工具；其中的"美食之都"主题尤其如此。"美食之都"兼具文化性与经济性双重属性。其评选标准包含"在城市中心地区有高度发达的美食行业""拥有传统食品市场和食品产业"等要求，涉及餐饮业的规模、贡献、行业渗透性等经济维度（詹一虹等，2016）。

《粤港澳大湾区发展规划纲要》提出，"支持香港、澳门、广州、佛山（顺德）弘扬特色饮食文化，共建世界美食之都"。深圳不在其列。深圳距离世界"美食之都"到底有多远？应该采取怎样的发展策略？本文选取成都、扬州以及素有"食在广州"美誉的广州，通过比较研究尝试回答这些问题。

---

胡春林　男，博士，教授，深圳职业技术学院休闲产业研究中心主任
　　　　研究方向：区域经济管理、服务经济管理、休闲产业管理
赵合敏　男，深圳航空有限责任公司配餐部副总经理
刘致良　男，教授，深圳职业技术学院酒店餐饮研究中心主任

# B.1 打造世界美食之都——深圳餐饮业发展的比较研究

## 一、深圳餐饮业发展禀赋的比较研究

### （一）经济禀赋

第一财经按照商业资源集聚度、城市枢纽性、城市人活跃度、生活方式多样性和未来可塑性五大维度指数，对中国337个地级及以上城市进行"城市商业魅力"评估并发布"城市商业魅力排行榜"。由于其五大维度指标与餐饮业的营商环境息息相关，因此可以在很大程度上反映各城市餐饮业发展的经济禀赋情况。按照"2019城市商业魅力排行榜"[①]，深圳和广州属于一线城市，成都位列15个新一线城市之首，而扬州则处于30个二线城市之末。这四个城市餐饮业发展的经济禀赋由此可见一斑。

成都别称"蓉城"。2018年底地区生产总值为15343亿元，在新一线城市中仅次于重庆（20363亿元）、天津（18810亿元）和苏州（18597亿元），城市地区生产总值全国排名在第8位；人均地区生产总值约9.5万元。而扬州市2018年地区生产总值仅为5466亿元，约为成都市生产总值的1/3，其城市地区生产总值全国排名在第37位。但扬州市的人均地区生产总值12.1万元，比成都高出27%。

广州是国家中心城市和综合性门户城市，2018年地区生产总值22859亿元，约为美食之都成都的1.5倍、扬州的4.2倍；人均地区生产总值15.5万元，为成都的1.6倍、扬州的1.3倍。深圳是全国性经济中心城市和国家创新型城市，2018年地区生产总值24222亿元，略高于广州；分别是成都和扬州的1.6倍和4.4倍；人均地区生产总值19.0万元，比广州高3.4万元；为成都人均地区生产总值的2.0倍、扬州的1.6倍。

2017年各市城市居民食品烟酒消费占生活消费支出的比例分别为成都市33.68%、扬州30.80%、广州32.15%、深圳29.96%，各城市大体相当、差距不大。深圳城市居民人均生活消

---

① 第一财经. 2019新一线城市官方名单出炉. https://www.yicai.com/news/100200192.html，20190524

费支出38 320元；其中食品烟酒消费支出11 481元，占比29.96%。成都居民人均消费支出为25 314元，仅为深圳的2/3；食品烟酒消费支出8 527元，仅为深圳的3/4；占比33.68%，比深圳高3.72个百分点。而扬州相应指标数据为22 093元、6 805元、30.80%；占比与深圳差不多，但绝对数值都不到深圳的60%。

表B.1-1 各市经济数据对比

| 类别 \ 城市 | 成都 | 扬州 | 广州 | 深圳 |
| --- | --- | --- | --- | --- |
| 地区生产总值*（亿元） | 15 343 | 5 466 | 22 859 | 24 222 |
| 人均地区生产总值*（元） | 94 782 | 120 944 | 155 491 | 189 568 |
| 城市居民人均可支配收入 | 38 918 | 38 828 | 55 400 | 52 938 |
| 城市居民人均生活消费支出 | 25 314 | 22 093 | 40 637 | 38 320 |
| 食品烟酒消费支出 | 8 527 | 6 805 | 13 063 | 11 481 |
| 食品烟酒消费占生活消费支出的比例 | 33.68% | 30.80% | 32.15% | 29.96% |
| 人均饮食服务消费支出 | — | 1 238 | 4 346 | 3 318 |
| 饮食服务支出占食品烟酒消费支出的比例 | — | 18.19% | 33.27% | 28.90% |
| 饮食服务支出占生活消费支出的比例 | — | 5.60% | 10.69% | 8.66% |

注：*表示2018年数据。其中深圳、广州数据来自《广东省统计年鉴2019》，成都市、扬州市数据来自各市《2018年国民经济和社会发展统计公报》。其余数据为2017年数据，数据来源于各市2018年统计年鉴。

在居民人均饮食服务消费支出这一反映餐饮业发展经济禀赋的核心指标上，成都数据缺失；扬州人均饮食服务消费支出仅为1 238元，占生活消费支出的比例为5.60%。广州相应数据为4 346元、10.69%，深圳为3 318元、8.66%。深圳居民人均饮食消费支出金额比扬州高168%，占比高3.06个百分点，但与广州相比还略有差距。

总体来说，作为经济发达的一线城市，与世界美食之都成都和扬州相比，深圳无疑具有更强的餐饮营商与经济禀赋优势。

### （二）人口规模

餐饮业是民生消费服务业。"民以食为天"。当地人口规模尤其是城镇人口规模，以及旅游业发展带来的流动人口增量，构成了餐饮业发展的人口禀赋。

## 宏观篇

### B.1 打造世界美食之都——深圳餐饮业发展的比较研究

从人口规模看，深圳、广州、成都同属城区常住人口超过1000万的超大城市。2018年底，成都户籍人口1478万人，常住人口1633万人，其中（"11+2"）中心城区常住人口1068.8万人[②]。广州户籍人口927.69万人，常住人口1490.44万人，城镇常住人口1287万。深圳户籍人口仅454.70万人，常住人口也达到1302.66万人。其常住人口总数虽比成都、广州都略低，但是深圳城市化率100%，常住人口即城镇人口，不仅略高于广州城镇人口总数，更比成都城镇人口多出108.61万人。

从人口发展趋势看（图B.1-1），2000年以来深圳、广州、成都三市都呈明显的增长态势。2000—2018年，三市城镇人口年均增长率分别为3.51%、3.13%、3.95%，成都居前，但期间增长率中位数分别为4.11%、3.34%、3.23%，深圳分别比广州、成都高0.77个百分点、0.88个百分点。

美食之都扬州2018年底常住人口453.1万人，与深圳、广州、成都人口规模不在一个数量级。从2006—2018年，扬州常住人口始终低于户籍人口13个百分点，均值在2.55%左右，且人口总量大致保持了稳定，增长趋势不明显，这与深圳、广州、成都三市的持续增长形成了鲜明的对比。

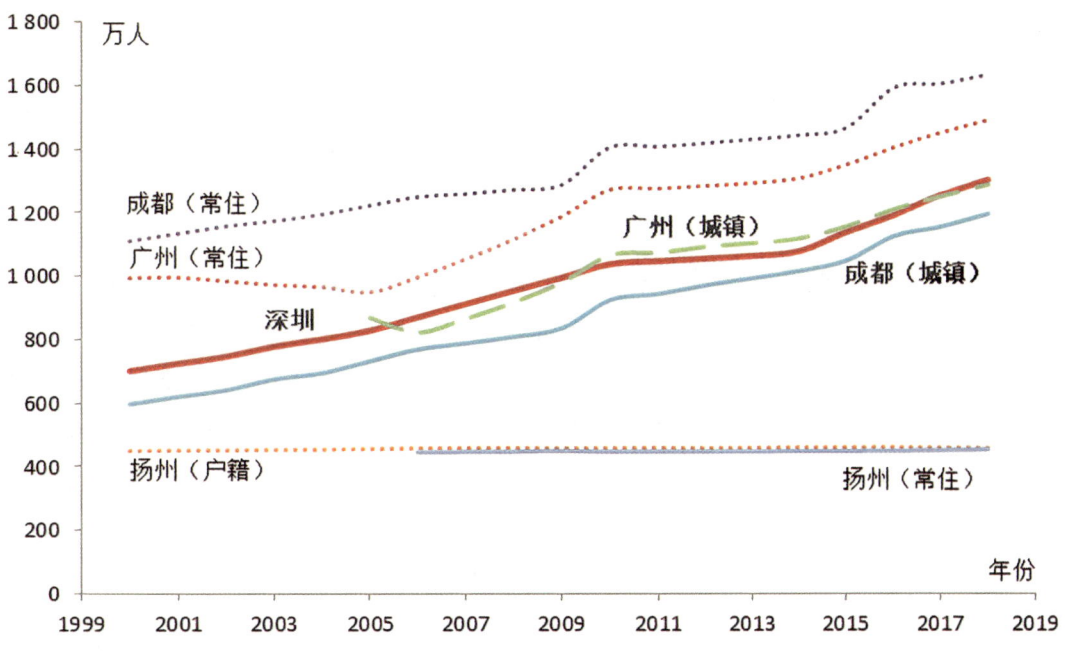

图 B.1-1　各市人口增长趋势对比

---

② 数据来源：成都市统计局，《2018年成都市国民经济和社会发展统计公报》（2019年3月31日）。

旅游业带来的域外人流及相应的餐饮消费增量,是餐饮业发展的外源力量。由于城市规模、交通地位以及旅游资源不同,美食之都成都与扬州的旅游业发展情况不尽相同。相对而言,成都旅游业发达,国内旅游与入境旅游市场兴旺。扬州旅游市场主要依靠国内游客,入境过夜旅游者不多。2018年底,成都接待国内旅游者2.36亿人次,是扬州的3.35倍;国内旅游收入3 610亿元,大约是扬州的4倍。接待入境过夜旅游者340.6万人次,是扬州的44倍;旅游外汇收入14.5亿美元,大约是扬州的17.4倍。

表 B.1-2　各市旅游业发展对比(2018)

| 城市 | 国内(过夜)旅游者<br>(万人次) | 国内旅游收入<br>(亿元) | 入境过夜旅游者<br>(万人次) | 旅游外汇收入<br>(亿美元) |
| --- | --- | --- | --- | --- |
| 成都 | 23 600* | 3 610 | 340.6 | 14.5 |
| 扬州 | 7 037* | 904.76 | 7.64 | 0.83 |
| 广州 | 5 631.92 | 3 579.24 | 900.63 | 64.82 |
| 深圳 | 5 181.71 | —— | 1 220.21 | 51.18 |

注:数据来源于各市2018年国民经济与社会发展统计公报。*为成都市、扬州市为国内旅游者人数(包含不过夜)。

但是从入境旅游情况看,成都相比广州又有不小的差距。2018年,广州接待入境过夜旅游者900.63万人次,旅游外汇收入64.82亿美元,分别是世界美食之都成都的2.6倍和4.5倍。入境过夜旅游者人次均消费720美元[3],是成都(426美元)的1.69倍。深圳的国内过夜旅游者人次数略低于广州,入境过夜旅游者人次数是广州的1.35倍。入境过夜旅游者人次均消费419美元,与成都相当,仅为广州市的58%。相对于深圳和美食之都成都,旅游者似乎更喜欢在广州消费。

[3] 即每人次入境过夜旅游者所创造(带来)的旅游外汇收入,用旅游外汇总收入除以入境过夜旅游者人次数得出。

# 宏观篇

**B.1 打造世界美食之都——深圳餐饮业发展的比较研究**

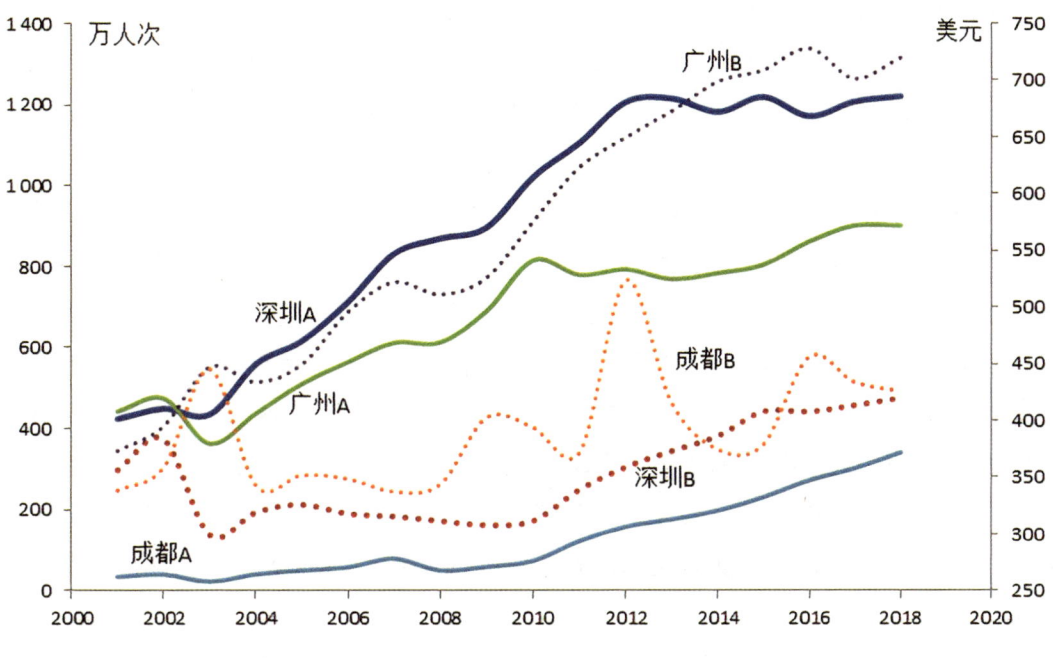

图 B.1-2　各市入境过夜旅游人次数（A）及平均消费（B）

2001—2018年，成都入境过夜旅游者人次数从34.56万人次增长到340.6万人次（图B.1-2）[④]，增长率达到886%。旅游外汇总收入从1.17亿美元增加到14.5亿美元，增长倍率114%。而旅游者人次均消费从338.54美元增长到425.72美元，增长倍率仅为26%。如果考虑价格变动因素，实际增长率更低。同期广州的入境过夜旅游者人次数增长率仅为104%，但人次均消费增长了93%，使得旅游外汇总收入增长了292%。

相较而言，深圳入境过夜旅游人数大幅领先于广州与成都，人次均消费却远低于广州。无论是规模效应还是内涵挖掘，都为深圳餐饮业发展提供了巨大的增长空间。

## （三）文化禀赋

人文的基础是"人"，而"文"（文化）源于"人"；"人"的规模与结构等对现代餐饮业发展起着基础性作用。从这个方面讲，深圳餐饮业发展的人文禀赋并不低于成都、广州，甚至要远远优于美食之都扬州。

---

④ 数据来源：各市历年统计年鉴。

但是，作为促进世界文化多样性保护的重要举措，联合国创意城市"美食之都"主题无疑更多地关注"文"，更多关注文化与创意，把独具特色的美食文化、饮食习俗与文化创意放在了突出的位置。按照相关标准，美食之都必须"拥有本国特有的传统烹饪配料""拥有在工业时代科技进步情况下依然留存的当地烹饪诀窍、方式和方法""尊重当地传统产品的生产氛围""拥有活动积极的美食机构、大量的传统餐厅和厨师"等。在这些方面，深圳与成都、扬州等相比，差距就不止一点点了。

成都是国家历史文化名城，古蜀文明发祥地，具有2000多年的历史。以成都市、乐山市为中心的"蓉派"川菜，是现代川菜的典型代表。而川菜又是中国四大传统菜系（鲁菜、川菜、淮扬菜、粤菜）之一，取材广泛、调味多变、菜式丰富，别具一格，素有"一菜一格，百菜百味"的说法。成都的陈麻婆豆腐、夫妻肺片、龙抄手、盘飱市等，都是具有上百年历史的老字号餐饮。

扬州是国家历史文化名城，古称"邗越""广陵""江都"，建城历史2500年。扬州是淮扬菜系的发源地之一。淮扬菜以古扬州府和淮安府为中心，包括"扬菜""淮菜"两个地方性菜系，多以江湖河鲜为主料，选料精细、菜品精致，追求本味、滋味醇和，享有"天下至美、人间至味"的美誉。冶春茶社、食为天、富春茶社、共和春、大麒麟阁等，都是久负盛名的扬州餐饮老字号。

广州是国家历史文化名城，别名羊城，建城历史2200多年。其文化底蕴深厚、市井食肆繁荣，民间素有"食在广州"的美誉。广州菜（广府菜）是粤菜的杰出代表，与潮州菜、东江菜共同组成粤菜的三种地方风味。广州拟于2035年前打造成世界美食之都。

而深圳建市只有短短40年，历史沉淀不足；深圳不是任何菜系的发祥地，也没有几十、上百年历史的老字号餐饮店，这些或许都是深圳打造世界美食之都的不足之处。但是联合国创意城市"美食之都"申评，并不把千年的历史文化或特定的菜系发源地作为必要条件，而是更加强调文化传承与创意精神。

例如，2017年入选世界美食之都的澳门，建城历史也只有三四百年，没有成都、扬州2000多年的历史，但其饮食文化中西结合、兼容并蓄，葡国菜、东南亚菜、日本菜、中国粤菜川菜等汇聚其中、相得益彰。澳门本土的葡国菜在葡萄牙菜的基础上，吸收了中西原料与烹饪技术精华，形成了独具特色的地方风格，充分体现了中葡文化的传承、融合与创新、发展，并于2012年入列非物质文化遗产。

与澳门相似，深圳也是一个开放多元、兼容并蓄的移民城市。深圳本地省常住居民仅占37.08%，外来人口占比高达62.92%。[5] 其中湖南、湖北、四川、广西、江西、河南等省占比靠前（图B.1-3），分别为12.61%、8.72%、6.98%、6.73%、6.07%、5.46%，安徽省、福建省、山

---

[5] 数据来源于《深圳市2010年全国第六次人口普查数据》，下同。

东省占比分别为1.73%、1.48%和0.80%,其他还包括江苏、浙江等省,基本上覆盖了中国传统八大菜系的地域范围。另外,深圳人口的民族结构完整,少数民族居民占比约为4.22%,其中壮族、苗族、土家族、瑶族、侗族占比靠前(图B.1-4)。

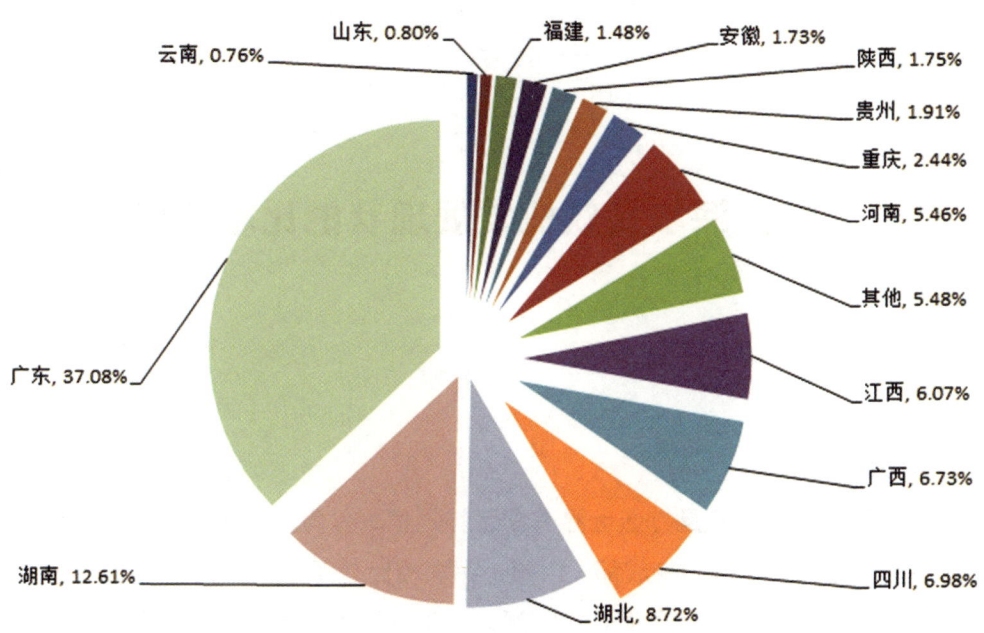

图B.1-3 深圳市常住人口的出生地结构

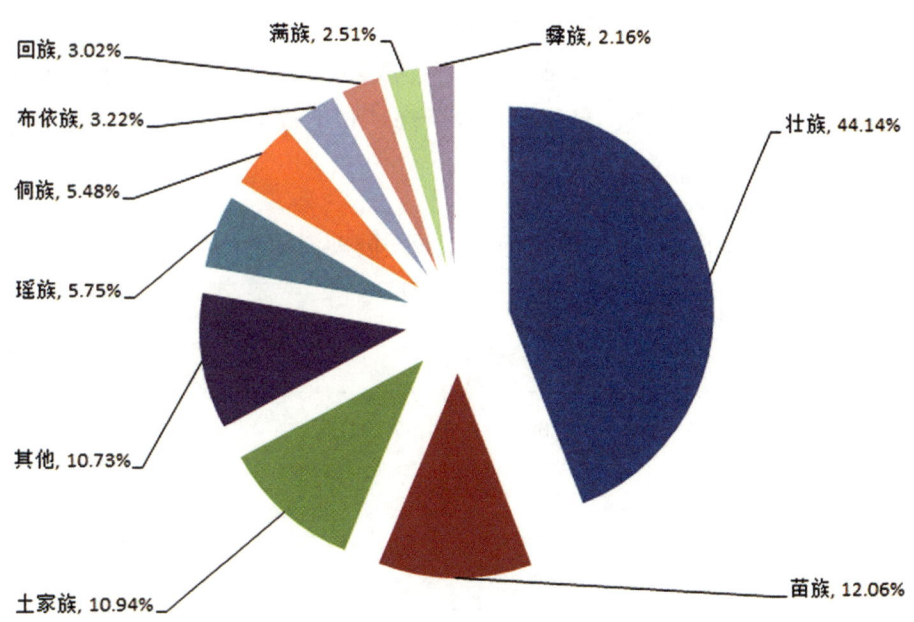

图B.1-4 深圳市少数民族居民的民族结构

深圳人口结构的多样性以及城市文化的开放性、多元性是各类美食文化共生共长与创意培育的肥沃土壤，是可以深度挖掘与传承、解构、衍变的独特人文禀赋。

## 二、深圳餐饮业发展现状的比较研究

### （一）产业规模

高度繁荣的餐饮美食行业是打造世界美食之都的根本保障。在这方面，扬州由于经济规模相对较小、人口数量也相对较少，与成都、广州、深圳相比差距明显。2017年底，扬州住宿餐饮业增加值仅77.97亿元，占地区生产总值的比例为1.54%（表B.1-3）；同期，世界美食之都成都住宿餐饮业增加值438.02亿元，地区生产总值占比高达3.15%；从业人员62.28万人，占全社会从业人员总数的比例达到6.82%；餐饮业零售总额793.98亿元。

广州住宿餐饮业增加值443.05亿元，与成都大体相当；地区生产总值占比2.01%，比成都低1.14个百分点；住宿餐饮业从业人员52.88万人，比成都少9.4万人，占全社会从业人员的比重为6.13%，比成都少0.69个百分点；餐饮业零售总额1 174.47亿元，是成都的1.48倍。广州餐饮业的发展效益显然要优于成都。

表 B.1-3 各市住宿餐饮业发展规模（2017）

| 类别＼城市 | 成都 | 扬州 | 广州 | 深圳 |
|---|---|---|---|---|
| 住宿餐饮业增加值（亿元） | 438.02 | 77.97 | 443.05 | 394.1 |
| 地区生产总值占比（%） | 3.15 | 1.54 | 2.01 | 1.75 |
| 住宿餐饮业就业人员数量（万人） | 62.28 | — | 52.88 | 43.14 |
| 住宿餐饮业就业人数占比（%） | 6.82 | — | 6.13 | 4.57 |

续表

| 类别 \ 城市 | 成都 | 扬州 | 广州 | 深圳 |
|---|---|---|---|---|
| 限额以上餐饮业法人企业数（个） | — | 125 | 870 | 587 |
| 餐饮业零售总额（亿元） | 793.98 | 148.23 | 1 174.47* | 749.57* |

数据来源：各市2018年统计年鉴，其中 * 数据来源于《广东省统计年鉴2018》。

表B.1-4　各市连锁餐饮企业情况（2015）

| 城市 | 连锁总店数（个） | 门店数（个） | 直营门店数（个） | 加盟门店数（个） | 年末营业面积（平方米） | 餐位数（个） | 年末从业人员数（人） |
|---|---|---|---|---|---|---|---|
| 成都 | 10 | 786 | 483 | 303 | 235 693 | 95 840 | 15 095 |
| 广州 | 26 | 1 897 | 1 892 | 5 | 537 658 | 213 736 | 41 634 |
| 深圳 | 35 | 1 292 | 1 289 | 3 | 402 414 | 146 618 | 48 435 |

注：数据来源于《中国餐饮年鉴2016》，扬州数据缺失。

与成都相比，深圳住宿餐饮业产业规模的差距明显。2017年底，深圳住宿餐饮业增加值394.1亿元，从业人员数43.14万人，分别比成都低10.03%、30.57%；住宿餐饮业的地区生产总值占比和就业人数占比为1.75%、4.57%，分别比成都低1.4和2.25个百分点；餐饮业零售总额749.57亿元，也比成都低44.4亿元。

但从连锁企业的发展情况看，深圳餐饮连锁企业的规模要比成都市大得多。2016年底，深圳拥有连锁餐饮企业门店总数1 292个，餐位数146 618个，营业面积402 414平方米（表B.1-4）；成都的相应数据分别为786个、95 840个、235 693平方米，规模相当于深圳60%左右的水平。同年，深圳连锁餐饮企业从业人员48 435人，大约是成都的3.2倍。

总体来说，广州在餐饮企业连锁经营方面走在了前面，无论是连锁门店数、营业面积还是餐位总数都相当可观。深圳在连锁总店数、从业人数方面超过广州。而美食之都成都则稍显落后。连锁经营是现代商业企业规模化运营的有效方式与必然趋势，能够充分发挥专业化分工优势与规模经济效应，大大提高企业的经营绩效与经济效益。在这方面，深圳既有一定的优势又有不少不足之处，仍需进一步发展。

## （二）投资增长

2017年底，成都商业性行业（包括批发零售业和住宿餐饮业）固定资产投资总额168.1亿元；其中住宿餐饮业固定资产投资89.69亿元，占比高达53.35%（表B.1-5）。扬州商业性行业固定资产投资总额213.03亿元，比成都高出26.73%，但住宿餐饮业固定资产投资30.78亿元，仅为成都的1/3。花城广州的商业性行业固定资产投资总额143.34亿元；其中住宿餐饮业30.78亿元，投资额与扬州基本相当。

表B.1-5　各市固定资产投资对比（2017）

| 城市 \ 类别 | 住宿餐饮业（亿元） | 批发零售业（亿元） | 商业性行业固定资产投资的住宿餐饮业占比（%） |
|---|---|---|---|
| 成都 | 89.69 | 78.41 | 53.35 |
| 扬州 | 30.78 | 182.25 | 14.45 |
| 广州 | 31.86 | 111.48 | 22.22 |
| 深圳 | 7.83 | 30.66 | 20.34 |

数据来源：各市统计年鉴。

而同期深圳商业性行业固定资产总额仅为38.49亿元，不及成都的1/4、扬州的1/5；其中住宿餐饮业固定资产投资仅为7.83亿元，相当于成都、扬州住宿餐饮业固定资产投资的8.73%、25.44%。深圳商业性固定资产投资总额不高，与深圳地域面积狭小不无关系，但投资促进增长，固定资产投资如果长期低迷，对深圳餐饮业发展的潜在影响不容小觑。

从历史上看（图B.1-5），深圳住宿餐饮业固定资产投资经历了一个从波动增长到逐步下滑的过程。2000年住宿餐饮业固定资产投资1.23亿元，占比11.63%。2003年受SARS事件影响跌至0.039亿元。之后呈波动增长，大约2年一个周期，2012年达到高峰。当年固定资产投资额25.10亿元，占商业性行业固定投资总额的比例高达51.16%。从2012年开始，深圳住宿餐饮业固定资产投资呈逐步下滑的态势。至2017年底，住宿餐饮业固定资产投资额7.83亿元，不到2012年的1/3；占比也下降到28.94%，下降了22.22个百分点。

## 宏观篇

### B.1 打造世界美食之都——深圳餐饮业发展的比较研究

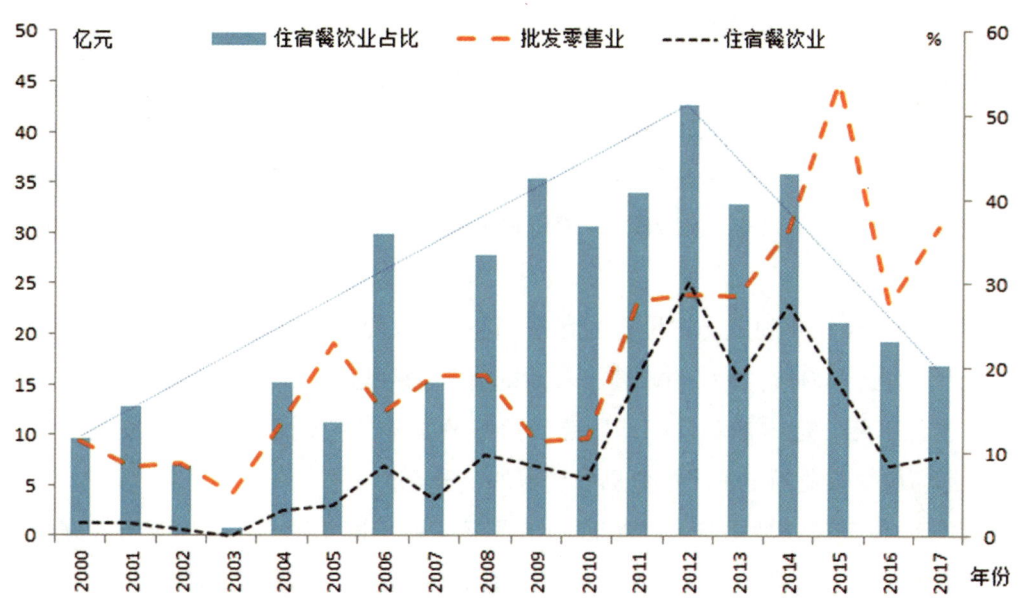

图 B.1-5　深圳住宿餐饮业固定资产投资增长情况

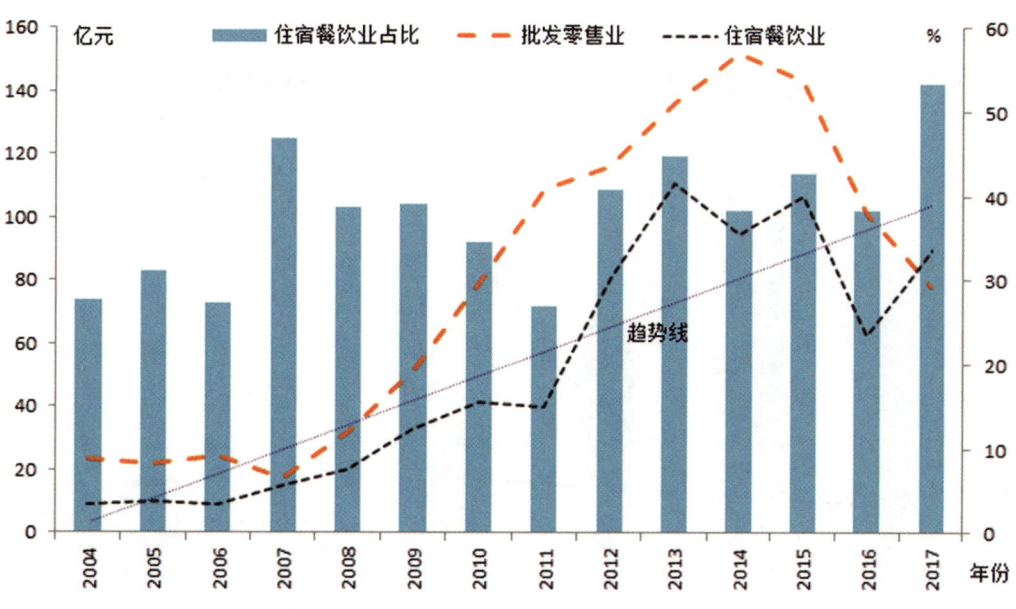

图 B.1-6　成都住宿餐饮业固定资产投资增长情况

相比于深圳，美食之都成都的情况则有很大的不同。主要表现在三个方面：

第一，成都住宿餐饮业固定资产投资绝对数额大。2005—2017年，成都住宿餐饮业固定资产投资额均值为54.96亿元，中位数41.41亿元。同期深圳住宿餐饮业固定资产投资均值为11.05亿元，大约仅为成都的1/5；中位数7.83亿元，仅为成都的18.91%。

第二，成都住宿餐饮业占商业性固定资产投资总额的比例高。2005—2017年，成都这一比例的均值与中位数分别为38.69%、38.76%；深圳则相应为32.60%、35.95%，分别比成都低6.09和2.81个百分点。

第三，成都住宿餐饮业固定资产投资的增长趋势不变。2013年，成都住宿餐饮业固定资产投资110.98亿元，达到2004年以来的峰值，其后略有下滑，但2015年又达到106.69亿元。2017年底，投资额虽然下降，但占商业性行业固定资产投资总额的比例创了新高。从趋势线上看（图B.1-5），成都住宿餐饮业固定资产投资仍呈明显的上升态势。

美食之都扬州住宿餐饮业固定资产投资的情况又有所不同（图B.1-7）。近年来，扬州商业性行业固定资产投资的重点是批发零售业；投资数额快速增长，从2012年的43亿元增长到2017年的182亿元，期间均值120亿元，投资占比也相应从54.37%上升到85.55%。相反，其住宿餐饮业投资则比较低迷，维持在年均39亿元左右的水平，不到批发零售业的1/3。广州的情况与扬州有点类似，批发零售业固定资产投资比较强劲，而住宿餐饮业固定资产投资则相对疲软，投资占比在2006年之后总体呈震荡下降态势（图B.1-8）。

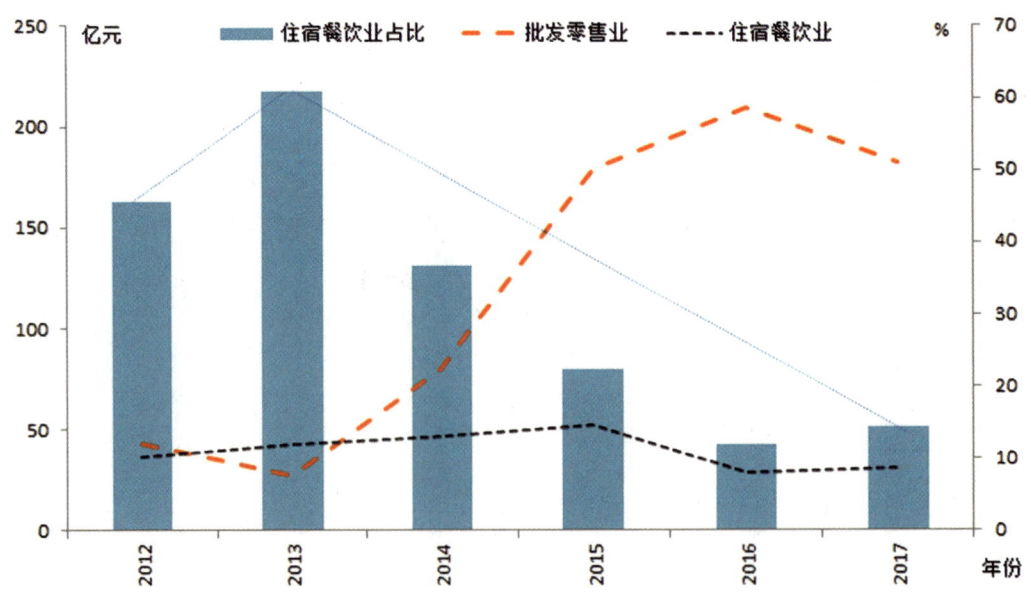

图B.1-7　扬州住宿餐饮业固定资产投资增长情况

# B.1 打造世界美食之都——深圳餐饮业发展的比较研究

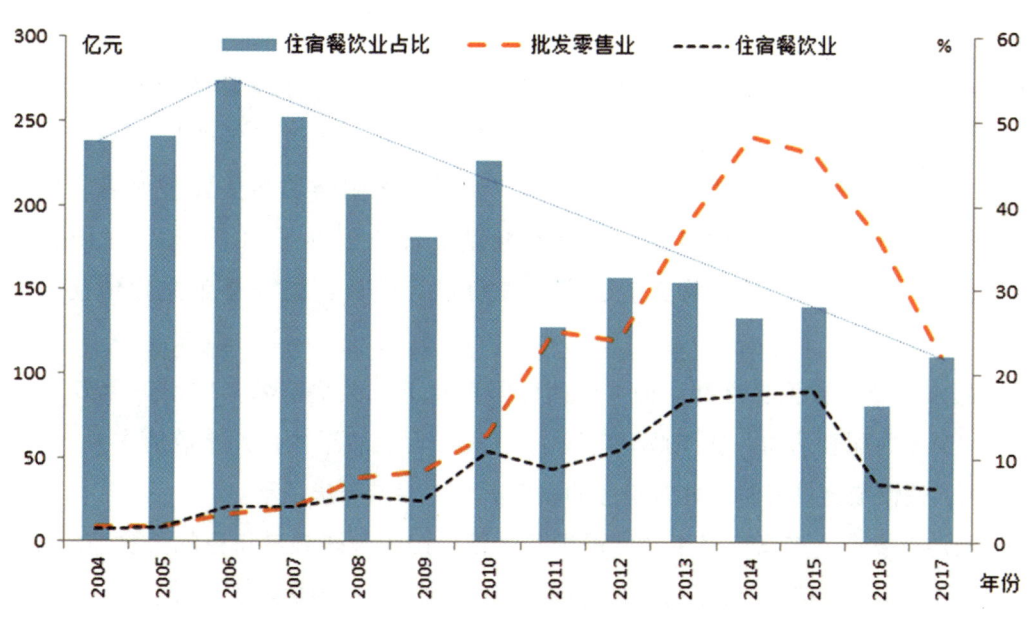

图 B.1-8　广州住宿餐饮业固定资产投资增长情况

## （三）美食活动与教育

本着文化保护、传承与交流的宗旨，联合国教科文组织创意城市"美食之都"申评，更加注重大众参与，重视文化创意以及公众推广。"举办过美食节、美食竞赛等活动，获得相关奖项等""注重提高公众对传统美食的关注程度"，以及"在烹饪学校推广关于传统烹饪和保护烹饪方式多样性的课程"等，都成为"美食之都"的重要申评指标。具体内容涉及美食活动的丰富性、美食活动的知名度、烹饪教育和培训的发展水平、传统美食的传播与推广力度，等等。在这些方面，美食之都成都、扬州都可圈可点。

表 B.1-6　各市美食节会与美食院校

| 城市 | 知名美食节 | 其他美食节 | 知名美食院校 |
| --- | --- | --- | --- |
| 成都 | 中国（成都）国际美食旅游节 | 成都熊猫亚洲美食节 | 四川旅游学院烹饪学院 |
| 扬州 | 淮扬美食节 | 冬季养生菜养生宴展示会、两岸素食文化暨绿色生活名品博览会 | 扬州大学旅游烹饪学院 |
| 广州 | 广州国际美食节 | 广州亚洲美食节 | —— |
| 深圳 | 无 | 沙井金蚝节、锦绣中华灯光美食节、国际美酒美食狂欢节、食品安全美食节、深圳年货博览会暨国际美食节 | 无 |

一年一度的"中国（成都）国际美食旅游节"（以下简称成都美食节）创办于2004年，是四川省和成都市政府重点打造的大型品牌节会活动。经过多年的培育与发展，成都美食节已经成为市民游客的欢乐节日，每年吸引了大量的休闲游客与美食爱好者，同时也成为成都市的一张"金闪闪"的文化名片。扬州淮扬菜美食节创办于2008年，主要包括烹饪技术比赛、论坛、大师演示、私房菜交流、淮扬美食月等项目，是淮扬菜文化传播与交流的重要平台。

广州虽还未申评世界美食之都，但"广州国际美食节"久负盛名。广州美食节创办于1987年，最初为秋交会的配套活动。从1997年开始，广州国际美食节由广州市政府主办，其规模及影响力逐年扩大，慢慢成为具有鲜明地方特色的著名美食、旅游节庆活动。

为促进旅游业发展、丰富市民生活，深圳各区都会组织一些颇具特色的美食节庆活动，如沙井金蚝节、锦绣中华灯光美食节、深圳国际美酒美食狂欢节、深圳食品安全美食节、深圳年货博览会暨国际美食节等。总体来说，深圳美食节庆活动规模小、亮点少，地方文化特色不足，社会影响力不大，至今都没有一个叫得响、号召力强的美食节会，更不用说形成享誉全国的节庆品牌效应，这与成都、扬州甚至广州差距甚远。

另外，美食之都成都、扬州的美食文化与美食行业的发展，背后都有高等院校的人才培养与智力支撑。如成都的四川旅游学院（原四川烹饪高等专科学校）、扬州的扬州大学旅游烹饪学院等，都对当地美食文化传承与创新起到了重要作用。而深圳目前仅有几所技工学校开设有烹饪、美食类专业，如深圳第二高级技工学院、深圳市第二职业技术学校、深圳市深德技工学校、深圳市宝山技工学校等，这些学校以培养基础技能人才为主，缺乏创新研发力量。

美食文化的创新创意是一个系统工程，涉及技术、经济、科技、文化等多个方面，需要多学科、多领域协同并进，一般的技工学校难以胜任。而深圳的高等院校虽近年来发展加快，但其人才培养或科学研究鲜有涉及烹饪、美食领域，这些都使得深圳餐饮业的本土创意以及美食文化的本土研育缺少了体系化的智力支持，不利于本土美食文化的培育与特色化发展。

## 三、深圳餐饮业产业贡献的比较研究

### （一）经济增长贡献

从外需拉动转向内需驱动是中国经济高质量发展的要求，在当前的国际贸易环境下尤其具有现实意义。而住宿餐饮业作为现代生活服务业的典型代表，在其中起着不可替代的作用。

成都作为世界美食之都、中国最具幸福感城市、中国十大最具活力休闲城市之一，其住宿餐饮业是重要的经济增长力量。2012—2017年，成都住宿餐饮业地区生产总值的年均占比为3.31%，贡献了2.91%的地区生产总值增量，每年拉动GDP增长0.27个百分点。同为世界美食之都、中国十大最具活力休闲城市的扬州，同期住宿餐饮业的地区生产总值占比为1.61%，地区生产总值贡献率2.01%，每年拉动地区生产总值增长0.21个百分点。而深圳的相应数据只有1.86%、1.51%和0.14%，住宿餐饮业的经济增长贡献低于成都、扬州（表B.1-7）。

表B.1-7　各市住宿餐饮业的经济增长贡献

| 时　期 | 城　市 | 地区生产总值贡献率（%） | 地区生产总值拉动率（%） | 占地区生产总值的比例（%） |
| --- | --- | --- | --- | --- |
| 2012—2017 | 成都 | 2.91 | 0.27 | 3.31 |
| | 扬州 | 2.01 | 0.21 | 1.61 |
| | 深圳 | 1.51 | 0.14 | 1.86 |
| 2005—2017 | 成都 | 3.06 | 0.37 | 3.67 |
| | 广州 | 1.92 | 0.24 | 2.59 |
| | 深圳 | 1.81 | 0.21 | 1.95 |
| 2001—2017 | 成都 | 3.65 | 0.46 | 3.85 |
| | 深圳 | 1.63 | 0.20 | 2.02 |

注：根据各市统计年鉴整理计算。由于各市统计数据的可获年限不同，为方便比较，采用了如表所示的三个时期段。

广州也是中国最具幸福感城市。2005—2017年，广州住宿餐饮业的地区生产总值年均占比和贡献率为2.59%和1.92%，每年拉动地区生产总值增长约0.24个百分点，分别低于成都1.08个、1.14个和0.13个百分点。与广州相比，深圳住宿餐饮业的经济增长贡献差距不大，地区生产总值占比仅比广州低0.64个百分点，贡献率仅比广州低0.11个百分点，GDP拉动率仅低0.03个百分点。

2004年成都地区生产总值增长13.6%，其中来自住宿餐饮业的贡献就高达1.12个百分点。而深圳2008年地区生产总值同比增长12.1%，住宿餐饮业也仅贡献了0.48个百分点，但却是2001年以来的最高贡献度。

从时间序列数据观察，成都、扬州、广州三市住宿餐饮业的经济增长无一例外地呈现明显的下降趋势。2001—2017年（图B.1-9），成都住宿餐饮业占地区生产总值的比重，从4.35%下降到3.15%，年均下降0.07个百分点；对地区生产总值增长的贡献率，从5.69%下降到1.99%，年均下降0.23个百分点；对地区生产总值的拉动率，从0.73%下降到0.16%，年均下降0.28个百分点。

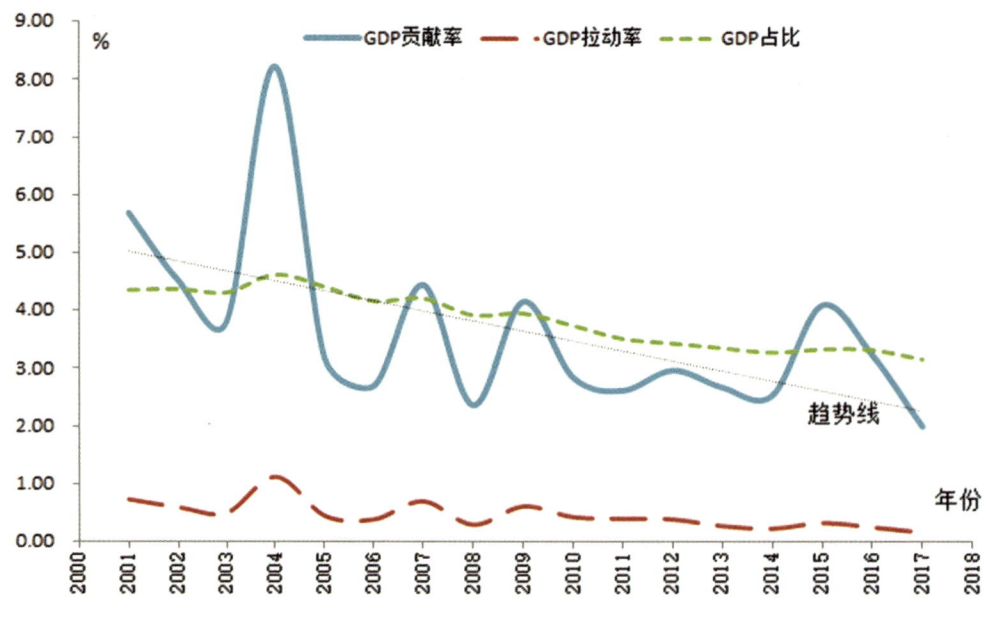

图B.1-9　成都住宿餐饮业的经济增长贡献

# 宏观篇

## B.1 打造世界美食之都——深圳餐饮业发展的比较研究

总体来说，深圳住宿餐饮业的经济增长贡献与广州相当，但距离世界美食之都成都则相去甚远。2001—2017 年，深圳住宿餐饮业地区生产总值年均占比 2.02%，比成都低 1.83 个百分点；地区生产总值贡献率年均 1.63%，中位数 1.46%；分别比成都低 2.02 和 1.72 个百分点；地区生产总值拉动率深圳年均 0.20%，中位数 0.14%，成都年均 0.46%，中位数 0.40%。由此可见，深圳市均不及成都的一半。

扬州也是类似，2012—2017 年，扬州住宿餐饮业的 GDP 贡献率、GDP 拉动率以及 GDP 占比，从 3.58%、0.42%、1.77% 分别下降到 1.11%、0.09%、1.54%（图 B.1-10）。而广州（图 B.1-11），则从 2005 年的 1.29%、0.17%、2.45%，下降到 2017 年的 0.35%、0.02% 和 2.01%。

深圳住宿餐饮业的 GDP 占比同以上三市一样，也几乎是逐年下降趋势。2001 年为 2.55%，2017 年下降到 1.75%，年均下降 0.05 个百分点。其住宿餐饮业对地区经济增长的拉动率则大致保持了稳定：2001 年为 0.09 个百分点，2016 年也是 0.09%，2017 年则提高到 0.13 个百分点，年均变动 0.0021 个百分点。

但是，深圳住宿餐饮业对地区经济增长贡献度的长期趋势却与其他三市有很大的不同。2001 年，深圳住宿餐饮业增长对 GDP 增长的贡献度为 0.66%，2005 年上升到 1.84%，2008 年达到 3.99%，其后下降，2014 年又达到 3.02%，2017 年底降低到 1.46%。从图形（图 B.1-12）上看，其总体呈现振荡缓升的发展态势。

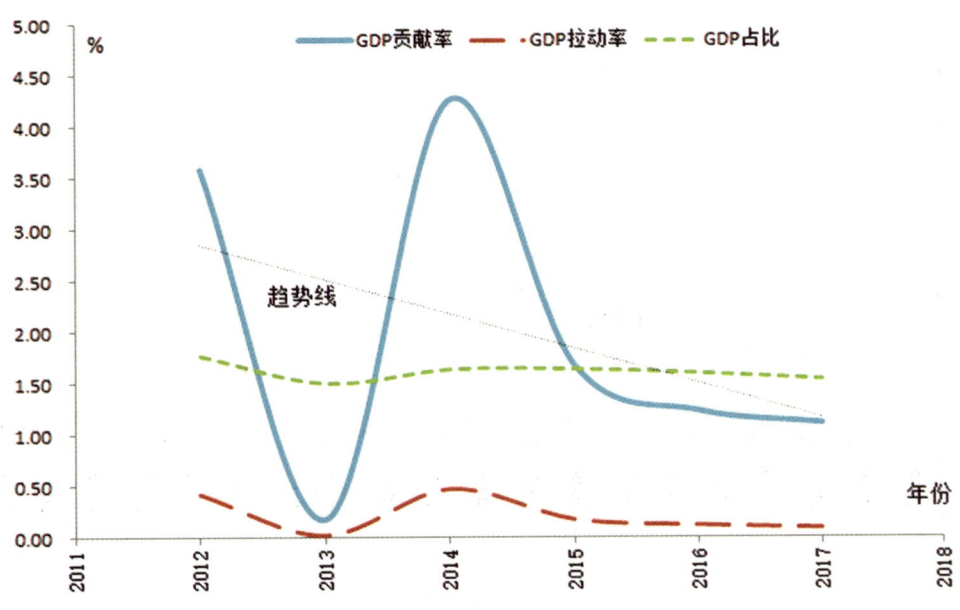

图 B.1-10　扬州住宿餐饮业的经济增长贡献

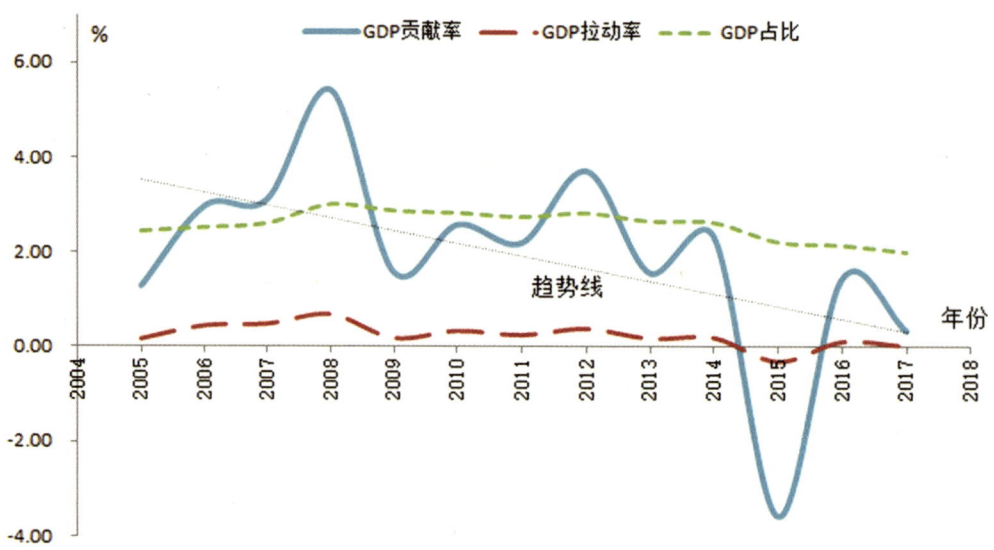

图 B.1-11　广州住宿餐饮业的经济增长贡献

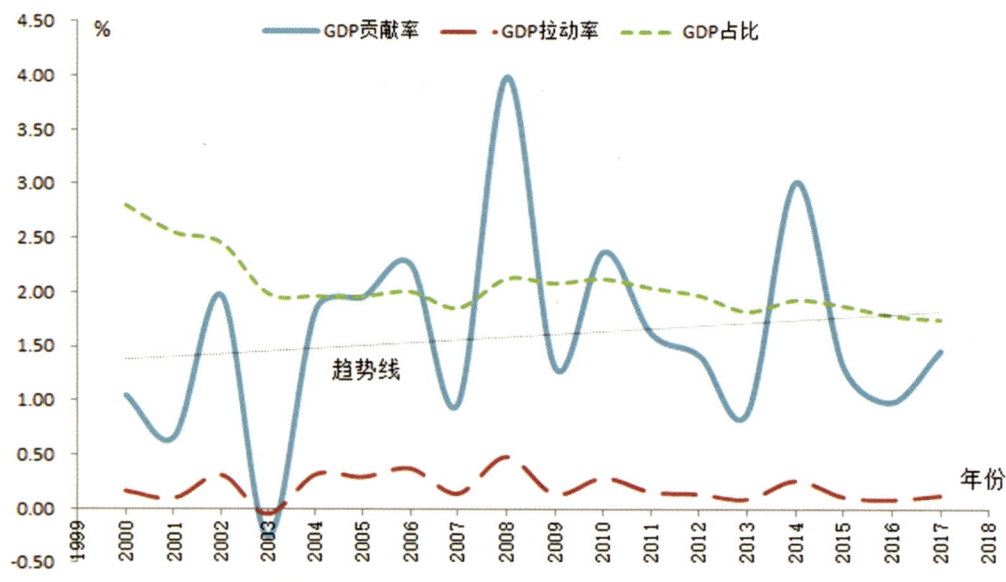

图 B.1-12　深圳住宿餐饮业的经济增长贡献

成都、扬州、广州的住宿餐饮业的经济增长贡献逐渐走低,与三市产业结构调整与经济动能转换密切相关。以成都为例,它是中国西部中心城市,传统产业在很长一段时期内支撑着地区经济发展,住宿餐饮业也具有相对较高的 GDP 占比与贡献率。

从 2000 年开始,成都逐渐成为中国西部电子信息产业基地、国家重要高新技术产业基地。2016 年成为国家中心城市之后,成都以"支柱产业 + 优势产业 + 未来产业"为内容,加快构建现代产业体系。除具传统优势的会展、金融、现代物流、文旅和生活服务业五大领域外,成都重点打造电子信息、装备制造、医药健康、新型材料等高科技产业,大力培育"人工智能 +""大数据 +"等新经济产业。这些新型新兴产业的发展促使地区经济增长动能发生转换,必然会对传统的住宿餐饮业造成挤压,使得其对经济增长的贡献度逐步下降。

而深圳是典型的外向型城市、号称"中国硅谷"的科技创新型城市,产业结构与经济动能与成都、扬州有很大的不同。深圳的四大支柱产业是高新技术产业、现代物流业、金融业和文化创意产业,战略新兴产业包括了新一代信息技术产业、高端装备制造业、新材料产业、生物医药产业、数字经济产业、海洋经济产业等。其传统制造业、生活服务业等占 GDP 的比重一直非常低。

随着近年来供给侧结构性改革的深入推进,消费升级、内需激活,人们对品质生活的追求不断提高,深圳提出了"打造国际时尚消费目的地""推动生活性服务业向精细和高品质转变"的建设目标。中共中央出台《关于支持深圳建设中国特色社会主义先行示范区的意见》,又对深圳提出了"高质量发展高地""城市文明典范""民生幸福标杆"等的战略定位。较低的经济(地区生产总值)占比基数、日益活跃的市场需求,加上相关政策的持续引领,造就了深圳住宿餐饮业稳中趋升的经济增长贡献率。

### (二)消费增长贡献

随着供给侧结构性改革的深入推进,消费已经取代投资成为我国经济增长的第一引擎。2007—2017 年,成都社会消费品零售总额年均增长 14.99%,2017 年底达到 6 404 亿元人民币;其中住宿餐饮业零售额 794 亿元,占比 12.40%。这期间,成都住宿餐饮业年均占比 13.82%,中位数 13.04%;对社会消费品零售总额增长(简称消费增长)的年均贡献率为 11.95%,中位数 13.56%;拉动社会消费品零售总额增长 1.84 个百分点,中位数 1.52 个百分点。

这期间,广州住宿餐饮业零售额占社会消费品零售总额的比重为 12.82%,比成都低 1 个百分点;消费增长贡献率均值为 11.23%,比成都低 0.72 个百分点;中位数 10.62%,比成都低 2.94 个百分点;拉动消费增长 1.74 个百分点,中位数 1.50 个百分点,分别比成都市低 0.1 和 0.02 个百分点。

深圳的相关统计年鉴没有发布各行业社会消费品零售额数据,只提供了限额以上住宿和餐饮业法人企业的营收数据。以此数据计算，2007—2017 年，深圳住宿餐饮业营业额占社会消费品零售总额的比重为 6.53%；消费增长贡献率 6.91%，中位数 5.75%；消费增长的拉动率为 0.80 个百分点。

表 B.1-8　各市住宿餐饮业的消费增长贡献（2007—2017 年均值）

| 城市 | 消费占比（占社会消费品零售总额的比重）（%） | 消费增长贡献率（%） | 消费增长拉动率（%） | 社会消费品零售总额增长率（RSI）（%） |
|---|---|---|---|---|
| 成都 | 13.82 | 11.95 | 1.84 | 14.99 |
| 广州 A | 12.82 | 11.23 | 1.74 | 15.16 |
| 广州 B | 6.13 | 3.60 | 0.68 | 15.16 |
| 深圳 B | 6.53 | 6.91 | 0.80 | 12.30 |
| 深圳 A* | 13.01 | 14.54 | 1.86 | 12.30 |

注：根据各市统计年鉴数据整理计算。其中成都、广州 A 采用社会消费品零售总额中的住宿餐饮业数据口径，广州 B、深圳 B 采用限额以上住宿餐饮业法人企业营业额数据口径。深圳 A* 利用广州 A、B 两种统计口径的均值加上深圳 B 口径相应数值得到。扬州由于相关数据缺失，无法纳入表格比较。

为方便比较，基于数据的可得性，计算广州限额以上住宿餐饮业法人企业营业额的消费增长贡献，得出消费占比为 6.13%；消费增长贡献为 3.60%，中位数 2.56%；消费增长拉动率为 0.68。与广州相比，深圳限额以上住宿餐饮企业的消费占比差别不大，但增长贡献率显然更高，达到广州的 191.94%。2017 年，广州限额以上住宿餐饮企业消费增长贡献率为负数，即 −2.84%；而深圳相应数值高达 11.60%。

利用广州 A、广州 B 两者数据口径的数值差额，加上深圳 B 口径数值，得到深圳 A 口径的估算值，结果分别为：消费占比 13.01%，消费增长贡献率 14.54%，消费增长拉动率 1.86 个百分点。与世界美食之都成都的数据相比，除消费增长贡献率偏高外，深圳住宿餐饮业的消费占比与消费增长拉动率与成都接近。总体而言，深圳住宿餐饮业的消费增长贡献率略高于成都、广州两市，但三市差别不大。

从历史数据观察，2007—2017 年，成都住宿餐饮业的消费增长贡献呈平缓下降趋势，消费占比和消费拉动率都在波动中下滑（图 B.1-13）。同期广州住宿餐饮业零售额占比大致稳定；消费增长拉动率以 2010 年为分界点，呈现前升后降走势，但消费增长的贡献率也是震荡下滑，趋势线上反映的信息非常明显（图 B.1-14）。广州限额以上住宿餐饮企业消费增长贡献率的下滑趋势更加明显（图 B.1-15），其中 2009 年和 2017 年消费增长贡献率都是负数。

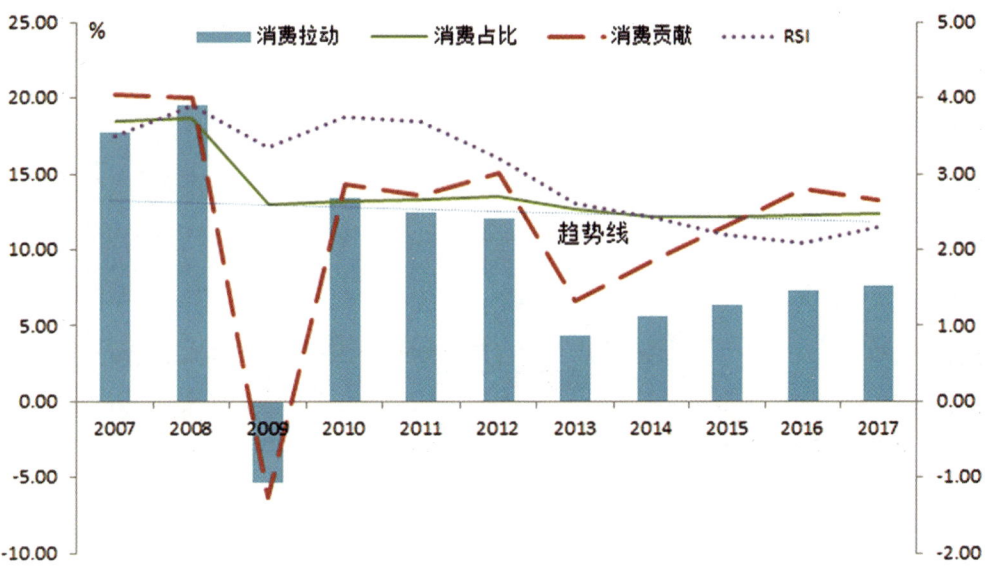

图 B.1-13　成都住宿餐饮业的消费增长贡献

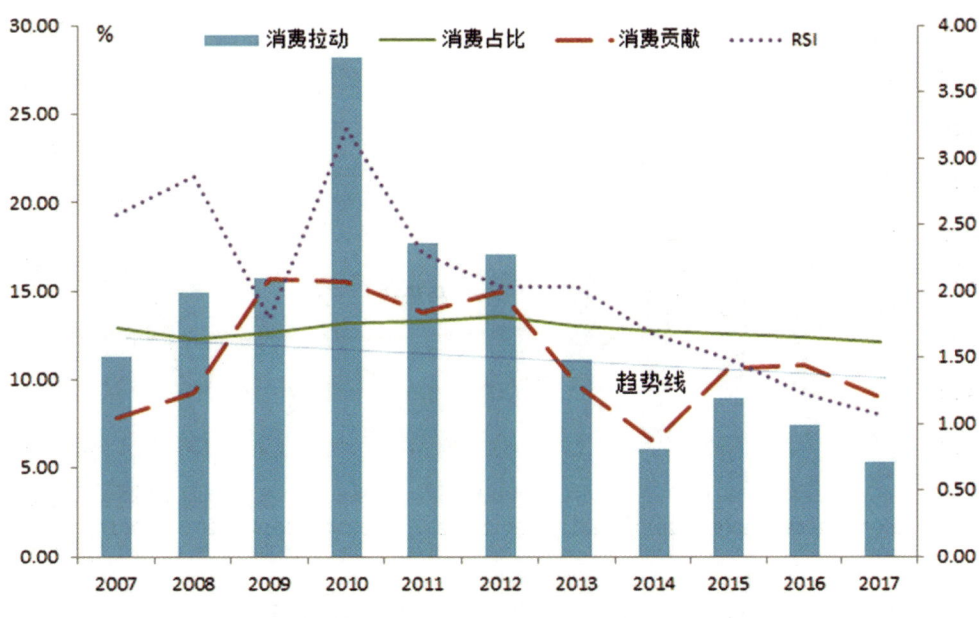

图 B.1-14　广州住宿餐饮业的消费增长贡献

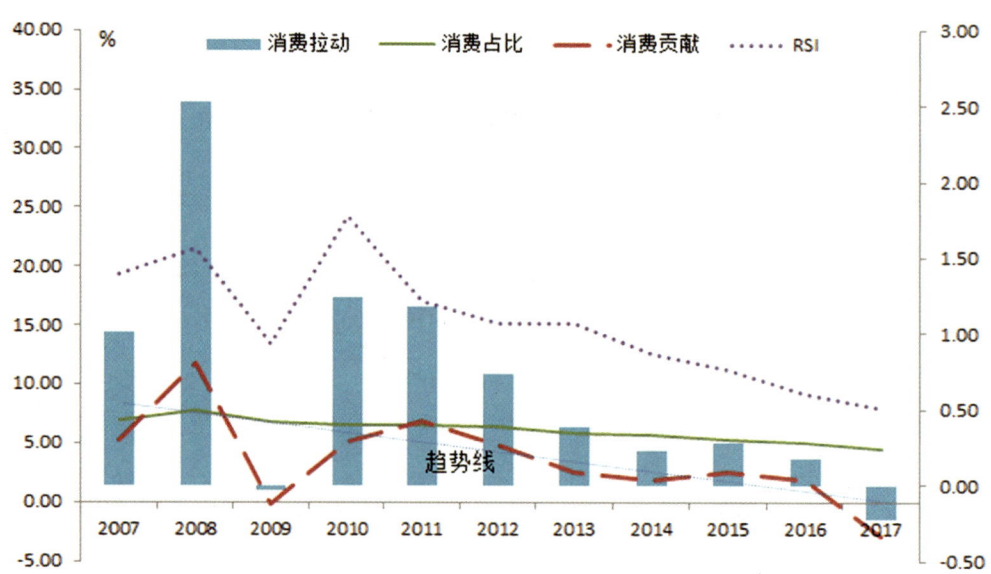

图 B.1-15　广州限额以上住宿餐饮业法人企业的消费增长贡献

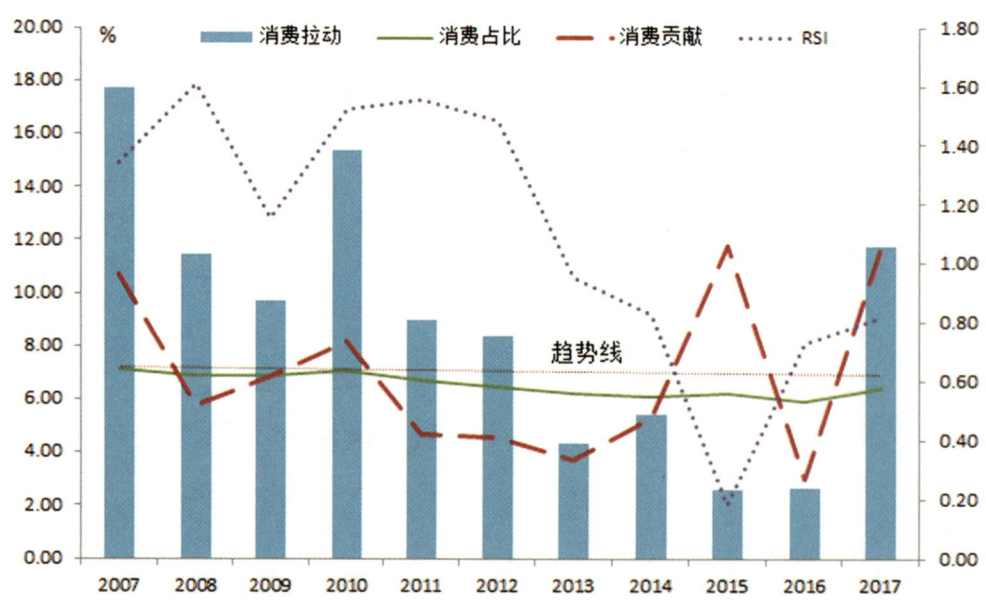

图 B.1-16　深圳限额以上住宿餐饮业法人企业的消费增长贡献

2007—2017年,深圳限额以上住宿餐饮业的消费占比与消费增长拉动率都呈下滑趋势。其中住宿餐饮业的消费占比轻微下滑;而消费增长拉动率则持续下降,从2007年的1.59%一直降到2016年的0.24%,2017年又回翘到1.06%。与此不同的是,深圳限额以上住宿餐饮企业的消费增长贡献率波动特征比较突出(图B.1-16),2007年的数值为10.70%,2013年震荡下行到3.68%;2015年上升到11.79%,2016年猛降到2.95%;2017年又回升到11.60%。图B.1-16显示趋势线斜率0.013 2,截距6.829 3;说明深圳限额以上住宿餐饮业的消费增长贡献是在上下震荡中缓慢上升的趋势,这跟成都、广州两市都有所不同。

### (三)就业增长贡献

住宿餐饮业由于具有技术密度低、劳动密度大、就业方式灵活等特点,对社会就业的吐纳能力比较强,属于典型的社会就业"海绵产业",就业人数会随着经济发展状况以及行业景气情况变化,因此其对社会就业增长的贡献有时会出现比较大的波动。

以成都为例。2014年成都市全社会从业人员总数下降了0.06个百分点,减少了0.51万人,而住宿餐饮业则增长了3.12万人,使得后者的就业增长贡献率高达608%,就业增长拉动率达到0.38个百分点。2015年成都就业人数增长了5.73万人,就业增长率0.70%;而住宿餐饮业从业人数则减少了7.45万人,就业增长贡献率是130%,拉低就业增长0.91个百分点。这两年的就业增长贡献率一正一负,波动非常大。

从走势图(图B.1-17)上看,成都住宿餐饮业的就业人数总体上呈现上升趋势。2008年为52.66万人,2014年增长到64.04万人;其后下滑,2017年底回升到62.28万人。就业人数占比,2008年为7.47%,2014年震荡上升到7.80%;之后走低,且回升趋势不明显。

广州住宿餐饮业从业人数及其占比几乎同步波动(图B.1-17),且2014年以来增长趋势明显。2017年广州就业人数为52.88万人,占比6.13%,均创2008年以来的新高。2009—2017年,广州住宿餐饮业就业占比大致保持了相对稳定,其均值为5.78%,中位数5.93%,两者差距不大(表B.1-9);就业增长贡献率均值8.66%,中位数10.1%,极大值19.7%,极小值7.62%。广州就业增长贡献率的波动范围相比成都略微收窄。其年均拉动社会就业增长约0.30个百分点,中位数0.27,也略为稳定。

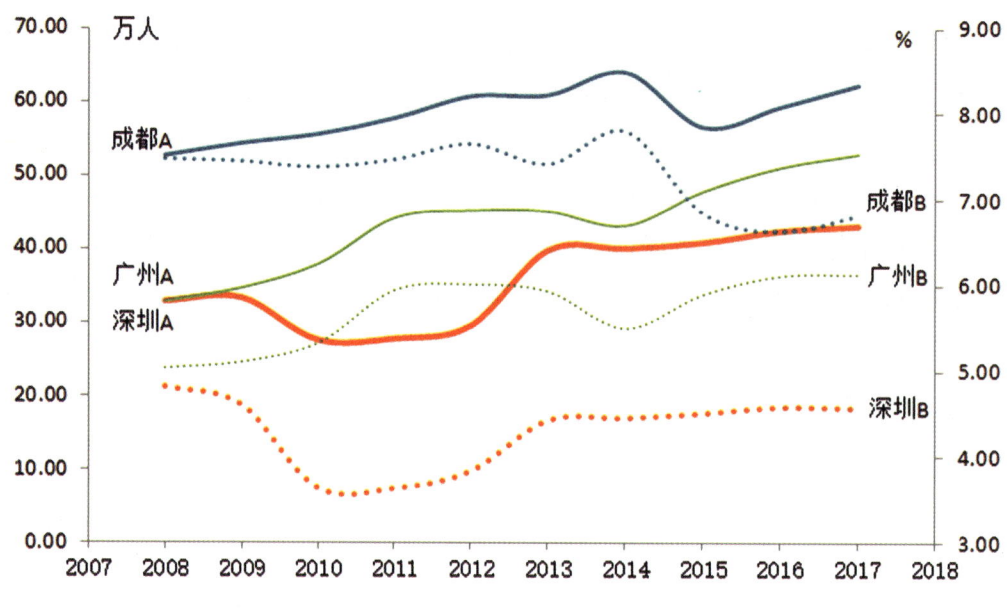

图 B.1-17　各市住宿餐饮业就业增长情况（2008—2017）⑥

表 B.1-9　各市住宿餐饮业的就业增长贡献（2009—2017）

| 城市 | 就业占比（%） | | | | 就业增长贡献率（%） | | | | 就业增长拉动率（%） | | | |
| --- | --- | --- | --- | --- | --- | --- | --- | --- | --- | --- | --- | --- |
| | 均值 | 中位数 | 极大值 | 极小值 | 均值 | 中位数 | 极大值 | 极小值 | 均值 | 中位数 | 极大值 | 极小值 |
| 成都 | 7.28 | 7.42 | 7.80 | 6.64 | 59.6 | 5.33 | 608 | 130 | 0.14 | 0.29 | 0.39 | 0.91 |
| 广州 | 5.78 | 5.93 | 6.13 | 5.10 | 8.66 | 10.1 | 19.7 | 7.62 | 0.30 | 0.27 | 0.89 | 0.25 |
| 深圳 | 4.26 | 4.46 | 4.61 | 3.64 | 12.2 | 7.82 | 63.5 | 16.6 | 0.14 | 0.07 | 1.33 | 0.79 |

注：数据来源于各市统计年鉴 2010—2018。扬州由于相关数据缺失，无法纳入表格比较。

与成都、广州两市相比，深圳住宿餐饮业的就业及其增长贡献有以下三个特征：其一，深圳住宿餐饮业就业人数及其占比略低。2017 年深圳住宿餐饮业就业人数为 43.14 万人，仅为成都的七成、广州的八成；就业占比 4.57%，比成都低 2.25 百分点，比广州低 1.56 个百分点。其二，深圳住宿餐饮业的就业增长贡献波动较大（图 B.1-18）。2005 年、2012 年和 2014 年，深圳住宿餐饮业的就业增长贡献分别达到 52.4%、27.21% 和 65.52%；而 2010 年的贡献率则为 16.55%。

⑥ A 代表住宿餐饮业从业人数，对应左坐标轴；B 代表住宿餐饮业从业人数占比，对应右坐标轴。

峰、谷最多相差82个百分点。其三，深圳住宿餐饮业的就业增长贡献总体呈平缓上升趋势。其就业增长贡献率斜率0.2555，截距10.582，在图形上是一条缓缓上升的直线。

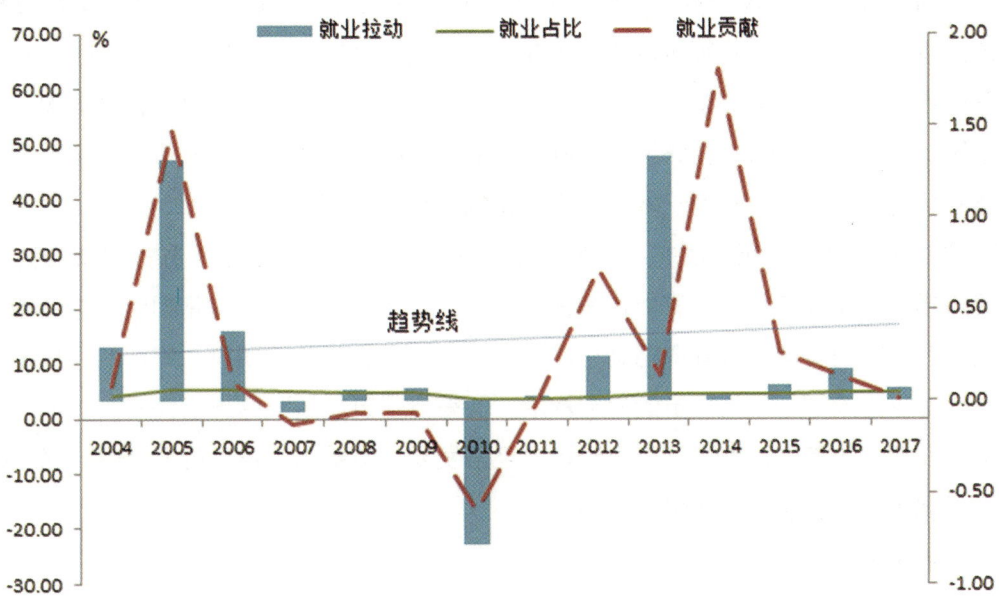

图 B.1-18　深圳住宿餐饮业的就业增长贡献

## 四、结论与政策建议

### （一）研究结论

本文以打造世界美食之都为方向，结合其申评条件与历年统计数据，从发展禀赋、发展现状与产业贡献三个方面，对深圳市餐饮业发展情况作了比较研究，主要得出了以下结论：

第一，深圳具备打造世界美食之都的禀赋条件，但城市历史文化积淀不够深厚。深圳常住人口规模庞大、旅游客流数量领先、企业营商环境好、经济发展水平高、居民人均可支配收入高、饮食服务支出占居民生活消费支出的比重高，这些都是深圳打造世界美食之都的禀赋基础。但联合国创意城市美食之都更多地关注文化与创意。深圳建城历史只有短短40年，历史文化积淀不够深厚，因而存在不足。深圳人口结构的多样性和城市文化的开放性、多元性，是可以深度挖掘与传承、解构、衍变以及培育深圳本土特色文化与创意的肥沃土壤。

第二，深圳餐饮业投资增长存在隐忧，本土美食文化创意研育缺少体系化的智力支持。深圳餐饮业的产业规模与成都、广州等城市相比存在不少差距，且固定资产投资长期低迷，对餐饮业发展的潜在影响不容小觑。深圳美食节庆活动规模小、亮点少，地方特色不足，社会影响不大，没有形成享誉全国的品牌效应。另外，深圳缺乏美食类专门高校与科研机构，使得本土餐饮创意与文化研育缺少体系化的智力支持，不利于本土美食文化的培育与打造。

第三，深圳餐饮业的产业贡献并不突出，但其贡献率总体呈现震荡上升的发展态势。由于产业结构与经济增长动能存在差异，深圳住宿餐饮业的经济增长贡献率与广州相当，与世界美食之都成都则相去甚远。其消费增长贡献率略高于成都、广州，但优势并不明显。深圳的住宿餐饮业就业人数及其占比都仅为成都、广州两市的六至八成。但得益于日趋活跃的市场需求、较低的经济与就业占比基数以及相关政策的持续引领，无论是对经济发展、消费增长还是就业促进，深圳餐饮业的产业贡献都呈现出在反复波动中慢慢增长的趋势。

### （二）政策建议

中共中央、国务院《关于支持深圳建设中国特色社会主义先行示范区的意见》提出，深圳要"进一步弘扬开放多元、兼容并蓄的城市文化和敢闯敢试、敢为人先、埋头苦干的特区精神""加快建设区域文化中心城市和彰显国家文化软实力的现代文明之城"。为打造世界美食之都，培育深圳本土美食特色，激发城市文化综合活力，为此提出以下建议：

1. 深度挖掘、精心培育，用时间打磨出深圳味型与本土风味

充分发挥深圳人口多元、文化开放、美食荟萃的优势，由深圳市烹饪协会牵头组织一次摸底调查，确定可以培育、传承与保护的美食产品、特色烹饪与传统餐厅等，深度挖掘具有地方特色与市场价值的小吃、名菜、名点、名宴产品，通过本土化的原料优选与调料改良以及烹饪技术创新与产业化运作，放眼长远、"小火慢炖"、慢慢积淀，培育独特的深圳本地风味与烹饪技艺，有计划地打造可以传承百年的深圳本土老字号餐厅，用时间打磨独具特色的深圳味型与本土菜品体系。

2. 加强研发、夯实基础，打造餐饮业创智与人才支撑体系

在"开放多元、兼容并蓄"的城市文化基础上，要逐渐形成独具一格的深圳味型与本土风味，就必须加强研发、夯实基础，打造深圳美食文化创新发展的智力支持与人才支撑体系。建议由深圳市烹饪协会牵头，组织行业大师、烹饪名师、特级厨师等技术力量，联合深圳职业技术学院、深圳大学、暨南大学深圳旅游学院等高校，建立深圳美食文化研究院；从文化挖掘、味型培育以及技术改良等方面，对深圳本土美食文化与工艺进行全方位的深入研究与技术研发。另外，可由深圳

职业技术学院牵头,联合深圳市烹饪协会,设立产教深度融合、校企"双元"育人的深圳职业学院——旅游烹饪学院,以加强深圳本土高层次美食烹饪人才培养,夯实餐饮业创新发展的人才基础。

3. 投资引导、跨界渗透,推动餐饮业的业态创新与融合发展

在深圳餐饮业固定资产投资长期低迷的情况下,要积极引导、稳定投资,推动社会资金向餐饮业上下游配套产业流动,加强深圳本土食材与特色调佐料基地建设,推动深圳餐饮业全产业链协调发展,为深圳本土味型的培育与沉淀提供产业支持与物质保障。另外,要借助科技赋能与深圳的创新环境,在强化本土文化承载性、丰富美食创意的基础上,推动美食产业向农渔休闲、旅游商贸、科技信息、文化创意及其他行业的相关领域渗透,推动餐饮业的业态创新与融合发展。

4. 丰富内涵、突出特色,重点打造"深圳美食嘉年华"

美食节会活动在精不在多,可多不可杂。建议由深圳市文化广电旅游体育局牵头,在资源摸底与市场调查的基础上,组织力量对深圳美食节会活动进行专门研究,分析本地美食节会的资源优势与市场环境,总结现有各类美食节会活动的经验与不足,结合深圳文化旅游产业建设规划,将特色餐饮、美食赛事与休闲娱乐、节庆文旅、商展会事等糅合在一起,去粗取精、精心提炼、重点聚焦、充实内容、丰富内涵、突出特色,打造一年一度的"深圳美食嘉年华",使之逐渐成为深圳文旅产业的重要旅游资源。

5. 依托美食、聚焦文创,助推餐饮业向"美食文创"产业蜕变

作为世界美食之都,美食是表征,文化是灵魂。人们对美好生活的向往,不是"食以果腹",而是"食以赏心",品出生活真味。世界美食之都语境下深圳餐饮业发展的最终方向,是要从传统的"果腹之食"行业发展成为"赏心之食"行业。这就要求深圳依托美食,聚焦文创,不仅要培养烹饪大师、促进美食创新、打造深圳味型,而且需培养一大批美食学者、美食诗人、美食作家、美食评论家、美食媒体人等,重点培育一批美食文化机构、美食文化媒体,营造浓厚的美食文化环境,助推深圳餐饮业逐步向美食创意产业、美食文化产业蜕变。

# B.2 看深圳学华为——新时代新餐饮趋势研究

■ 罗华山 贾贵龙

---

**罗华山** 男,餐饮O2O新媒体创始人
**贾贵龙** 男,深圳航空有限责任公司配餐部生产经理

宏观篇

B.2 看深圳学华为——新时代新餐饮趋势研究

## 一、餐饮业激荡 10 年的趋势分析

2019 年，倒计时。2020 年，新开启。中国超过 1 000 万家餐饮门店，开 300 万家，关 300 万家，快生快死。下面我们就来总结一下 2020 年的新餐饮发展趋势。

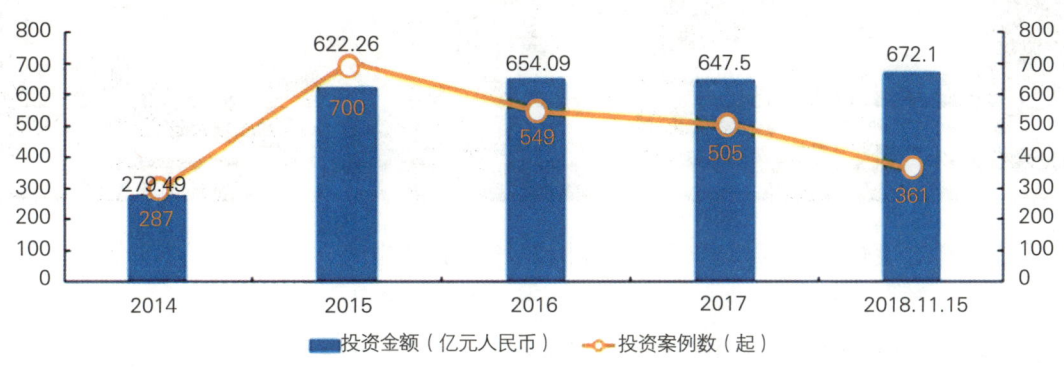

图 B.2-1　2014—2018 年 11 月 15 日中国餐饮和食品待业整体投资规模情况

## （一）餐饮上市和融资爆发

从2018年和2019年的餐饮资本市场来看，整个2018年投资的餐饮项目数量越来越少，但金额越来越大。这说明资本开始向优质企业聚拢，是餐饮产业逐渐由分散走向集中的一个信号。2019年餐饮投资达5年来最低。不过，2019年初，瑞幸咖啡、太兴集团相继上市；年底同庆楼上市A股，打开10年来纯餐饮上市大门，"九毛九"上市港股，"巴比馒头"上市。

中国餐饮企业越来越多地选择上市，意味着中国餐饮行业正在逐步踏上正轨，走向更宽阔的天地。

2020年，深圳证券交易所将推行注册制，餐饮的退出路径走通，势必将吸引大量大额资本进入餐饮投资。餐饮IPO的冬雪或将融化，2020年会成为餐饮上市和融资爆发的元年。

## （二）标准的规模正餐

过去的正餐之所以无法实现规模化发展，就是因为前端投资效率低和后端生产效率低导致。前端投资过重，导致抗风险能力偏低，消费价格偏高，在整个经济不稳定的情况下很容易出现投资效率低的现象，因营收规模不足而导致亏损。

而后端生产过度依赖厨师，厨师的培养周期长且流动性大，导致生产效率低而无法规模性扩张。

越来越多的正餐品牌为了规模化发展，正在优化后厨的生产效率和前端的投资效率。保证正餐体验感的同时，尽可能不过度依赖厨师并减少投资。

可行措施：通过降低门店的投资额，通过标准化的生产和复合调料的研发，以减少对厨师的依赖。比如西贝、姚酸菜鱼、杨记兴臭鳜鱼等。杨记兴臭鳜鱼原来叫做徽乡肴，品类高达上百种，聚焦做徽菜，是典型的正餐品牌，通过一系列优化之后，把SKU降低到只有30多道菜，实现相对标准化的后厨生产。

过去培养一个厨师需要好几年，现在只需要几个星期就可以，这就是正餐快餐化。

当杨记兴正餐快餐化之后，在短短两年多的时间，从当初的3家店发展到19家店铺，而且规模还在持续增长。

现在，通过资本的推动与餐饮市场的体量变化，供应链端的餐饮中央工厂、仓储冷链已经发生了巨大的变化，后端供应链的变化促进了前端门店规模化的速度，相比过去呈现出十倍甚至百倍的增长。

火锅底料的工厂化促进了火锅的全球化，并成为餐饮里的最大品类，产生了2 000亿市值的海底捞。中餐复合调味料厂家每年以60%~70%的复合增长率保持高速增长，类似厂家的出现解决了中餐正餐无法标准化的难题，让正餐规模化将会成为大的趋势。

海底捞、西贝、黄记煌成为第一波正餐规模化的代表。

### （三）小吃品类强势崛起

现在的小吃早已不是当初跟城管斗智斗勇的小推车摊贩，反而逐步趋向零食化、零售化、标准化。

小吃能继续成为风口的原因是：有品类无品牌的市场现状。小吃接地气承载地域文化，可以一人食，可以共享，可高可低，更可雅俗共赏。

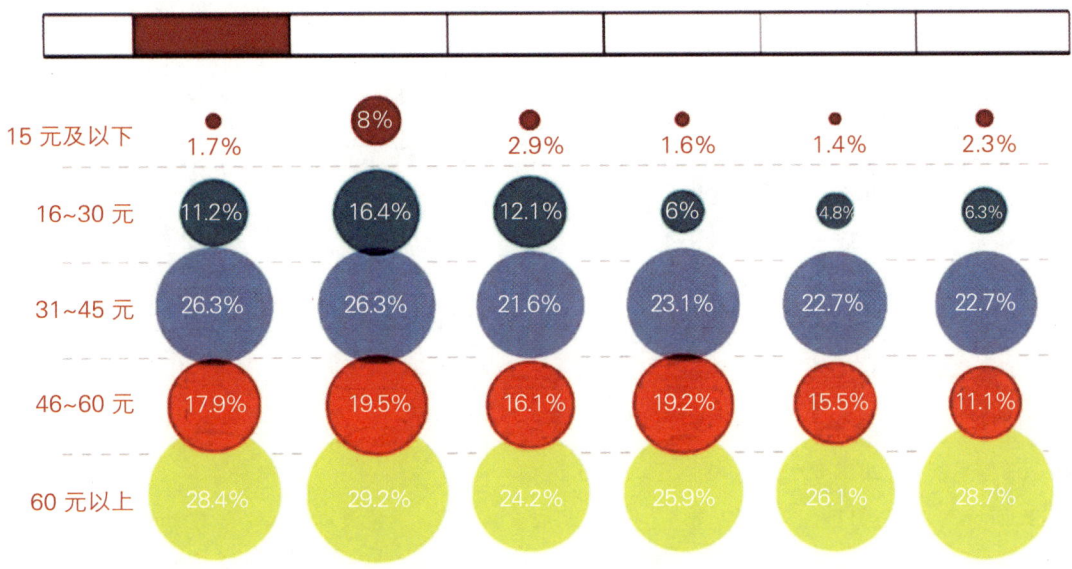

图 B.2-2　2018年全国人均消费各价位小吃快餐门店数增速

小吃快餐门店数量优势仍无可撼动，以44.3%的门店数量占比持续稳居第一。小吃快餐是最大品类，无论在一线、新一线城市，还是在二线城市、三线城市，小吃品类崛起的速度非常快。

小吃品类的人均消费金额也在升级，客单价集中在30~45元，像肉夹馍这个品类，过去可能是三五元钱的街头小吃，现在包装、产品等都进行了升级。

过去大家分析小吃，会把它定位在10元上下，但现在大家愿意花四五十元吃小吃。这个变化的背后就是小吃升级的逻辑。

### （四）"茶饮+"模式更受追捧

中国茶饮市场的总规模在2019年将突破4 000亿元，是另一个"明星"赛道——咖啡市场的两倍，现制茶的市场规模则在500亿~800亿元。

茶饮以休闲放松、味觉享受为目的，制作过程简单快捷，消费者也不用花太多时间等待，适应了当下快节奏的生活方式，成为极具文化背景的新兴时尚消费形式。

从喜茶、瑞幸咖啡、奈雪等融资过亿的行业动向来看，这些频繁的资本动作似乎也预示着茶饮这块巨大的蛋糕仍然有待发掘。

饮品店行业具有准入门槛低、制作标准化、模式易复制、品牌扩张快四大特征，全国各级别城市饮品店市场都处于增长期。

其中水果茶、纯茶等新品类正成为新的流行。近一年，饮品的投资事件不断，投资金额达千万元甚至亿元级。

表B.2-1 不同茶饮品牌的融资情况

| 品牌 | 时间 | 融资轮次 | 融资金（rmb） | 投资方 |
| --- | --- | --- | --- | --- |
| 喜茶 | 2016年 | A轮 | 1亿元 | IDG资本、天使投资人何伯权 |
| | 2018年 | B轮 | 4亿元 | 龙球资本 |
| 奈雪的茶 | 2016年 | A轮 | 数亿元 | 天图资本 |
| | 2018年 | A+轮 | 3亿元 | |
| 煮叶 | 2018年 | Pre-A轮 | 数千万元 | 达晨创投 |
| | 2019年 | A轮 | 数千万元 | |
| 因味茶 | 2016年 | A轮 | 5亿元 | 刘强东 |
| 关茶 | 2017年 | Pre-A轮 | 数千万元 | 蜂瑞资本 |
| 煮茶 | 2018年 | Pre-A轮 | 1 000万元 | 龙锡资本 |
| 肆伍客 | 2018年 | Pre-A轮 | 近千万元 | 九宜城领投 |
| 1314茶（答案茶） | 2018年 | A轮 | 2 000万元 | 杰慧资本 |
| Teasoon | 2017年 | Pre-A轮 | 800万元 | 源星资本领投、东方富海跟投 |
| 乐乐茶 | 2019年 | Pre-A轮 | 数亿元 | 祥峰投资领投，致君水滴、普思资本、众海投资、汉能创投和如川资本跟投 |

在新式茶饮中 15~24 元是受众群体最多的单品价格区间，占比高达 64%；而单价 25 元以上区间的受众人群也占到了 30%；此外，有超过 72% 用户月茶饮消费在 200 元以上。

90 后消费者（21~30 岁）已成为新式茶饮主流消费人群，占整体消费者数量的 50%，而 80 后消费者占比 37%。

新式茶饮行业未来市场发展的方向将越来越下沉，主营品类越来越丰富，试水新零售或将是下半场竞争的关键。

据相关调研数据显示，新式茶饮店两年内在下沉市场的增速是最快的，达到 138%，且北京、北海、广州、深圳等一线城市的市场接近饱和。未来下沉市场和海外市场将会是新式茶饮品牌拓展市场的新方向。

### （五）食材上涨导致成本高企

2019 年，受贸易战、天气、猪肉等因素影响，肉类、蔬菜、水果等食材的价格涨幅都已超过 50%。食材是最基础的价格体系，底层价格体系一旦变化，会影响多个方面。

另一方面，取缔城中村、严打群租房成为各大城市的主旋律，各城市房租都在上涨。再加上食材成本上涨，员工的食宿、福利成本也随之大幅提升。面对飙升的食材价格和房租及食宿成本，餐饮企业的整体成本压力明显增大。

再加上当前经济大环境下，顾客外出消费的欲望变低了，餐饮生意越发不好做。很多餐厅"一提价就死"，面对不断增长的成本，很多餐饮老板表示压力很大，希望国家尽快出台相关政策进行干预，期待菜价回落。

其实，食材与房租成本一旦涨上去了就很难降下来了，或者回不到以前的价格水平。

未来，我们要做好进入"成本高企"的餐饮竞争阶段，面对挑战，首先要做的是丰富产品结构,让自己更安全;其次,强化供应链,降低采购成本。

面对日益高涨的人工成本,用机器取代人工,像洗碗机、包饺子机……这类取代人工的机器技术日臻成熟。

另外,还要考虑提高人员工作效率。智能电子秤、收银系统、智慧餐厅……这一类用软件提高工作效率,从而帮助企业减少门店人员数量的设备越来越有必要。

### (六)智慧餐厅初露锋芒

在过去几年,智慧餐厅的改革一直持续。其模式主要分为前厅、后厨、前厅后厨结合式的智慧餐厅。

其中,新技术对前厅的改造基本是通过餐饮 SaaS[①] 系统对前端点餐、收银、营销等店内经营环节改造以降本增效;另一类改造发生在后厨,主要通过智能化的手段在后厨将机械环节用机器替代人工,保证食品安全,目前的智慧餐厅基本以前厅改造为主。

从智慧餐厅的数据来看,2019年巨头正越来越多地参与到智慧餐厅大潮中,其中,后厨改造模式的智慧餐厅模式也开始零星出现。

2020年,后厨改造式"智慧餐厅"将进一步增加,前厅改造式智慧餐厅数量普及程度更高,前厅和后厨一起改造的智慧餐厅将初现雏形。

---

① SaaS:Software-as-a-Service(软件即服务)的简称。

### （七）单品产业化将是热门

现在的市场越来越细化，餐饮业也不得不调整自己的餐饮结构来迎合市场的发展需求，于是就出现了很多以单品为主的餐厅。

为什么单品爆款、精减SKU成了餐饮业的普适法则？

因为它代表最优的资源配置和最佳的成本结构。通过数字化精简SKU后打造出来爆品可以让餐厅的供应链、后厨的资源配备更加精准高效。

成熟品类中品牌分化和本土化催生细分/小众品牌：大品牌或者大集团"通货"教育了市场，新品牌的突围来自于细分市场的人群。

细分/小众品牌时代里的小众指的是对于细分需求的满足，包括但不限于功能、价格、场景、人群等。

从想满足顾客所有需求，到只满足你最能满足他们的部分需求；从样样都想做好，到只把一样做到更好。从"徽乡肴"的徽菜到"杨记兴"的臭鳜鱼，从重庆火锅到"巴奴毛肚火锅"，从比萨到"乐凯撒榴梿披萨"，从水饺到"喜家德虾仁水饺"，从烤串到"丰茂现穿现烤苏尼特羊肉串"，每一次泛餐饮的精细化都带来了一次巨大的消费升级，也带来了颠覆。

### （八）商场增加，回归社区店

这几年，商场成为餐饮铸造品牌的道场、兵家必争之地。但商场开多了，客流分散了，品牌势必因同质化而下降。

2019年1—11月，全国新开购物中心数量就多达374个。分布网点越密集，商场吸引消费者的能力近于饱和，聚客效应也就越发减弱。

以往餐厅入驻商场,是希望商场给自己带来人流,但现在却反过来了,商场通过降低租金,甚至免租的形式,引进海底捞、西贝、肯德基等知名餐饮品牌来吸引顾客。

商场店已成为一把双刃剑:餐饮品牌势能不够,需要借助商场来提升人流和知名度,但也有可能被商场餐饮品牌同质化竞争所影响,沦为大品牌的陪葬品。

相比之下,社区店的优势在于店面可大可小,大可延伸成酒楼宴请,小到外卖配送中心,加之社区店更接近消费人群,可见餐饮社区演绎空间巨大。

只要社区不倒,路不被封,社区店的发展前景就一直存在,众多餐饮品牌选址时开启社区店的"抢滩"计划,就是离消费者越近,就越有机会。

### (九)下沉三四线城市,巨头出海捞金

最近几年,二三线城市开始崛起,尤其是各省会城市(除东北一带)具有不同程度的人口增长。其中以杭州、长沙、重庆、西安为代表,2019年人口增长数量达到20万以上。

一部分是自然增长,还有一部分人来自于其他城市人口输入。一方面,大城市房价高,阶层开始稳定,留给外地人的机会越来越少;另一方面,二三线城市相对不错的城市基础建设和房价给人们留下了希望。

"下乡出海"将成为餐饮企业拓展的重要举措。

伴随城市化的加速,二三线城市消费者的消费能力与一线城市近乎持平,对于热门品牌的消费欲望也更加强烈,可以说,餐饮市场在二三线城市潜力巨大。

腰部及以下品牌会进一步下沉至二三四线城市,其中,一批单品类、新地方菜品牌将成为创新主流和消费亮点。

中国餐饮连锁的发展出现了两个明显的趋势:往老百姓多的地方去,从一二线城市走向三四线城市,下沉到更多的城市;与目标客户越走越近,从商场走向社区,社区店的增长远远高于商场店。

### (十)餐饮食品化:效率提升,零售加持

很多餐饮品牌为了能够提高效率和扩张规模,逐渐把餐饮品牌的部分产品进行食品化和零售化。

如:全聚德的全聚德烤鸭,它把全聚德烤鸭做成了包装食品,在电商平台和各类零售平台进行销售;海底捞推出了海底捞方便火锅,在各大超市和商店都可以买到。网红品牌"霸蛮",除了堂食也推出了线上牛肉米粉和调味包。通过这种餐饮食品化,增加了流通的渠道,通过线上线下各类门店销售实现规模化扩张。

## B.2 看深圳学华为——新时代新餐饮趋势研究

阿甘锅盔从 2016 年的 3 家店扩张到如今 1 000 家门店。阿甘锅盔的有些门店，5 平方米或 10 平方米，一天的营业额超过 1 万元，这是典型的餐饮零售化。锅盔变成随时都可以销售的东西，变成随时随地都可以买来解馋的东西，它把需要进行堂食体验的产品统统干掉，彻底去掉堂食，通过这种形式来实现餐饮食品化和零售化。

消费场景变得越来越多，所以营业额也可以做得很高。一旦餐饮零售化，其扩张规模就不受局限。

越来越多的餐饮品牌越来越像以餐饮品牌为 IP 的零售门店。在星巴克里，你可以带走杯子、咖啡豆；在奈雪，你可以买到短保质期零食、茶叶、公仔。越来越多的餐饮门店里不仅仅是餐饮，更是一个拥有特定流量的终端销售场景。

未来餐饮品牌的边界将会越来越模糊,通过边界的模糊创造出新品类。

## 二、2019年新时代餐饮趋势总结

2019年,在大数据等因素作用下,餐饮行业进入了新餐饮激荡的10年,中餐将真正迎来大变革时代,会有崭新的行业生态、商业模式呈现。

罗振宇曾说过:"中国所有的生意都值得再重新做一遍。"

餐饮行业同样如此,所有品类、场景、内容都值得重新考量与深入。找到自己的细分品类和细分场景,就有机会在餐饮红海中脱颖而出。

随着消费者的快速换代,餐饮人和创业者必须更为敏锐、精准地感知顾客需求,并针对痛点需求提出差异化的解决方案。

我们无法预测风口什么时候会到来,但创业者只要找到自身的差异化特色,不断对产品、服务、品牌进行精进,等到东风来临,必将乘风而起。

宏观篇

B.2 看深圳学华为——新时代新餐饮趋势研究

## 三、2020年餐饮业为何要看深圳、学华为

"乐凯撒"陈宁说过，餐饮业的底层密码已经改变，餐饮企业不再只是美食公司，还应该是品牌公司、科技公司、供应链公司和设计公司的总和。

### （一）土壤：年轻人+购物中心双集中

深圳因街铺资源有限，导致购物中心数量多、体量大，这就为餐饮品牌拓店提供了发展的土壤。

奈雪梦工厂开业3天，达近百万营业额。奈雪梦工厂、BEEPLUS超级烘焙工坊、无印良品的MUJI酒店+餐厅+旗舰店三合一门店、Pacific Coffee Lounge概念店、满记集团旗下新品牌DE AVENUE旗舰店……这些品牌的首家旗舰店或概念店都选址在深圳，国内餐饮界的黑马、巨头几

乎都能在这个城市找到。

### (二)思维:公司化+品牌化双轮驱动

中国餐饮业一直有两种路线:一是开餐馆,二是做公司。个体户思维对比公司化思维,两种路线代表两种不同的打法。

高知、学霸、跨界,已经成为深圳餐饮人的显著特色,80后是绝对的主力。

他们具有较高的专业度和国际视野,并将互联网思维和华为的管理智慧用于餐饮企业的经营管理。关注产品升级、管理运营的效率以及组织力打造带动了深圳的餐饮产业。深圳餐饮企业是公司化驱动的典型,它们有明确的细分领域定位,复制能力强、运营模式轻、发展空间大。

因此，说深圳餐饮代表中国餐饮的未来方向并不夸张。

另一方面，品牌化也是深圳餐饮创业者的首选，创立伊始，他们就将品牌作为孩子来呵护，并成立品牌部，热衷于学习打造品牌。

站在特区国际化视野下，深圳的创业者早已明白产品的区隔只是暂时的，只有品牌才是终极竞争密码。正是运用了公司化+品牌化双轮驱动的思维，深圳餐饮才成为拿到融资最多数量的城市。

### （三）创新：骨子里的务实+创新精神

做人低调、做事务实，这点在深圳更为明显。

深圳餐饮人也传承了这个风格，普遍把产品、运营、内功、管理这些要素放在首位，并把性价比做到极致。

"乐凯撒"的陈宁曾经这样总结做餐饮的心得："好产品才是营销的魂，餐饮业的产品是整个用餐的体验，是QSCV的全面提升，是价值感，是超值。"

深圳餐饮品牌在产品升级下功夫，在品类模式上创新。喜茶、奈雪将毛利率控制在50%，采购最高品质的原材料，从而创新了新茶饮品类。

"松哥油焖大虾"，采取了严格的全流程规范化。每一只虾都是阿姨们手工刷洗，再一只只地剪头剪尾，28道工序，焖制25分钟，出锅后再次挑选，不合格的直接报废。

"陈鹏鹏"，一天3卤，"八合里"，一天配送4次牛肉，保证顾客永远吃到最新鲜的食物。

"金戈戈"，采用180天走地鸡、晒足365天酱油，打造香港豉油鸡品类。

"小女当家"，采取现炒称重模式，重新定义城市快餐。

与某些只会"讲故事"的餐饮企业不同，务实风格让深圳餐饮企业无一不是在产品上死磕，练就了扎实的基本功，获得了强大的店面盈利能力。

### （四）餐饮业最好的老师——华为

最关键的是深圳餐饮企业后面有个最好的老师——华为。

华为，几十年如一日的坚持研发、坚守产品、坚守性价比，让世界瞩目。

可以说，从产品研发到全员持股的组织力，再到持续奋斗的价值观，华为的整套体系非常值得餐饮人学习。

任正非是"灰度哲学"管理高手，他不停地学习，不停地请教，不停地思考，不停地总结，在他的带领下逐步形成华为上下18万人共同信奉的经营理念。

餐饮业应首先学习华为坚持以客户为中心、以奋斗者为本和长期坚持艰苦奋斗的经营理念。

华为坚持客户第一，以客户为本，把客户需求作为华为一切工作的原动力。客户如何才能满意？那就是你提供的产品或方案要质量好（Q）、成本低（C）、周期短（D）、服务好（S）。

华为以奋斗者为本，有垫子文化，也有狼性文化，还有在上甘岭上选拔干部的文化，华为薪酬不唯学历、职称、工龄和年龄，唯能力是用。

多年的心无旁骛耐得住寂寞，正是"利出一孔"的思维造就了华为在通信设备行业的一骑绝尘。

华为倡导以小改变成就大目标的渐进式创新方法：产品领先半步是先驱，领先三步是先烈。

其次，餐饮人应学习华为以战略为导向的人力资源管理的组织力打造。

华为用"烧不死的鸟是凤凰""狼狈组织""少将连长""给火车头加满油"等词汇诠释其在文化构建、组织建设、干部管理、员工激励等方面的管理智慧。

华为崇尚狼性文化,让所有人都充满斗志,像狼一样拼杀;华为还倡导"乌龟精神",既要有定力和耐力,又要有强大的适应环境变化的能力。

"全员持股"和"获取分享制"成为公司价值分配的基本理念,敢于开展非物质表彰,激发员工活力,取得了巨大成功。

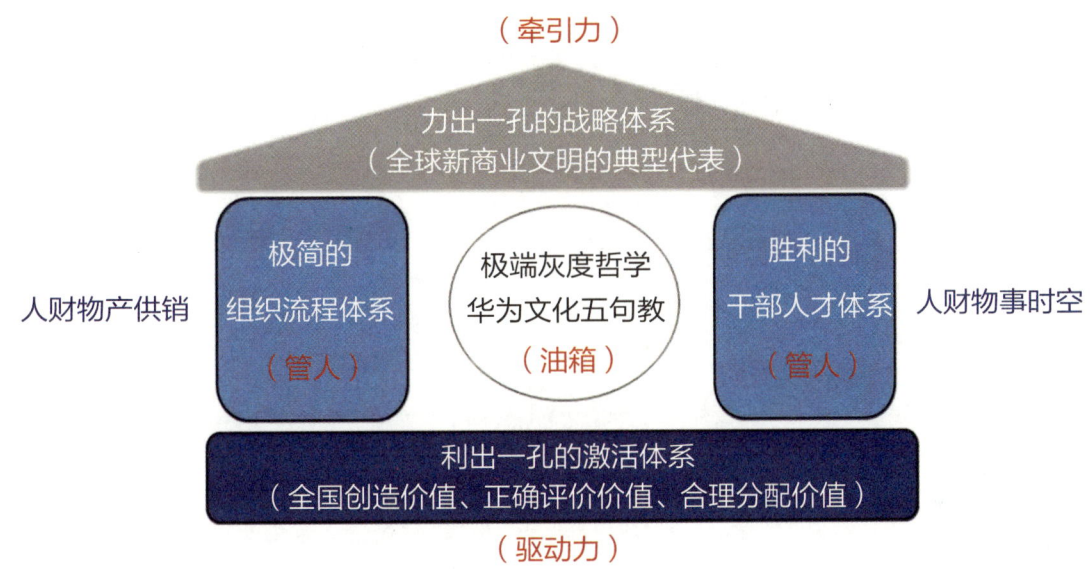

图 B.2-3　华为组织力"一点两面三三制"方法论示意图

## 四、深圳餐饮业将代表我国餐饮业的未来

深圳作为中国的经济特区,地处国内改革开放的最前沿,通过引进资本、技术、人才、先进的管理技术创造了深圳奇迹。

而深圳的餐饮业对这些生产要素也格外重视,因此有了独特的"深圳基因"。拥有大比重的外来人口、华为和腾讯等巨头的总部所在地、四大一线城市之一……这些城市标签让深圳的餐饮业独具特色,具体表现在:

1. 包容多样化

深圳餐饮的消费者年轻人居多，常住人口平均年龄仅 32.5 岁，它是中国最年轻的一线城市，同时，人口来源地的多元化使其接纳包容各种餐饮业态、口味、菜系。

2. 消费力强，求新求变

强消费力诞生众多餐饮新锐网红品牌，如喜茶、奈雪的茶、乐凯撒、美奈小馆、大弗兰、松哥油焖大虾等。

3. 引领行业品类、模式之先

如：音乐酒馆品类创新品牌胡桃里，"茶饮 + 欧包"品类先行者奈雪的茶，中式烧烤行业领头羊木屋烧烤，榴梿比萨首创者乐凯撒。

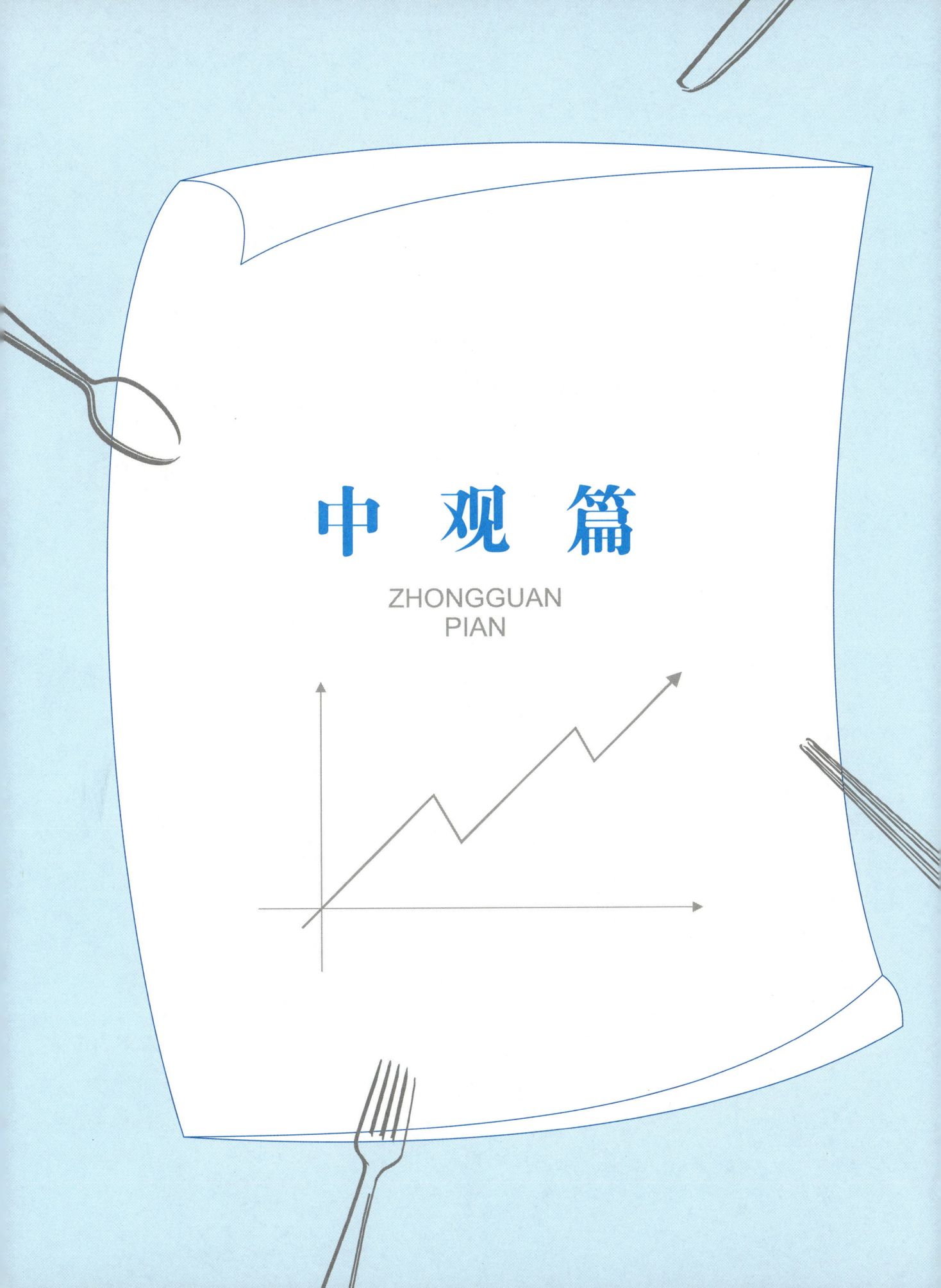
中观篇
ZHONGGUAN PIAN

# B.3
## 深圳餐饮市场原材料供应链分析

■ 潘先锋 梁 贝

潘先锋 男,深圳市惠尔来农产品有限公司总经理
梁 贝 女,深圳市惠尔来农产品有限公司市场总监

# 一、食材行业发展现状
## ——以惠尔来为例分析

## （一）惠尔来食材优质提供商

> **企业寄语**
>
> 　　先哲说："世上没有平坦的大路可走，只有在崎岖小路上不断攀登，才能达到光辉的山巅。"企业发展如同人类生存，会直面无尽的艰辛，接受风雨的洗礼。面对风生云起的市场，不进则退。只有奋斗，才能创造更多的机会，开拓更大的舞台。
>
> 　　惠尔来从初期的创立到至今，经历了10年的风雨历程。自成立以来，从蹒跚学步的婴孩，一步步成长为今天朝气蓬勃的青年。正是惠尔来人用自己的努力和对未来的憧憬，用自己的勤劳和智慧，炼成的"务实、稳健、创新、图强"的企业精神。
>
> 　　"专业成就未来"，作为企业的领航人，深知企业责任的重大，更深知市场竞争的残酷，惠尔来将继续秉承"为客户创造价值，为员工创造前途，为社会创造意义"的企业使命，和业界同仁一道，为改善客户饮食质量做出不懈的努力，与客户共同成长！
>
> 　　因为优质，所以称心；因为品质，所以舒心。

深圳市惠尔来农产品有限公司自2009年成立以来,一直深耕于农副产品配送行业,也是深圳最早一批专业从事农副产品配送的企业,经过10年的稳步发展,业务范围在不断扩增,被认定为深圳市"菜篮子"基地,现合作客户上百家(含政府机关、学校、企事业单位等),配送车辆上百台,配送加工场地10 000平方米、冷藏冷冻库5 000平方米,已经成长为集农副产品配送、种养殖、餐饮承包、团餐配送、净菜加工于一体的后勤个性化服务供应商。在食品安全方面,惠尔来始终不遗余力,建立了高标准的检测室,并配备了各种高精度的测量设施。同时,惠尔来实行产品"身份证"系统管理,让菜地里的每一棵菜从采摘、生产、粗加工、配送,直至到顾客的餐桌上,全程进行封闭式的管理,做到上有溯可追,下有据可查,在最大程度上杜绝了"灰色"食品的流入。下辖深圳市沁心源餐饮管理有限公司,提供员工餐厅承包、集体送餐和学生营养餐等三大业务领域服务,现已成长为一家具有大型餐厅管理经验的专业化、规范化的餐饮公司。

中观篇

B.3 深圳餐饮市场原材料供应链分析

公司的部分荣誉证书

### （二）食材行业的发展趋势

近些年来，深圳大型商超、品牌连锁餐饮店、学校、幼儿园及企业大食堂蓬勃发展，食材需求量剧增，随着国家和消费者对食材安全日益重视，各大商户对食材的品质把控越来越严格，对供应商的要求也越来越高。不符合市场要求的食材供应商逐渐出局，而优质食材供应商成为各大商家追逐的对象。新的市场需求对这个食材配送传统行业提出了挑战，也推动了这个行业的发展。

## 二、餐饮行业食材供应链问题分析

### （一）安全问题

食材安全是企业的首要工作，直接关系到企业的存亡。不严格控制食材的品质和安全，轻则影响菜品质量，重则可能触碰食品安全的"雷区"。建议从以下环节把控：

1. 农产品检测

企业应具备快速检测蔬菜农残的设备设施,通过检测,可以将配送过程中不合格农产品筛选出来,减少食品安全的风险。随着人们对食品安全的重视,农产品检测应用将更加普遍。

2. 农产品溯源

主要是通过物联网手段对农产品种植、检测、配送、分拣等等多个环节进行数据追溯。通过信息化建设对基地农产品质量安全可追溯能力的打造,全面提升了企业服务品质和客户满意度。

### (二)效率问题

食材配送的效率关系到食材的品质和服务的品质,决定配送效率的是企业的服务能力。有的供应商综合实力跟不上,设施设备和技术都比较薄弱,因此在采购成本、商品质量、配送时效、配送质量上都存在诸多问题,这样也会间接影响企业的服务质量,从而形成一个不健康的循环。

为了快速送货,公司成立了的相关部门,实行部门负责制,专人专事,明确职责,保证整个配送的及时性与稳定性。

1. 快速响应

客户下达要货订单后,订单经过汇总、分析后交到采购部,由采购部负责肉品的采购。如果是自养猪,采购部与养殖负责人进行沟通,当天把生猪送到定点屠宰场进行屠宰。

第二天新鲜肉品进入库区,质检人员经过检验后直接进入加工区进行分割,分割师根据客户要求把白条猪进行分割。分割后的猪肉产品进行称重、开票,然后由物流车进行配送,做到整个流程连续作业和无间断作业。

2. 送货

根据顾客需求,进行线路调整。时间紧、距离远的客户优先发车进行配送。做到优先分割,优先加工,优先开票,优先装车,优先发车,优先配送,保证客户的时间需求。

3. 售后处理

当产品配送出去后,发生顾客纠纷,在第一时间内快速处理。质量问题无条件退货,然后以最快的时间给客户进行调货。其他问题,在第一时间内与客户进行沟通,解决客户问题。

### (三)服务问题

在整个配送环节中,一旦菜品、价格、服务出现问题,就会很容易引起用户的不满,进而影响公司口碑传播。比如退换货服务,公司不但可以无理由退换货,还能保障很及时的配送。另外,还可以为企业客户提供更多额外增值服务,比如餐饮培训、食谱创新服务等。

# 三、食材行业代表企业解决方案及未来发展对策

## （一）优秀企业代表的特点

### 1. 基地直供

自营合作无公害蔬菜基地 12 000 亩①以上，从田地到餐桌一站式供应，减少中间市场环节，为用户节约 50% 成本。

---

① 1 亩 ≈ 666.7 平方米

## 2. 品种丰富

迄今为止，惠尔来农产品多达2万多种，几乎覆盖了农产品的全部品类，包括蔬菜水果、副食品、鲜肉、水产、海鲜、家禽、粮油、干货、冻品类等，在产品领域里处于领先优势。

## 3. 品质保证

高品质农产品源自高标准和严要求。惠尔来采用ISO9001质量体系认证、ISO22000食品安全体系标准（HACCP）作业标准。建立了"惠尔来"审核体系，生产优质的农产品。惠尔来品控员均是都是农业相关专业的本科生，在原产地进行实地调研和评估，严格筛选出符合标准的供应商，并且对食品生产人员提供专业的培训，保证产品的食品安全和高品质。

## 中观篇

B.3 深圳餐饮市场原材料供应链分析

### 4. 冷链物流

农产品有季节性和保质期。专业可靠的温度监控、正确的运送温度，可以保证食材的新鲜美味，避免食材因温度升高而导致细菌滋生。惠尔来具备冷链物流体系，严格做到全程监控运输过程，因此，无论食材来自何地，都新鲜如初。

5. 产品追溯

惠尔来配送独有的可追溯系统，能够全程记录食品，"从田地到用户"的一路历程是食品风险管理的关键，可以有效控制产品源头，增加产品生产过程的透明度，分清各生产环节的责任，掌握产品流向，为健康食材保驾护航。

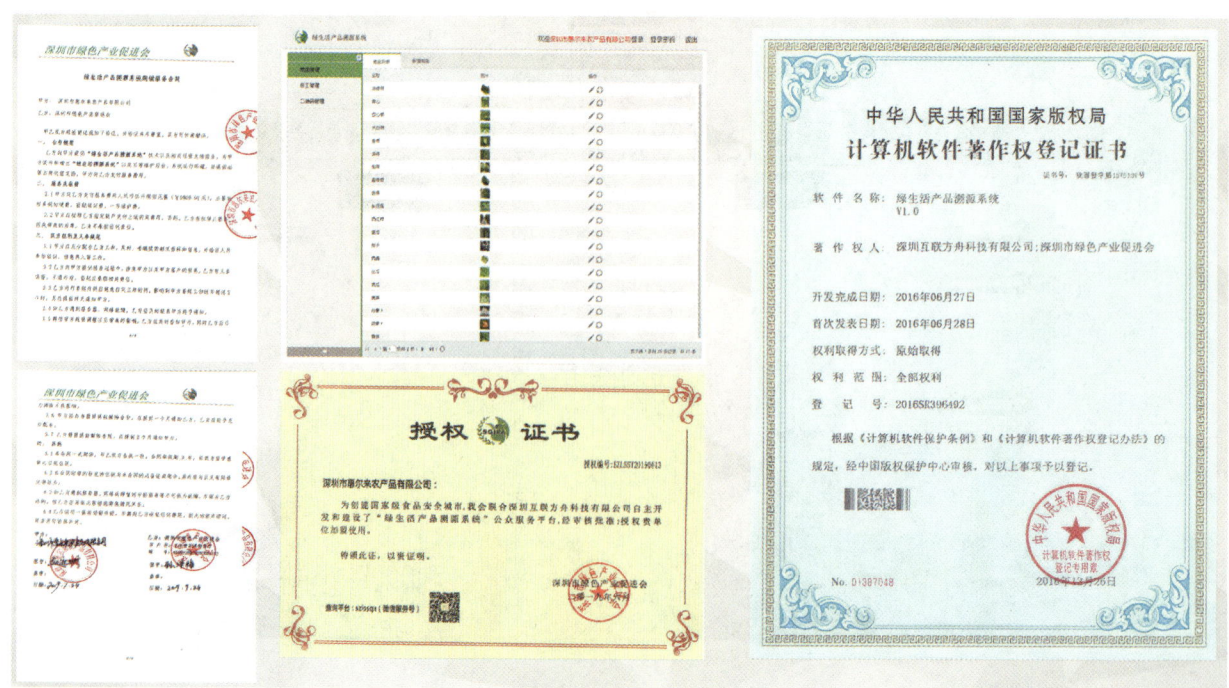

中观篇

B.3 深圳餐饮市场原材料供应链分析

6. 安全放心

为了让用户吃到健康安全的食品,惠尔来层层把控产品的生产过程。从2009年至今,惠尔来已培训超过500家公司,1万名加工工人和2万多名农民;已评估各家农场及工厂超过1000次。每年惠尔来委托第三方实验室进行1000余次的安全监测,确保产品的品质更加健康、安全。

## 服务流程

① 客户订单——客户每天下午16:00点以前以电话、传真或电子邮件等方式订单

② 按单配货——按照客户订单要求整理、加工、检测,分类配货

③ 准时送到——按照客户每天早上规定时间,准时送达

④ 客户验收——质量及数量以客户验收称重为准,公司每次随货附上一式三联送货单及相关检测报告

⑤ 对账开票——每月底按时提供对账单客户审核,客户确认无误,开具发票

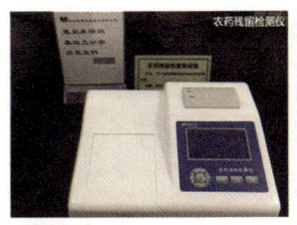

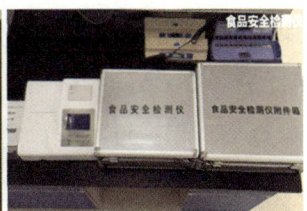

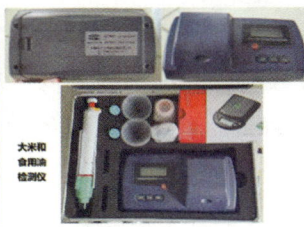
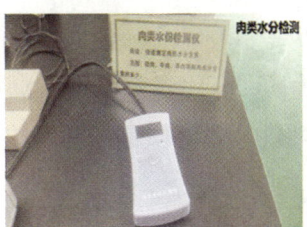
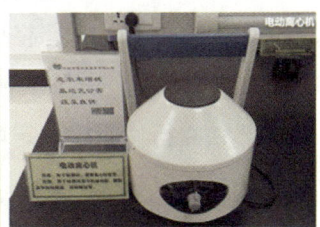

#### 7. 服务安心

分拣对菜品容易构成损害，蔬菜分拣过程简单且重复，分拣员很容易形成粗暴的分拣习惯，所以分拣员的耐心也很重要。蔬菜配送公司需要从多个方面来保障食材的品质，即能赢得用户的信赖，也能为公司的品牌形象加分。

### （二）科学规范应用

#### 1. 质量管理体系

公司保证提供的所有送货产品三证齐全：营业执照、卫生许可证、产品检验报告。所提供的肉类、蔬菜瓜果、粮油等食品均符合《中华人民共和国食品卫生法》《中华人民共和国动物检疫法》《国家食品卫生标准》和 ISO9001 质量体系认证等相关规定，保证卫生安全，无毒、无害，具有相应的色、香、味等感官性状。供 A 级以上（使用率 85% 以上）蔬菜，保证是当天 12 小时内收成，当天提供检测报告书，保持较好色泽及新鲜度。蔬菜水果类基本产自蔬菜基地，保证有较好的色泽和新鲜度，没有黄叶、腐烂、泥沙等现象，并保持整体完整，属无公害蔬菜水果；鲜肉类保证来源于深圳市政府指定的定点屠宰专门机构，为当天 12 小时内屠宰的新鲜肉，并经肉检（卫生部门检疫）检验合格；冷冻类及干货在保质期范围内，并保持较好的外观和等级；熟食类提供熟食类加工相关许可证；海鲜、河鲜产品必须鲜活；粮油、副食、调料等由大型正规厂供货，相关证件齐全。每批产品都提供检测报告，对于不符合质量的各类品种可退货或换货。

公司在经营过程中严格执行食品安全控制要求，从供应商管理、食材安全管理、仓储管理、配送运输管理等方面严格按照 ISO9001 国际标准执行。

（1）公司任命了质量管理者代表，设立质量管理部，并配备多名内部质量体系审核员。质量管理部独立行使职权，定期进行内部质量体系审核和日常质量体系监督检查，保证整个质量体系在受控状态下有效地运行。

（2）按照 ISO9001 质量管理体系的要求制定各种类型工作标准以及标准工作程序，严格要求各部门按照质量管理体系标准开展工作。

（3）《公司质量管理体系》按照 ISO9001 质量管理体系的要求编制，并按照《文件控制程序》《受控文件管理规定》等的要求进行管理。

（4）质量管理部门负责对各部门进行监督考核。

（5）公司以国际公认的管理系统 HACCP（Hazzard Analysis and Critial Control Point，即危害分析关键控制点）体系为基准，制定了食品卫生安全程序，发展和提高企业的食品安全体系。所有食品和原材料的来源均受到公司采购部门的严密监控，经验丰富的采购部门员工同卫生营养专家一道，向公司提供专业的风险评估分析以及相应的处理方案来保障客户的最大利益，为防止食品卫生事件的发生，公司全体员工均具备识别、控制和处理食品卫生事件的能力。

（6）建立卫生岗位责任制：实行 6S 考核，明确各岗位、各区域的卫生职责，把责任落实到位，让卫生工作与薪资挂钩，奖优罚劣；建立卫生检查制度，实行日查、周检、月分析、季评比，经常检查督促。

2. 配送各环节的质量保证措施

食材生产卫生规范的基本内容就是从原料到成品全部过程中各个环节的卫生条件和操作规程。其主要内容是：

● 原料采购、运输、储存的卫生

对原料及其采购后的运输和储存要求是生产任何食材都要首先把好的重要环节，否则，即使生产条件再好，也不能保证最终产品的质量。因此，公司主要对采购人员、原料的新鲜度、包装物及包装容器、运输工具和运输作业、原料的储存场地、仓库条件等的卫生管理作了相应的规定。

● 加工场地的安全保障

定期对食材加工配送场地的内外周围环境、布局、设备结构、上下水系统、废物处理、卫生设施等进行审查，均符合通用卫生规范和有关食材工厂卫生规范的规定。

● 生产过程的卫生

包括从原料到成品的全工艺过程。在食材加工过程中，按"原料→半成品→成品→包装→储运"的流程，严防交叉污染，在生产加工的场地、车间配备消毒、更衣、盥洗、采光、照明、通风、防腐、防尘、防蝇、防鼠、洗涤、污水排放、废物处理等基本卫生设施并合理使用；食材包装有严格卫生要求的场地和操作要求，包装材料和标识都必须符合国家有关规定，操作人员必须讲究个人卫生，符合从事食材生产经营的健康要求，成品经有关标准检验合格方可出厂。

● 卫生和质量的检验

公司与第三方检测机构签订长期合作协议，负责产品卫生和检验工作。按国际规定的或企业品质控制标准和检验方法进行检验，签发检验结果单，妥善保存原始记录，并定期鉴定、维修检验用仪器、设备，保证检验结果的准确。

● 成品储存和运输的卫生

食材生产有原料、半成品和成品三种符合卫生要求的仓库，容量与生产能力相适应；各类仓库有专人管理、负责，定期清洗、消毒、通风换气。各种成品的储放按相应的工艺要求进行。

食材运输有专车，严禁一车多用或与非食材混运，运输中使用的容器、工具专用，有专人负责运输工具的清洗、消毒等卫生工作。

● 个人卫生与健康的要求

食材从业人员进行健康检查合格和培训教育合格后才能上岗。每年至少要进行一次体检和培训，并养成良好的卫生习惯，如：上岗时穿戴整洁的工作衣、帽、鞋，上岗前和便后必须洗手，防止食材污染。

### （三）展望未来

中国餐饮市场总规模不断扩大，餐饮行业前景广阔、机遇无限，但餐饮行业发展整体水平大而不强，存在着不充分、不平衡的问题。

食材配送行业的发展状况是餐饮市场发展的一大掣肘，当前餐饮市场主要存在的矛盾是人民群众日益增长的食材需要同落后的食材配送能力之间的矛盾，食材配送行业存在着加工水平不齐、安全检测不规范、溯源体系难、产品配送单一等问题，作为食材配送行业的优秀企业，深圳市惠尔来农产品有限公司一直致力于满足人民群众日益增长的美好生活需要，坚持"初心"，努力打造食材配送行业标准。

作为食材配送企业，首先要严守安全底线，做良心配送企业，惠尔来统一供货渠道，从源头保障食材配送安全，直接对接源头厂商，寻找可靠的供应源头，并逐步建立起了自己的食材直供基地，通过"基地 + 公司"的订单模式，在种子的选择、种养殖规范、农药化学制剂的使用和禁忌、都形成统一标准和作业规范。

同时惠尔来积极承担社会责任，为"三农"发展贡献一己之力。惠尔来响应农业供给侧结构性改革，加快都市现代农业发展的号召，增加蔬菜生产基地规模，建立起了自己的食材直供基地，保住农业发展的根基和命脉。同时，提出订单农业的模式，让农民不再盲目耕种。惠尔来通过"基地 + 公司"的订单模式，不仅解决了农民的就业问题，还帮助农民增产增收。

深圳是食品安全示范城市，而惠尔来作为食品安全示范企业，肩负着重大责任，要想实现满足人民群众需求日益增长的美好生活需要，必须实施"标准化"战略。惠尔来建立标准化的生产体系提升农产品品质；组建了自有的冷链物流配送体系缩短中间流通环节，去中间化，连接种养殖户和终端消费市场；专业膳食团队重视膳食研发，开发营养菜谱，为客户提供更多增值服务，定制个性化配送服务等，力求为客户提供优质有安全保障的产品。惠尔来将不辱使命，让客户食得放心，用得安心。

# B.4 深圳餐饮市场原材料供应链分析

■ 李 荧

中国城市化进程驱动食品工业快速发展有几个明显的趋势：食品一部分向更营养的方向发展，例如蛋白粉、健身补剂、跑步营养棒等，甚至涉及保健药品领域，例如鱼油丸、虫草片、破壁灵芝粉等；一部分向休闲方向发展，比如饮料、酒类、口香糖、冰淇淋、辣条、爆米花；还有一部分向快食发展，比如中式快餐、美式快餐、冷冻面团、方便面、香肠、罐头食品、各种面条、各种酱料和调味品。

---

李 荧，女，资深餐饮业食品安全领域资深研究者

食品工业在改善人们的生活效率的同时，有些新技术包括副作用也逐步被社会认识，从而被限制应用甚至被逐步淘汰。比如有争议的食用氢化油技术，油脂氢化的基本原理是在加热含不饱和脂肪酸多的植物油时，加入催化剂、通入氢气，使不饱和脂肪酸分子中的双键与氢原子结合成不饱和程度较低的脂肪酸，也就是反式脂肪酸，其结果是油脂的熔点升高，导致硬度加大，这一特点使得烹制后的食品不容易变质或者产生哈喇味，但是会致使人体无法吸收而失去原有的营养价值。目前，国际上很多科学家认为人体长时间高剂量地摄入被氢化的油脂会导致一系列身体健康问题。《谷物大脑》的作者甚至认为低价格油脂中有大量含麸质的稳定剂，这种油脂与糖和其他麸质食物同时食用会产生一系列的连锁反应，甚至会对大脑产生不同程度的影响。虽然国际上怀疑氢化油的危害，但是氢化油在大规模食品加工中又无可替代。

消费者对食品也有各种观念，有些追求味美，有些追求营养，有些追求饱腹感，有些倾向于心理上的满足，比如因为反对虐待动物而选择素食，为了放心选择直邮农家产品等。

## 一、食品追溯的概述

在食品追溯的研究过程中，作者发现很多人对国际追溯码、食品质量追溯、食品安全管理体系与食品物联网追溯这些概念比较模糊。

食品工业为人类带来了更快、更方便、更经济的食物，也使得食品开始向不同方向发展，新产品层出不穷。食品安全原则上就是国家监管部门对已知的潜在安全问题进行抽查，这些检查标准也在不断地跟新和完善中，例如在食品包装上必须标识产品名称、生产厂家、生产日期、保质期、主要原材料等。该规定不仅仅在包装食品上使用，现已逐步推行到快餐业打包食品和饮品上，不得不说这是社会的一大进步。但有些要求因为意义不大而被淘汰，例如国际追溯码，由于其作用和产品条码、生产批次重复，现在已经不再使用。

## （一）食品安全是食品质量的根本

食品质量是一个抽象的概念，关乎人体健康的主要是营养问题，而安全是营养摄取的基本保障。为了方便大家计量食品质量，本文总结出关于食品质量的六要素，食品安全始终贯穿其中。

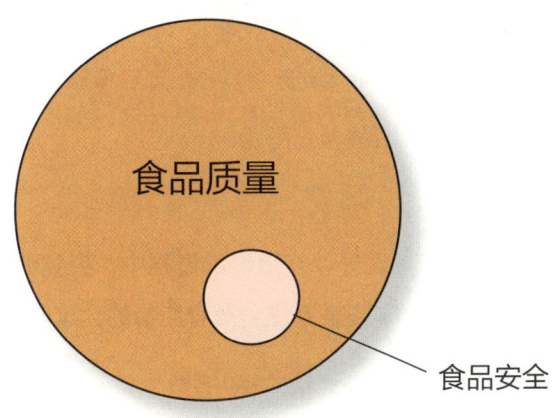

图 B.4-1　食品质量与安全的关系示意图

表 B.4-1　食品质量六要素

| 食品的营养 | 食品感官 | 可长期经济获取 |
|---|---|---|
| * 食品的营养价值<br>* 易吸收<br>* 无显性毒副作用<br>* 无长期明显毒副作用<br>* 如属于可能过敏的食物要文字提示<br>…… | * 符合当地的文化<br>* 符合当地常规加工方式<br>* 符合当地常规储存方式<br>* 形、色、香气、味道皆迎合当地大部分的口感<br>* 配方容易操作，没有危险食品添加剂<br>…… | * 全球产量<br>* 生产周期<br>* 种植、养殖、加工和运输过程中的工人福利<br>* 易采收<br>* 常规技术容易保存<br>* 容易运输<br>* 就近获取原则<br>…… |

续表

| 饱腹感 | 易加工 / 好搭配 | 原生环境与动物福利 |
|---|---|---|
| * 在有营养价值的前提下有饱腹感，易吸收<br>* 减肥食品允许在没有营养价值但安全的前提下有饱腹感，短期采用不会造成身体不适，但须在包装上提示没有营养价值<br>…… | * 在烹饪/加工过程中容易控制<br>* 在烹饪/加工时不容易产生毒素<br>* 搭配禁忌较少或者没有<br>* 烹饪/加工后短期存放不容易产生毒素<br>* 加工前原材料和加工后食物都容易保存<br>…… | * 食品的原生环境没有污染源<br>* 在某种特定环境下培养口感更好或营养价值更高<br>* 动物养殖过程中的动物福利<br>* 运输/屠宰过程中的动物福利<br>* 当地文化对特定部位的种植或者养殖要求<br>…… |

除了使用上面食品质量评估工具之外，在追溯的过程中，究竟哪些节点是需要向下游进行追溯的，哪些是消费者需要知道的质量优势，哪些是方便消费者监督的，这些依然是需要探讨的方向。

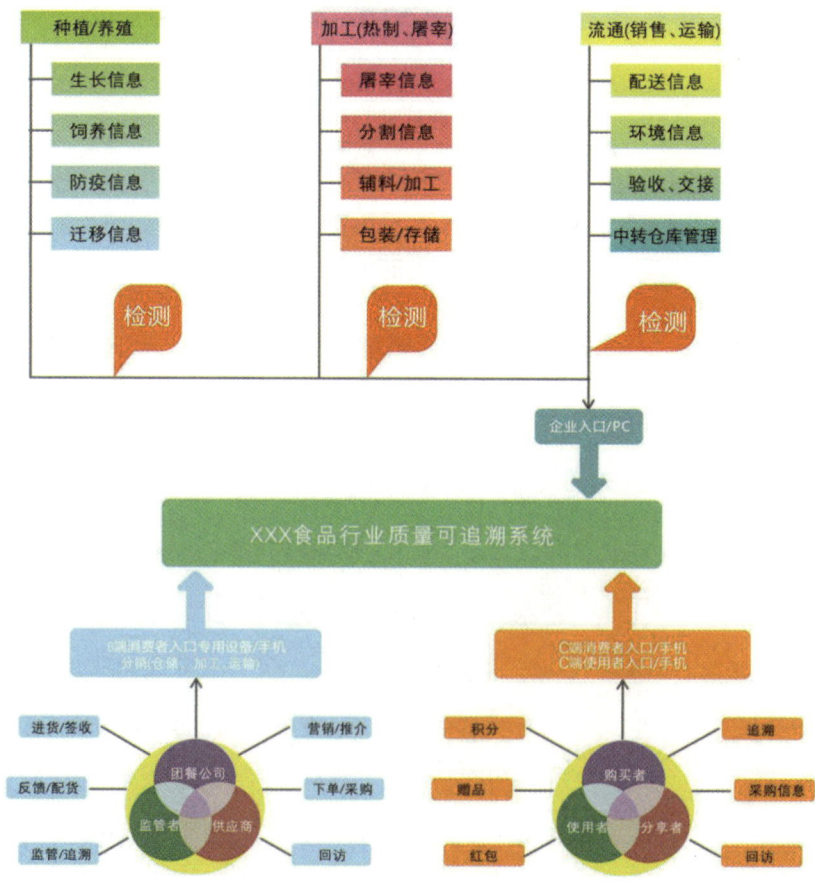

图 B.4-2　食品质量的追溯中可能涉及的节点

## （二）物联网在食品质量追溯上的应用

近年来，我国食品质量追溯的应用恰好遇到我国企业管理信息化和电子行业的物联网应用浪潮，所以食品安全追溯和物联网食品质量追溯概念容易引起混淆。实际上，目前食品企业内部的安全控制依托于美国提出的 HACCP 节点控制的原理（包括 ISO2200、2005 食品安全管理体系），其在较大型的农业和食品企业中已经普及应用，主要是对其内部流通的物资进行追溯。市场上很多食品企业的食品质量追溯多冠以食品安全追溯之名，是应网络营销的诉求而逐步发展起来的，并非协助国家监督、管理和处理问题。因此这一类追溯应用呈现多种方式，但对于食品安全追溯的核心——方便召回，却并没有进行规划和设计，无法有效统计受害者，无法快速、精准地召回问题产品。食品安全追溯应该是从属于食品质量追溯之下的部分应用。

企业将内部的质量管理通过物联网技术加以完善，通过物联网技术可以公开展示一些节点数据，从而接受社会监管、获得客户信任、提升客户黏度、提升企业竞争力、提升企业经济效益，也为企业获得社会发布数据信息的可靠性做背书。

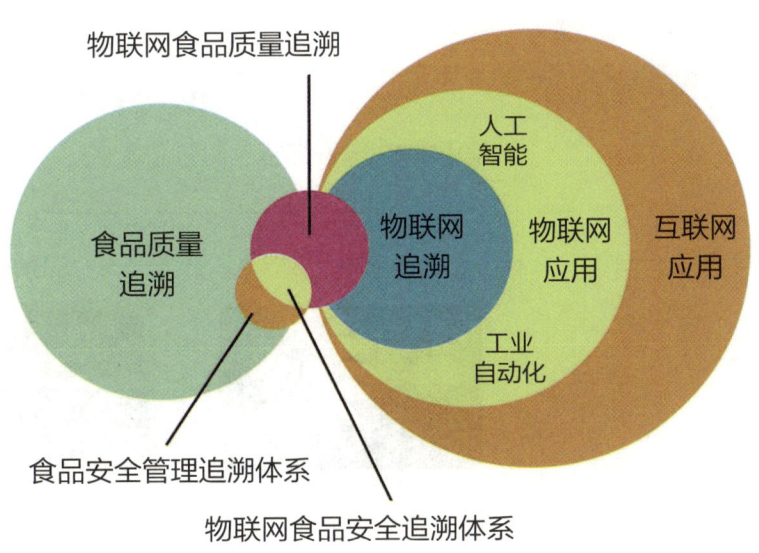

图 B.4-3 几种概念之间的关系

物联网食品质量追溯几大核心功能：

（1）方便政府检查货物来源，这主要是将现有监管工作信息化的一个过程。这一过程往往辅以特定的物联网自动化信息读写功能，目的在于简化现有作业过程，方便从业人员和检查部门的日常工作。

（2）企业自愿将行政部门强制监管的环节精确地披露给贸易商、产品消费者和最终使用人。

（3）企业在营销过程中，为了突出自己的优点，将企业管理中的一些关键节点信息自愿披露给社会。

（4）企业为了在突发安全事故时可以第一时间精准召回问题产品，预防恶化社会效应，约束流通环节防止破坏面扩大。同时，为快速追查问题环节提供可能，能很好地协助政府调查失职环节。

### （三）跨领域研究比较

**知识点：**

物联网是在互联网的覆盖下，将某些人和物品之间的行为，或者某些物品和物品之间的行为采用自动化数据采集，目的是为了提高效率、降低错误。

每一个电子产品都有其独立的编号，这些编号在芯片制造之初就已经存在。但是普通物品是没有其独立编号的，我们可以将其贴上或者植入电子标签来为每一个物品或者生物进行编号，当这些带有电子标签的物品或者生物穿过对应的读取设备时我们就可以进行记录。这样省去了繁复的人工记录过程，为快速追溯提供了一种记录方式。

常见的电子标签的形式：

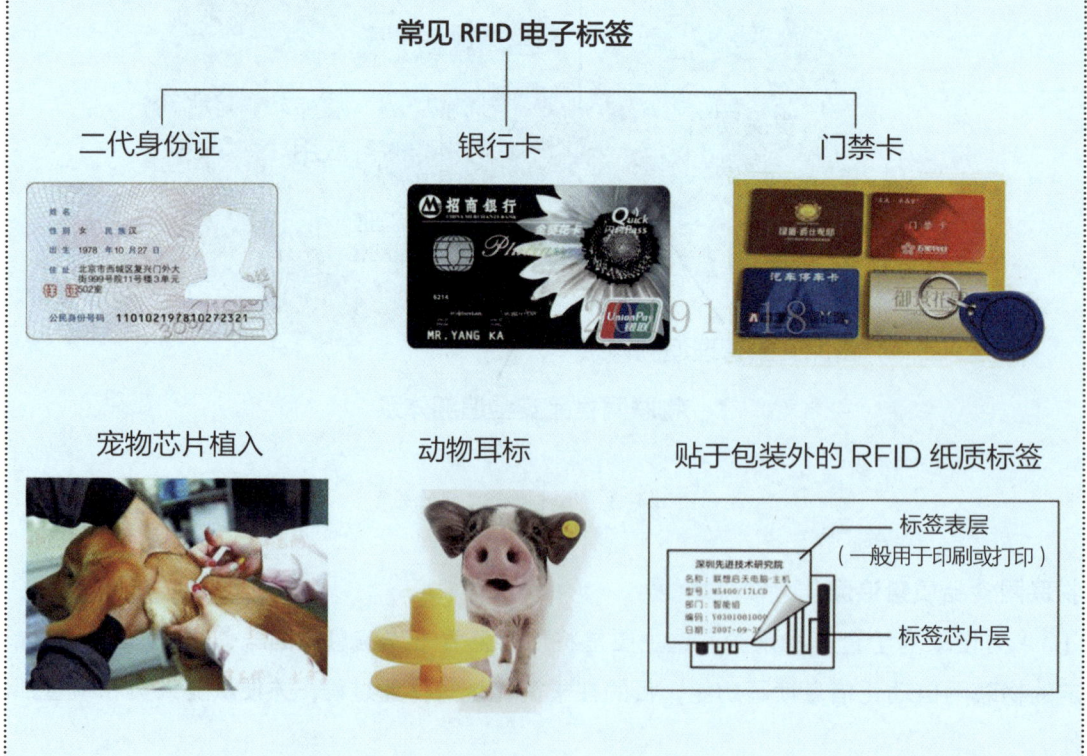

## 中观篇
### B.4 深圳餐饮市场原材料供应链分析

随着食品工业迅速发展，各类新的加工方式层出不穷，新的食品安全问题成为热点被不断地提出。首先是企业内部的食品安全管理，其次是全民对食品质量的诉求，食品质量追溯在这一环境下应运而生。人们总是将物联网追溯的各种应用和食品质量追溯关联起来。各行各业的对于物联网的应用都充满憧憬。

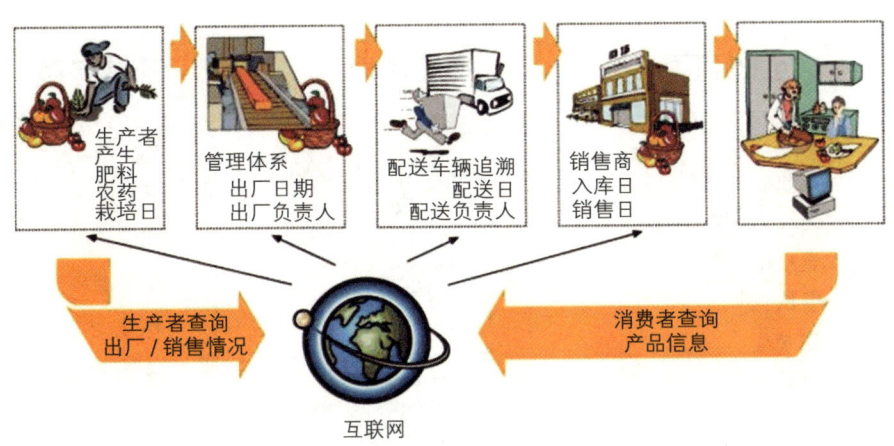

图 B.4-4　RFID 技术在食品追溯与溯源中的应用

物联网在食品质量追溯上的应用是先有企业信息化系统，当企业的信息化发展到一定阶段时，为了提高某些信息录入工作环节的效率，用这些繁复的信息录入或者信息传递环节定制的专门设备来预防造假、提高效率。首先是企业发展管理信息化，然后才是逐步开展物联网应用来丰富信息化的数据记录和传输方式。

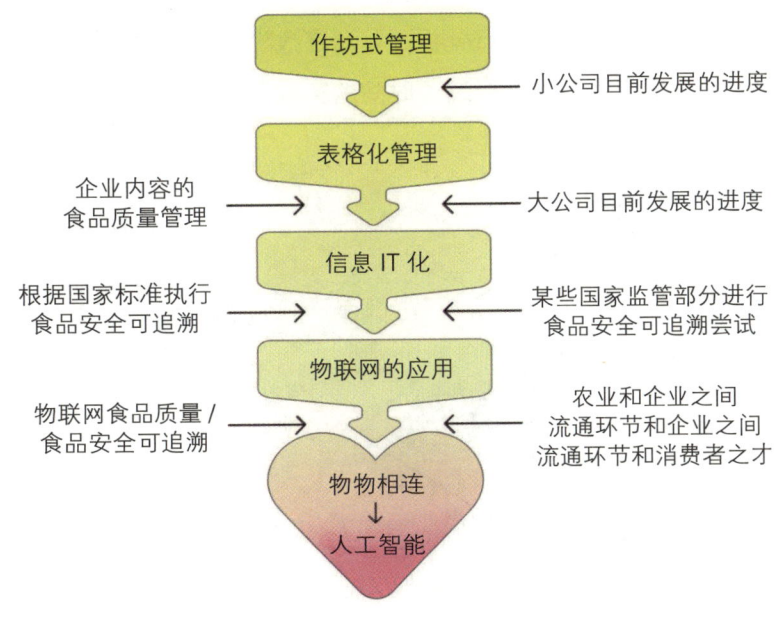

图 B.4-5　物联网发展环节示意图

物联网食品质量追溯发展过程应该是在原有相关食品质量的数据节点管理模式的基础上，将其管理信息化、自动化录入的一个发展过程。这个过程需要不断地研发、应用和完善；需要规划工程师、模式设计师、农业和食品行业资深从业人员、架构师、交互设计师、软件工程师、电子工程师等等一系列从业人员通力合作的协同研发项目。

图 B.4-6　物联网食品质量追溯研究跨度示意图

首先要对关联企业相关质量的环节数据高效录入，才能开始实现信息安全准确传递，逐步完善追溯的整体作用，甚至发展为自动进行分析预警潜在危险。人们对于物联网的期望很高，但是任何新技术、新模式的大规模应用都需要经过长时间的实践考验才能证明其有效性。

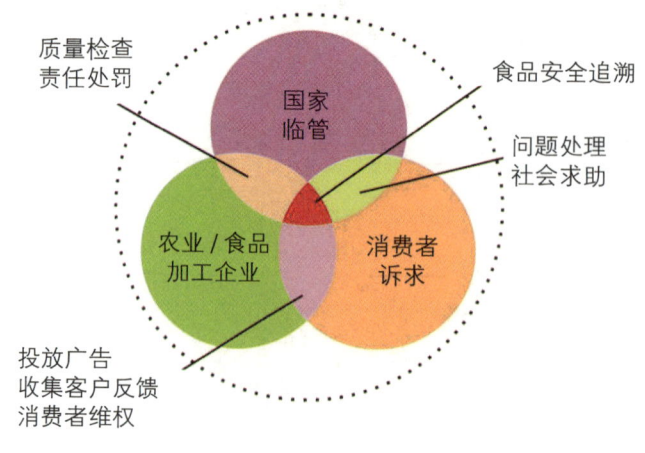

图 B.4-7　食品质量追溯三方请诉求示意图

### （四）不同角度使用者对食品质量追溯的诉求

食品质量追溯是一个为了方便管理而信息化的过程，如果辅以物联网技术更佳，但物联网的应用不是必要条件。国家相关主管部门、农业生产者和食品企业、消费者三方对食品质量追溯的应用诉求不同，国家希望信息来源真实，过程方便监管，降低错误判断殃及无辜企业。农业生产者和食品企业希望提高管理效率，增加收益，降低运营成本。消费者希望食品安全易获取、高质量、低价格。其中还要考虑到保护分销商和销售人员的劳动利益，并且在追溯设计中为金融行业提供一些可能，为实业发展提供新的可能性机会，为消费者的预定（期货）、供应链金融、交易前后安全等等提供潜在的金融服务机会。要在规划和设计食品质量追溯的过程中注意满足各方诉求，只有满足使用者诉求的软件或者系统才能被广泛应用。

不同角度对食品可追溯的诉求：

1. 政府诉求

（1）信息准确，能快速召回问题食品，能准确救助食品安全事故受害人。各个环节责任清晰，可以快速追查责任，防止环节错判殃及无辜企业。

（2）提高社会工作效率，降低民众生活成本，提供更多的就业机会。

（3）保障民众选择优质产品的权力，促进人民群众身体健康，更高效率提供更营养的食品。

2. 农业和企业诉求

(1) 提高产量，降低运营成本，提高管理效率，提高回报率。

(2) 当发生安全事故可以精确追溯上下游，并快速通知；提高召回效率，减少不必要的误召回。可以协助政府准确判断责任环节。

(3) 追溯模式严谨，防止不法分子有机可乘。

3. 各环节贸易商和销售人员诉求

利润分成有保障，数据化软件方便使用，信息安全可靠。

4. 消费者诉求

(1) 食品来源安全可靠。

(2) 为购买高营养价值低价格商品提供可能。

(3) 如遇食品安全事故可以及时通知到使用人。严惩失职环节。

5. 金融行业诉求

流通过程清晰可见，交易过程风险可控制，为企业投融资、货物抵押、供应链金融、保险理赔提供新的模式可能。

## 二、食品质量追溯建设中的注意事项

食品质量追溯在最初的目的是为了防止食品安全事故出现后全民可以快速反应，截留和召回问题产品，尽快控制局面。食品质量追溯是由国家推动，企业组织社团提出解决方案，并且在互利的原则下逐步推动的。比如非洲猪瘟事件，1969年，非洲猪瘟在西班牙开始蔓延，西班牙政府1985年开始在西班牙猪产业中推行"分区评分管理"，这是质量追溯的雏形；欧洲在2000年左右开始在牛肉产业中也随之推行，目的是防止人畜共犯病疯牛病的传播。食品质量追溯除了有追回问题产品这一核心功能以外，其应用也越来越多广泛，已经开始在加工工厂辨识、保真防伪、渠道管理、食品安全过程管理中逐步推行，现在和最初的模式相比技术上没有太多的突破，主要存在的问题在于没有完美的模式，或触碰到中间商的利益，或者因防伪性不够而反被不法分子利用，或者实施全面的信息化和物联网应用成本太高。但是食品质量追溯的发展是一个必然趋势，物联网对其中很多环节的应用具有有效作用，但还需要降低成本和经受时间的检验。

### （一）模式设计逻辑闭环

在模式设计的过程中应多方参与论证设计的完善性，应该搭建测试样板，反复验证后再局部试用。如遇不法分子利用模式中的漏洞要及时报案，及时向社会公告漏洞，从而避免用户利益继续受到损害，经重新定义模式修复后再推出。

国外的大型食品企业大多为发展了几代人的家族企业，企业内部的信息化多由家族中具有研发背景的高层管理人员主管，在原有基础上不断升级。这些企业内培养出来的高级管理人才对企业内部的核心业务非常了解，对市场的销售情况跟踪多年，对技术应用也非常熟悉，其实施提高企业内部的信息化系统管理在国际上具有很强的竞争力。

在追溯环节中，可以应用唯一IP地址的二维码对应商品，成本低廉，但需要和企业的各种信息化数据对应，只有从企业信息化的整体规划开始应用，才能投入到实际应用中来。比较好的替代品是电子标签（NFC 或 RFID 标签），因其具有唯一性，能很好地起到防伪作用，而且不需要原有公司系统对应，可以建立独立信息化的体系。同时，用电子设备可快速自动读取，可批量读取，从而大大提高效率。但是一个电子标签根据功能不同，价格为几毛钱至数元，应用成本较高。有源电子标签可以在几米甚至在 15 米以外读取，其价格为几十元至上百元。就算是食品包装贴上了最便宜的标签，还有箱子上、物流托盘上也得有相应的电子标签，并且要设计对应的复杂的管理方式软件，还有仓库和物流车上也得有相应的自动化读取设备和网络相连，这背后需要一个巨大的软件平台才可以支撑，还必须配置相应的人员对系统进行操作，其中的投入可想而知。如果想应用这类技术，可能得成立新的合作公司，从公司成立之初就开始着手，将信息化管理贯穿其中，以物联网的应用为辅，启用全盘信息化新的管理方式。

### （二）制定标准要合乎实际

食品质量追溯牵扯的环节很多，产业链跨度大，一家企业很难从头到尾自己开发。国际上虽有 HACCP 和对应的 ISO22000 及 2005 食品安全管理体系，也为我国企业走向国际化提供了很好的指引，但这一标准要求自愿性原则，并有一个可用于审核（内审、第二方审核、第三方审核），目前也只在大型食品企业和部分团餐中较为普遍的应用，其表格化管理相当烦琐，需要第三方的长期辅导和提供第三方审核证明，而且其高昂的服务费，长时间的培训和繁复的管理方式让很多挣扎在生死线上的小型食品公司望而却步。国内现在各类企业信息化服务已经比较普遍，但是主要是针对财务管理（包括标准化物资管理）。对于食品企业的质量管理，缺乏专业外包质量管理及 IT 服务。食品加工产业链长，需要跨领域团队合作，研究难度很大，成本费用很高。在以往的企业管理模式中，高层管理人员一般都没有 IT/电子高科技研发经验，即使大量投入也不能达到理想的效果。IT/电子行业虽然涉猎食品质量追溯的较多，但苦于产品中很多涉及安全的敏感话题无法真正升入企业研究，往往设计出来的产品应用模式千疮百孔，没有提高企业效率而成为企业的累赘。中国现在迫切需要一个适合自己国情、适合大中小企业都使用的可参照的行业追溯对接标准。

### （三）科学保护信息安全

电子设备容易被黑客攻击，电子信息由于容易移动、拷贝，所以在模式的规划初期就要考虑信息安全问题，对于大量的数据交换，原则上来说宽带速度越快越好。但是异常的数据访问和异常数据流动应该如何观测和控制是一个长期需要研究的问题。有些观点认为物联网设备应该限制网络流量，用此方法来防止是一种技术的倒退应用，限制了行业发展。

2017 年 12 月 13 日晚，美国阿拉斯加法庭，三名美国年轻人承认开发"Mirai"僵尸网络病毒并运行其进行攻击。至此，2016 年 10 月 21 日发生的美国互联网大瘫痪事件才告一段落。

> 美国东部时间2016年10月21日7点10份17点（北京时间21日19点10份22日5点），黑客操控数百万物联网摄像头及相关DVR录像机作为"肉鸡"，通过Mirai僵尸网络以DDos劫持攻击方式瘫痪了美国主要域名服务器DNS供应商Dyn公司的服务器，导致包括Twitter、Paypal、Spotifyy、Netflix、Airbnb、Github、Reddit以及《纽约时报》等在内的美国知名网站无法访问。此事件导致无数物联网设备不能使用，对美国医疗、农业、工业和网络企业造成很大打击，造成数万亿元的经济损失。由此可见，如何提高产品的防攻击能力也是产品制造的质量保障。

首先在使用者层面，在好用的同时要防止基层使用端口同时看到多项数据，避免恶意的信息流失。各类读取设备的读取点要设计完善的监管模式，并在模式设计中的在各类录入环节中要注意对应检查上下环节，防止恶意造假。

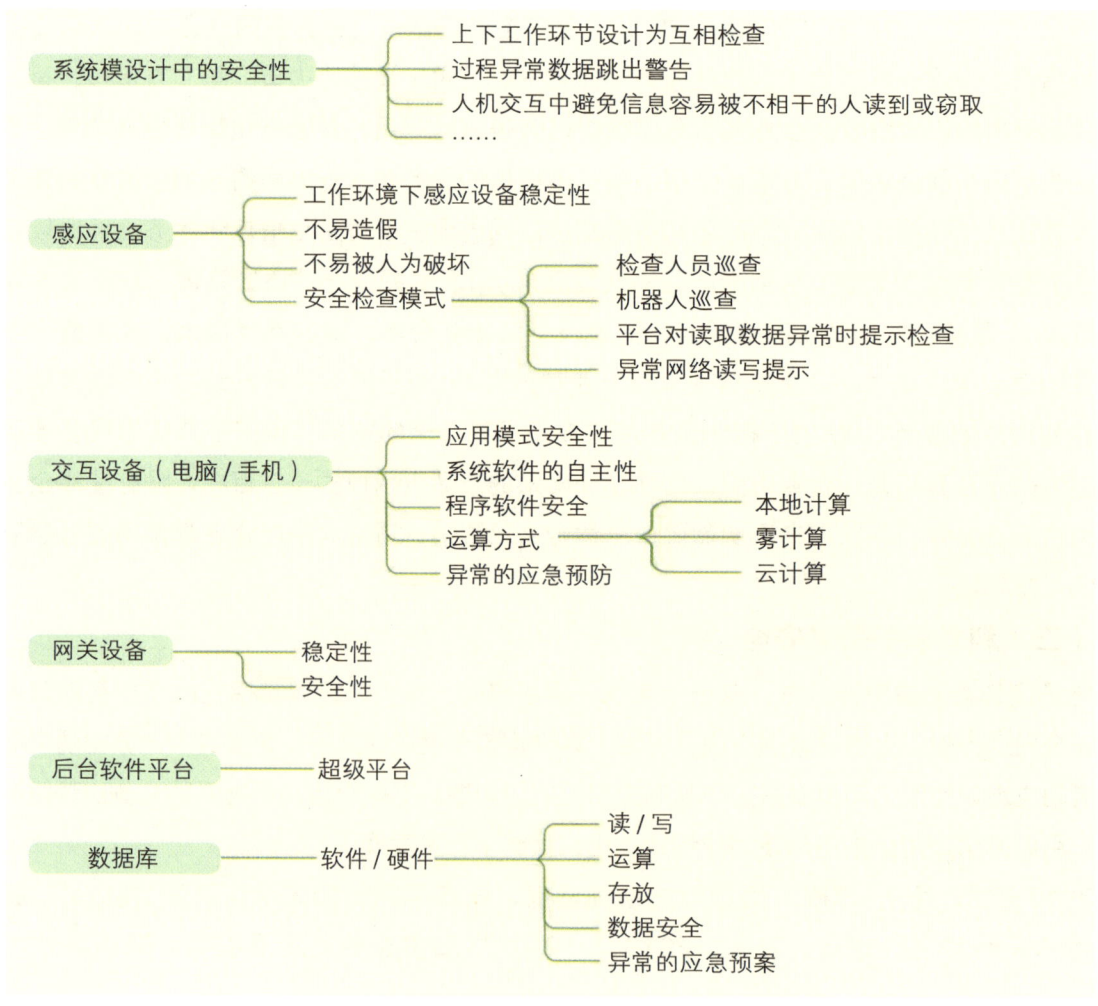

图 B.4-8　物联网追溯中需要注意的安全问题表

在信息化和引入物联网技术的过程中要注意信息安全，在部署时应依照国产化原则，必须使用自主性较高的系统软件、数据管理软件和硬件，不要使用不稳定的或者没有自主权的软件、硬件。规划要放长，注意设定分步实施的步骤，避免部署后很快就不够用，迁移数据又要大规模迁移，甚至会出现弃之不用等问题，造成企业反复投入和浪费。

## 三、食品质量追溯建设中的设计难点

牛肉产业的追溯源自于欧美发达地区。饲料厂将屠宰厂收集的牛血和其他边角料回收加工成牛饲料的蛋白质添加剂，以解决大规模养殖中饲料营养不够的问题。如果在宰杀过程中，牛脑或者脊髓中的神经污染血液就有可能将疯牛病病毒通过饲料带回到养殖环节，感染牛群后造成大量的牛死亡。另外，在集中式育肥的过程中通常饲以玉米，牛本来是食草而非谷物，食物的改变使得牛肠道内容易滋生一种新型大肠杆菌，体弱的人误食受感染而没完全烹饪熟的牛肉后会受其感染。在屠宰过程中，牛皮上沾染的粪便有可能污染牛肉，而且不容易被发现。肉块如果沾染到这种细菌，烹制时达到75摄氏度，细菌在1分钟后就会被杀死，应该是很容预防的问题，但是这种细菌一旦混入牛肉碎中风险就很高。牛肉烹饪过程中当温度超过60摄氏度会使其营养价值下降，因此传统的欧美烹饪有生食或半生食牛肉的习惯。超市里销售的冷冻碎肉饼是欧美家庭儿童和老人常食用的，烹饪过程中肉饼中心如果没有完全解冻，不容易煎熟，而且不宜察觉，人误食污染的肉后会产生腹泻、发烧等一系列反应，严重情况下会导致死亡。正因为这一系列社会情况，导致欧美民众对牛肉的追溯自发意愿较高。欧美发达地区除了猪肉和牛肉可以根据追溯比较精准地撤柜外，很多食品都基本是一出问题就全部下架。

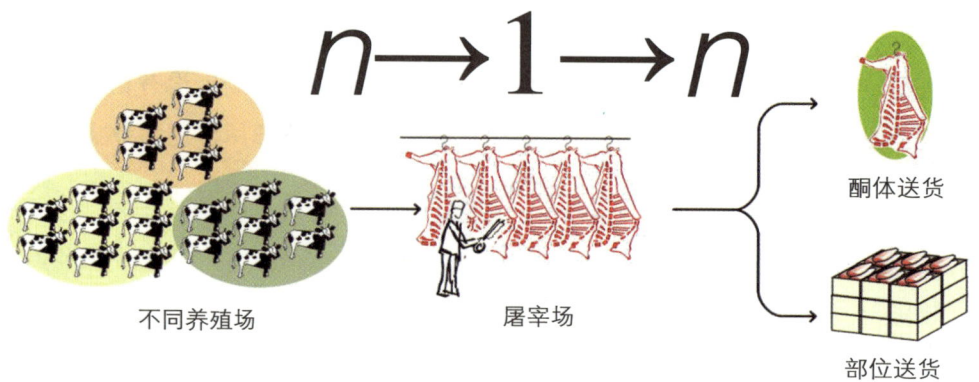

图 B.4-9　欧洲常见的牛肉追溯示意图

牛肉的追溯在国外是从牧场到屠宰场再到全牛的追溯过程，其记录方式是一个 $n$ 至 1，再 1 至 $n$ 的过程。在牛肉加工业，每当出现召回，其影响面非常大，经济损失也非常巨大。目前还没有更准确、更经济的召回模式。但即使是这样，也比因一包产品怀疑发生问题，相关公司的全部产品下架要高效率得多，同时对企业也是一种保护。

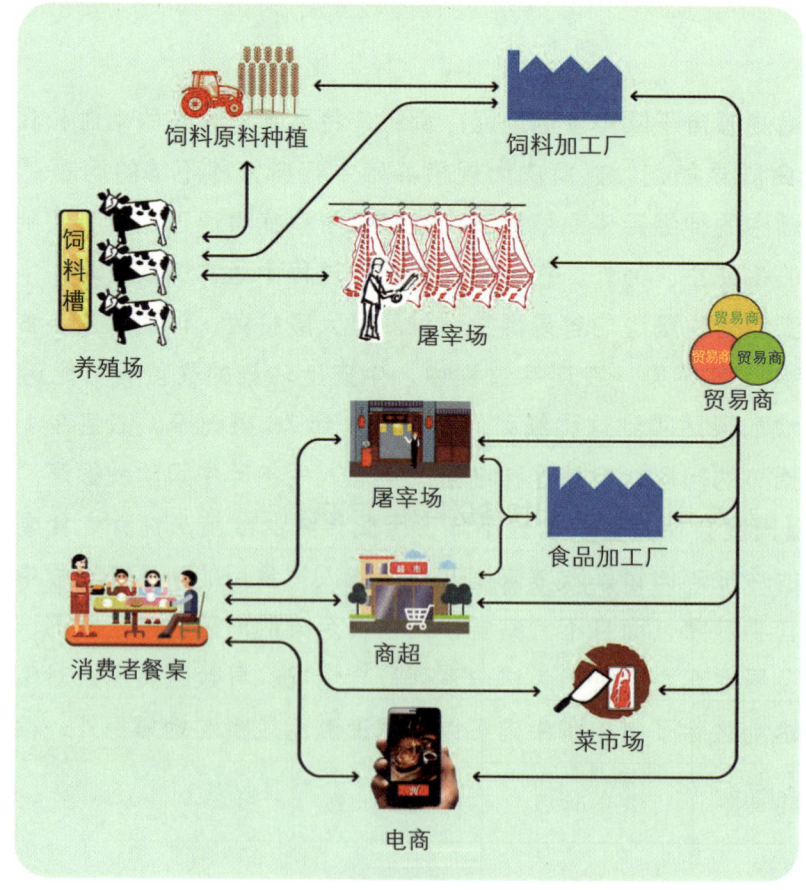

图 B.4-10　牛肉食品质量追溯示意图

图 B.4-10 中所表示的追溯模式是一种最后呈现的理想效果，但是牛肉和大多数食品一样属于非标产品。世界上常见的肉牛品种有十几种，再加上地方引入杂交品种，所以品种较多，不同的品种在特定的养殖环境下会呈现特定的口感，加之屠宰后至分割前这一过程中肉的排酸或熟化成度对肉制的口感产生改变，分割后的包装、运输方式、解冻方式又对肉制的口感产生进一步的改变，因此每个批次的口感也不完全一样。牛肉相对我们传统食用的猪肉来说酮体较大，全牛在流通过程中通常有 23 个部位，因为部位较多，所以最后的流向更加多元，难以追控。在正常牛肉的交易过程中，每个环节都有记录，但多为手抄或者电脑表格，这些表格为了交易而服务，交易完成后很难统一保存，一旦发生事故，追溯困难程度很高。

以牛肉为例，图 B.4-11 解释食品在从田间到餐桌的追溯过程中影响成本的因素。

如果有相应的信息化系统可以简化其工作流程就是为行业谋福祉，但是哪个环节应该为开发买单？交易过程的信息如何保密？供应商上传的资料如何考核其准确度？如何保护客户信息才不会被滥用？以上这些也是研发中会遇到的难点问题。

国内对从养殖到屠宰再到商超／加工厂环节有常规追溯方式，通常依赖官方动检系统，现在已经普遍实现软件辅助的信息化，大大地提高了记录的速度。在饲养地区、屠宰地和肉制品消费地区，有些政策性农业补贴需要精准发放，一般使用动物的电子耳标进行统计，不仅成本低廉，而且可以大大提高统计数据的效率。很多政府农业补贴迫切需要这一渠道发放，但实际操作中猪会咬掉耳标，所以农民往往不愿意给动物带上耳标。动物检疫的统计信息虽然有记录，但向下一个环节传递依然是脱节的状况。在整体应用中还有很多欠缺之处，行业迫切需要完善这一系统，但苦于只有获得政府补贴的研发企业才能进一步开发，而这些被补贴企业不在市场中竞争，使其研发的动力逐步下降；加之非洲猪瘟大爆发，无疑对这类应用的研发企业又是一个严重的打击。

食品质量关系到国家发展和个人利益，最终会向管理信息化、物联网化、智慧农业和人工智能化发展，如何在发展过程中不断地制定新的标准，再将这些标准进行监、管的实践检测，剔除低效、保留有效的管理方式是政府的调控重任。食品质量追溯管理方法不仅可以应用在食品行业，也可以应用于对保存环境有要求的一些产品，比如怕光、需要冷藏的疫苗。在追溯的模式下，有些责任关键点如何定义，如何通过系统管理辨识渎职环境，如何通过物联网模式设计更好地提高追溯的准确度和时效性，这些都是设计、研发和应用中应该不断追求、不断探索、不断完善的问题。

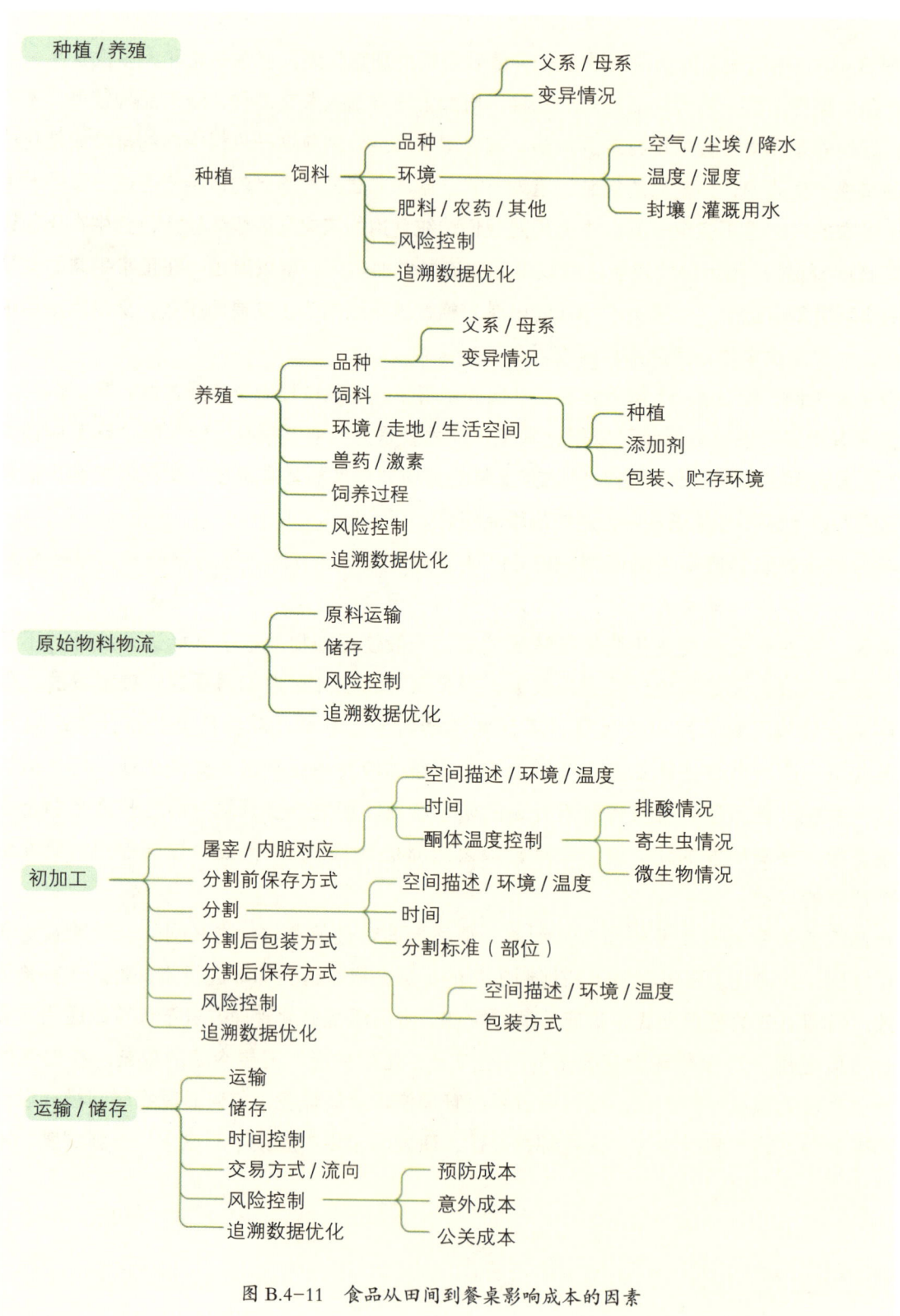

图 B.4-11 食品从田间到餐桌影响成本的因素

# B.5

# 深圳厨房设备市场现状及发展报告

■ 陈春燕　殷俊先

　　中国灶具业大致经历了几个发展阶段：第一个阶段是土灶煤炉，以在自然界中采挖的柴草和煤作为能源；第二个阶段是煤气灶、燃气灶，以提炼的煤炭石油和加工而成的液化气、天然气为能源；第三个阶段是电磁炉智能灶，以电力作为能源。目前来看，第一个阶段已经结束，成为过去式；第二个阶段是我们现在正在经历的阶段；第三个阶段是刚刚开始的阶段。从社会发展的趋势来看，商用电磁炉必将成为现代餐饮业厨房的必然选择。

---

陈春燕　女，深圳市金肯科技有限公司董事兼总经理
殷俊先　男，深圳市金肯科技有限公司董事长助理

第一阶段：烧柴、烧煤

第二阶段：烧液化气、天然气

第三个阶段：用电

为什么我们可以如此肯定地说商用电磁炉是餐饮业厨房的必然选择呢？首先，我们来看看餐饮业厨房的现状。

# 一、燃气之殇

## （一）难以捉摸的厨房危险

据报道，2019年10月13日上午11时许，无锡市锡山区鹅湖镇新杨路一小吃店发生燃气爆炸。事故共造成9人死亡，10人受伤，周边店铺受到爆炸波及，墙体、玻璃、窗框以及空调外机等都有不同程度的损坏。事故发生后，应急、公安、消防、卫生等多部门展开救援。事故现场4台挖掘机同时开展作业，21辆消防车、救护车，8个消防中队105人、蓝天救援队32位救援人员、30余位医护人员在现场开展救援，80多位志愿者赶到现场配合救援。

该事故引发了关于煤气罐着火后如何处置的全民大讨论。关于燃气爆炸的报道时常见到，为什么此次事件能引起如此广泛的关注？其原因在于人们对不安全因素的深层次恐惧和对安全的强烈渴求。

据燃气爆炸微信公众平台收录统计，2019年上半年的燃气爆炸新闻有373起，其中室内燃气爆炸新闻243起，室外燃气泄漏及爆炸新闻130起，30人死亡、301人受伤。2019年上半年平均每月有62起燃气安全事故发生。

表 B.5-1　2019 年上半年燃气爆炸统计

| 月份 | 事故总数 | 室内燃气爆炸 | 室外燃气泄漏或爆燃爆炸 | 死亡总人数（人） | 受伤总人数（人） |
|---|---|---|---|---|---|
| 1月 | 51 | 39 | 12 | 10 | 43 |
| 2月 | 38 | 25 | 13 | 1 | 33 |
| 3月 | 70 | 39 | 31 | 15 | 76 |
| 4月 | 72 | 42 | 30 | 0 | 44 |
| 5月 | 76 | 51 | 25 | 4 | 55 |
| 6月 | 66 | 47 | 19 | 0 | 50 |

按照气源种类划分，2019 年上半年液化石油气爆炸新闻数共 176 起、天然气 58 起、人工煤气 4 起。三种主要气源的爆炸新闻中，液化石油气占比 74%，为引发室内燃气爆炸的主要气源种类，管道天然气占比 24%。

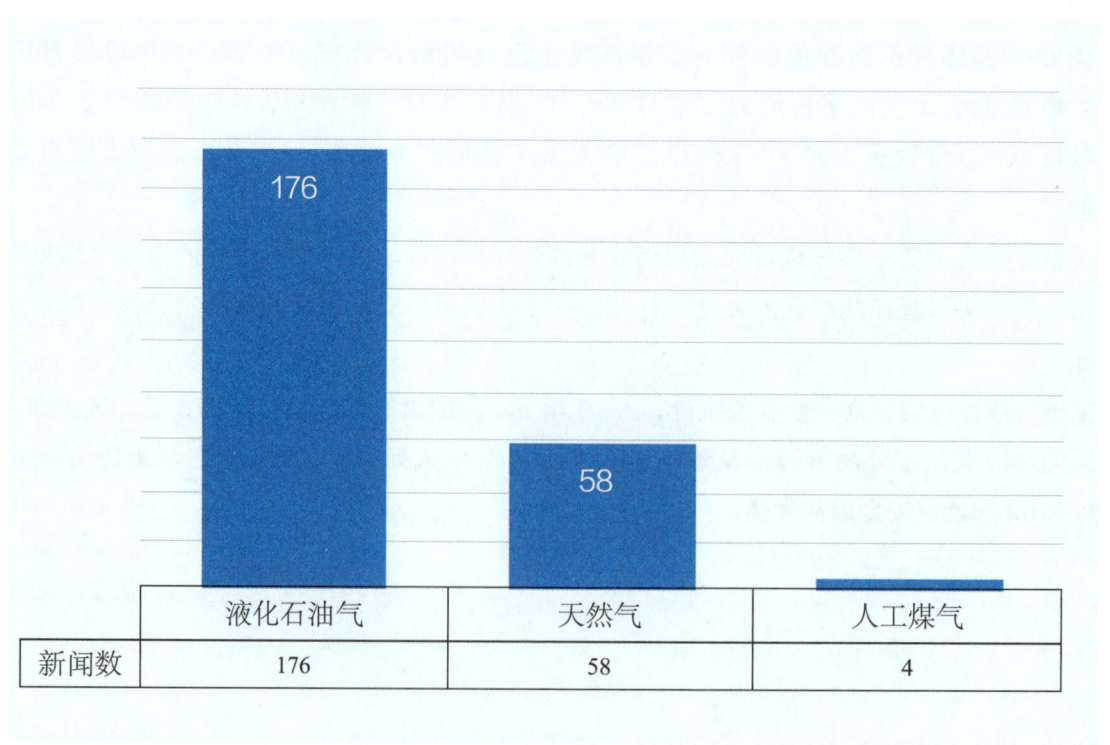

图 B.5-1　2019 年上半年室内燃气事故气源各类分类

2019上半年室内燃气事故中164起发生在民居，占比68%；58起发生在商户，占比24%。

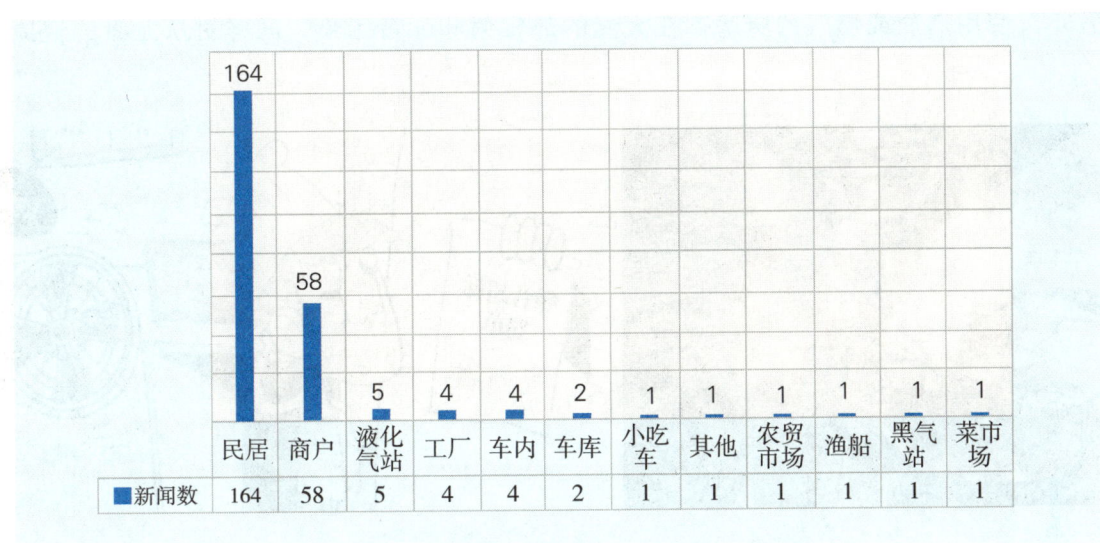

图 B.5-2　2019年上半年室内燃气事故发生地点分析

从上述数据可以看出，作为燃煤气用量最大的居民，事故占比很高，其次主要就是商户，主要是餐饮行业。由此可见，餐饮行业的灶具安全和用气安全问题不容小觑。每一次事故的发生，表面上看是意外或商户个人行为，损失的是个人或企业的生命、财产，而实际上每处理一次事故，其背后都动用了大量政府资源和媒体资源，消耗大量的人才财力和物力。而商用电磁炉作为一种无明火、无燃烧的新型电磁灶具，可以说从根本上消除燃气明火灶的各种风险隐患，是一种真正的安全型厨房灶具，也是一种名副其实的节能型环保型绿色灶具。

### （二）难以忍受的厨房污染

现在各餐饮业炒菜、做饭、烧水等都多使用柴油、液化气或天然气。这些能源在商用领域不仅价格昂贵，对空气污染极为严重，对人体身心健康还有很大危害。

美国加州大学伯克利分校的环境卫生学教授柯克·史密斯（Kirk Smith）博士说："在厨房里用开放式炉灶生明火就像在一个小时里点了400支香烟。"

清华大学建筑学院建筑技术科学系研究生赵月靖说，烹饪时产生的颗粒物来源包括燃料的不完全燃烧和油烟，这些物理化学过程所产生的油烟中包含一些对人体健康有潜在不利影响的化合物，如多环芳烃、杂环胺类、不饱和醛类等有机成分，以及有致癌效应的重金属铬、镉、钴、砷、镍等无机成分，并附着在$PM_{2.5}$上。

据专家调研，烹饪时段厨房内的$PM_{2.5}$平均浓度会升高几十倍甚至几百倍，可达几百甚至几千微克／立方米（$PM_{2.5}$浓度达250微克／立方米以上为严重污染）。烹饪时所产生的$PM_{2.5}$主要通过呼吸道、皮肤进入人体，可能对人体健康产生极为不利的影响。这也是为什么厨师的呼吸道患病和肺癌患病的比例要远远大于普通人的原因。

另外，使用燃油或燃气的厨房存在大量的热辐射和噪音污染，同样对从业者的健康极为不利。

可以说，燃气之殇是中国厨房灶具不可承受之痛。在此情形下，商用电磁炉因其零排放、无污染、效率高等特点，被赋予了改造传统厨房、革新传统灶具的历史重任。

## 二、商用电磁炉：餐饮业灶具的必然选择

### （一）什么是商用电磁炉

商用电磁炉顾名思义是用于商用的电磁炉。商用电磁炉（又名商用电磁灶）是现代厨房革命的产物，是无须明火或传导式加热的无火煮食厨具，完全区别于传统所有的有火或无火传导加热厨具（炉具）。

### （二）商用电磁炉工作原理

商用电磁炉作为厨具市场的一种新型灶具，打破了传统的明火烹调方式，其电磁感应加热技术的基础原理是：通过整流电路将交流电整流成直流电；再将直流电转化成频率为20~40千赫的高频高压电流；电流流过线圈时会产生交变磁场；磁场的磁力线通过金属材料时产生强大的涡流，

导致金属材料自行快速发热。

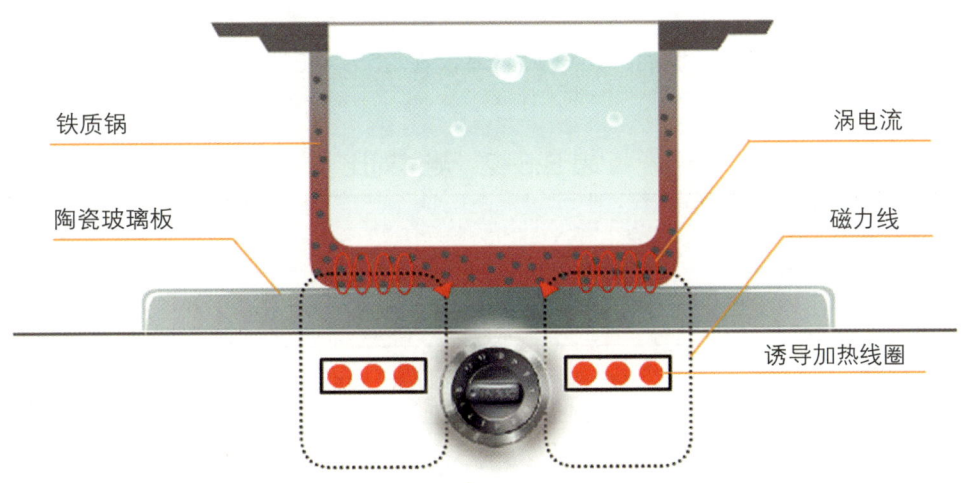

图 B.5-3　电磁炉工作原理示意图

电磁炉采用磁场感应电流（又称为涡流）的加热原理，是通过电子线路板组成部分产生交变磁场。当用含铁质锅具底部放置炉面时，锅具即切割交变磁力线而在锅具底部金属部分产生交变的电流（即涡流），涡流使锅具铁分子高速无规则运动，分子互相碰撞、摩擦而产生热能（故电磁炉煮食的热源来自于锅具底部而不是电磁炉本身发热传导给锅具，所以热效率要比所有炊具的效率均高出近1倍），使器具本身自行高速发热，用来加热和烹饪食物，从而达到煮食的目的。其具有升温快、热效率高、无明火、无烟尘、无有害气体、对周围环境不产生热辐射、体积小巧、安全性好和外观美观等优点，能完成厨房的绝大多数烹饪任务。因此，在电磁炉使用较普及的一些国家里，人们誉之为"烹饪之神"和"绿色炉具"。

### （三）电磁感应加热技术应用与发展趋势

大功率电磁感应加热技术是一项重要节能减排技术，能量转化率达到90%上，节能效果比传统技术高出1倍以上。然而，传统的电阻丝加热方式加热效率只有40%左右，其他能量都消耗在热传导和空气热对流上，而电磁感应加热技术同时具有能耗低、热效率高、温度提升快、温度控制精度高等优点，因此在许多行业被广泛应用。

以大功率电磁感应加热技术在厨房的应用举例：一般餐饮企业的燃料成本占菜品营业额的6%~8%；而电磁灶电费成本为菜品营业额的2%~3%。除了减少燃料支出和水费这样的直接成本外，电磁灶的技术优势使得厨房环境大为改善，同样可以大量减少厨房工作人员健康支出（燃气/燃油灶使用面临环境温度、燃料废气、使用噪音及安全等问题）这样的间接成本，并且在节能减排环保方面同样可以带来大量的社会效益。

## （四）为什么要使用商用电磁炉

1. 节能

电磁热效率在90%以上，燃油、燃气热效率仅在20%~45%之间。用电磁炉能省钱，并可节约油、气、煤等不可再生资源。

表B.5-2 测试对比

| 测试对比 ||||||||
|---|---|---|---|---|---|---|---|
| 测试条件 | 水重量：50千克　水温：20摄氏度　结束状态：沸腾100摄氏度　温升：80摄氏度 |||||||
| 灶具 || 输入功率电 | 耗能 || 耗时 | 耗费 | 采用商用电磁炉可节约 |
| || | 燃料 | 单价 | | | |
| 燃气 || 风机370瓦 | 0.11度 | 2.2千克 7.2元/千克 | 18.64分钟 | 15.97元 | 59% |
| 柴油 || 风机370瓦 | 0.12度 | 2.4升（L） 5.8元/升 | 19.22分钟 | 14.06元 | 53% |
| 商用电磁炉 | φ800 | 18千瓦 | 5.5度 | 1.2元/度 | 18.31分钟 | 6.6元 | |
| | φ1 000 | 25千瓦 | 5.5度 | 1.2元/度 | 13.02分钟 | 6.6元 | |
| | φ1 000 | 30千瓦 | 5.5度 | 1.2元/度 | 11.00分钟 | 6.6元 | |

以某工厂食堂使用大炒锅的对比数据为例，对商用电磁炉和传统燃油进行对比分析，其统计数据如下：

表B.5-3 商用电磁炉大锅灶和柴油炉设备对比分析

| 设备项目 | 商用电磁炉大锅灶 | 柴油炉设备 |
|---|---|---|
| | 大炒锅（φ1 000） | 大炒锅（φ1 000） |
| 标准能耗率 | 25千瓦（90兆焦耳/小时） | 253.4 MJ/h（柴油的热值36.2兆焦耳/升） |
| 每小时实际耗能 | 约20度电 | 柴油7.0升 |
| 燃料单价 | 1元/度 | 7.76元/升 |
| 每小时费用 | 20.00元 | 54.32元 |
| 锅灶数量 | 3台 | 3台 |

续表

| 设备项目 | 商用电磁炉大锅灶 | 柴油炉设备 |
|---|---|---|
| | 大炒锅($\phi$1 000) | 大炒锅($\phi$1 000) |
| 日工作时长 | 4小时 | 4小时 |
| 每日费用 | 240元 | 651.84元 |
| 每月费用 | 7 200元 | 19 555.2元 |
| 每月节省 | 12 355.2元 | |
| 每年节省 | 148 262.4元 | |
| 能源性质 | 可再生、价格稳定 | 不可再生、价格稳中有升 |
| 节能 | 优 | 差 |
| 环保 | 优 | 差 |
| 安全 | 无隐患 | 存在：泄漏\爆炸\火灾等隐患 |
| 厨师操作 | 极简便 | 较简便 |
| 炉灶材质 | 全不锈钢（含锅），机芯除外 | 外壳不锈钢，支架炉膛为铁质 |
| 使用寿命 | 1 012年 | 48年 |
| 加热速度 | 快 | 一般 |
| 配套设施 | 水电供应\抽油烟系统\油烟净化系统 | 水电供应\抽油烟系统\油烟净化系统\排火烟系统\火烟净化系统\柴油箱及管道 |

备注：

1.燃料价格以深圳为标准，各地燃料价格有所差异。

2.燃烧机所用柴油必须为0号柴油；如果采用较便宜的柴油，则炉灶只能采用普通炉头，用量会大幅增加。

3.25千瓦的电磁灶满功率工作一个小时耗电25度，但实际使用过程中，经常需要根据烹饪要求适时调整火力，因此实际耗电只有20度左右。

2. 环保

无热辐射、无烟、无灰、无污染、不升高室温，不产生一氧化碳、二氧化碳、三氧化硫等有害物质，环境得到保护。厨房清静、清洁、清爽，让用户感觉安逸而身心健康。是名副其实的环保产品。

3. 省钱

保守计算，相对燃油节约50%的燃料成本，相对燃气节约60%的燃料成本。省钱就等于赚钱。这也是尽管行业1年质保期内，返修率超过50%的情况下，市场需求仍在高速增长的主要原因。

4. 火力猛，省时

15千瓦以上的炒炉，就可以胜过鼓风煤气炉火力。单位出菜率提高约40%。

5. 省水

电磁炉是利用高频磁场在铁质锅底感应电涡流使锅体自身发热，炉体并不产生热量，炉面不需用水冷却。

6. 安全

无明火加热，杜绝明火产生的为灾。因为不用燃气，不会发生爆炸，安全可靠。

7. 安装方便

相对煤气灶而言，因为电磁炉无明火，少排废气，所以对排烟系统要求较低，只需要排油烟即可。

8. 适用范围广

任何使用传统炉具的场所，例如医院、厂矿企业、宾馆、餐厅、院校、机关等；特别适合无燃料供应或限制燃料使用的场合，例如地下室、高层建筑、铁路、车辆、船舶、航空等。

# 三、商用电磁炉市场分析

## （一）商用电磁炉行业宏观环境分析

商用电磁炉作为一个高效节能减排的新兴项目，正符合全球"低碳经济"模式。通过这种低碳经济模式与低碳生活方式，实现中国社会可持续发展。2009年11月25日，温家宝总理主持召开国务院常务会议，研究部署应对气候变化工作，决定到2020年中国单位国内生产总值二氧化碳排放比2005年下降40%~45%。这是我国首次提出碳减排目标，标志着我国的低碳经济将进入长期加速发展阶段。

国务院会议除了提出碳减排目标，也提出了相应的政策措施和行动，如加强对节能，提高能效、洁净煤、可再生能源、先进核能、碳捕集利用与封存等低碳和零碳技术的研发和产业化投入。中国各级政府也正着力推动"低碳社会"的发展。作为配合，中国量化减缓排放的各项政策将密集出台。

2014年，商务部、国家发展改革委令2014年第4号《餐饮业经营管理办法（试行）》明确要求餐饮经营者应当做好节能减排、资源节约和综合利用工作。

2017年10月18日，习近平在十九大报告中指出，"坚持人与自然和谐共生。必须树立和践行绿水青山就是金山银山的理念，坚持节约资源和保护环境的基本国策，像对待生命一样对待生态环境，统筹山水林田湖草系统治理，实行最严格的生态环境保护制度，形成绿色发展方式和生活方式，坚定走生产发展、生活富裕、生态良好的文明发展道路，建设美丽中国，为人民创造良好生产生活环境，为全球生态安全作出贡献。"各行各业对节能减排、升级改造老旧设备提出了更严、更高的要求，餐饮业作为日常排放频率较高的领域，必将兴起新一轮灶具更新换代需求。

## （二）商用电磁炉现状分析

商用电磁炉起源于日本，发展于德国，2002年国内有企业介入研发该项目，经过多年的研发、测试，2006年产品问世，2007年开始推向市场，经过2008年、2009两年的发展，2010年产品趋于成熟，真正推广到市场。在2007年时，就有专门的机构统计过全国的餐厅，全国就有超过500万家餐厅，如果每家餐厅都花几万来购买商用电磁炉，这个市场非常大；如果用电取代气，仅按每年1%行业规模算，类似于大家电里面接近空调的规模。目前市场和品牌都是相对分散的，还没有任何一家公司拥有足够的产能，就是把所有企业的产能加起来，也远远不能满足市场的需求。因此，这个行业的前景是非常好的。

按照目前的市场成长状况，商用电磁炉产品尚处于市场生命周期的起始阶段。在这个阶段，公司营销侧重点是建立、完善各级营销渠道和销售服务中心，建立售后服务保障体系。相应营销策略就是组建营销团队，储备专业人员（销售人员、维修服务人员）；达到迅速建立分销渠道，帮助经销商在短期内建立样本工程，以样本工程为点，带动整个市场，加快产品向终端用户的推广和应用。

经过行业近几年的推广，餐饮行业从业者逐步接受商用电磁炉，从国家的政策层面上，节能减排是一种全球化的趋势。国内传统厨房燃烧油、气产生大量油烟是环境恶化的主要污染源之一，而厨房实施电能化节能改造后，基本上可以解决这个问题。

## （三）发展机遇分析

近年来国家服务业发展迅猛，以内需拉动经济增长的政策不断明确，各行各业的燃料消耗成本越来越大，国家节能减排综合管理整治工作也深入开展，绿色、节能、环保型产品成为大势所趋。全国工商联环境商会秘书长马辉在第十八届中国环保博览会展前新闻发布会上表示："2016年我国节能环保产业市场规模超过5万亿元，且近年来保持15%以上增长，预计未来3年能保持18%增速，到2020年我国节能环保产业市场规模将接近10万亿元。"而商用电磁炉在这几点上特征尤为突出，前景非常可观。

据买购网统计，至2019年上半年，中国商用电磁炉有统计的为62家，其中广东省31家、山东省11家、深圳市10家，具有规模实力的厂家不到20家，其他小厂数量难以统计，行业竞争处于初期混战局面，部分质量差口碑差服务差的商用电磁炉厂家已在竞争中折戟沉沙，被市场淘汰。

目前国内商用电磁炉的普及率不到5%，而年销售增长率达到50%，预计未来5~10年都将保持高速增长。

国家新的节能环保强制实施和国家标准制定工作的启动，从政策上给行业进入良性发展轨道奠定了基础，有利于提高行业集中度。对于在品牌、研发、生产、营销上具有一定优势和规模的企业来说，是占领和整合市场的良好机会。

整个行业竞争者中，一些有实力的家电企业也非常看好商用电磁炉的行业前景并准备或刚开始进入，但各企业的绝对销量和市场占有率都非常低，行业里还没有绝对的领军品牌出现，所以对企业的品牌的塑造和崛起是一个良好的机会。

传统厨具存在的安全能耗方面的问题也为商用电磁炉提供了很好的切入机会。

### （四）商用电磁灶市场发展前景

1. 商用电磁灶将逐步取代以油、气燃料为主的加热炊具，市场前景广阔

这是基于电磁炉的特性决定的。例如在轮船上，燃料基本上是油，灶具在使用之前要将油气化，要有高压泵房，这套系统既有噪音污染，无形中也浪费了轮船有限的空间。因此，电磁炉的优越性就更强。

2. 中西快餐业将成为商用电磁灶市场首先应用和推广的主力

截至2019底，百胜在中国1 200多个城市拥有超过8 400家餐厅，其中肯德基餐厅达到了5 910家，在华餐厅的数量大概是麦当劳的2倍。关注"安全、健康、环保"3个理念和6个标准的绿色饭店将积极运用安全、健康、环保理念，坚持绿色管理，倡导绿色消费，保护生态和合理使用资源，这为商用电磁灶的发展提供了良好的契机。数据统计，全国餐饮业的大小餐厅、饭店、酒楼等厨房有500多万个，且每年以12%的速度迅猛增长。未来几年，按照10%的商用电磁厨房市场需求率，以及每个厨房4台设备基本配置来计算，有200万台的市场容量，总计约300亿以上的市场需求，每个城市的市场需求量均过亿元，市场容量巨大。

3. 企事业机关食堂

统计显示，全国企事业机关食堂约有60万个，企、事业机关是国家节能的主力推动部门，传统食堂改造的需求强烈。未来5年内，按照30%的商用电磁厨房市场需求率、每个食堂5台设备需求来计算，有100万台的市场容量，约有150亿以上的市场需求。商用电磁炉是此类食堂改造的首选产品。

#### 4. 学校食堂

全国高校每年在能源消耗上的费用平均为1520万元，各高校均为如何降低能耗费用而想尽办法。据统计，全国专科以上普通院校共约2780所，民办高校235所，平均每个学校3个食堂，未来5年内，按照全国院校传统厨房30%替换需求率、每个学校10台设备需求计算，有约10亿元的市场需求。这其中还未算新增设各级学校的数量。

#### 5. 船舶餐厅的配套

我国现在已成为世界第一造船大国。中国船舶工业行业协会数据显示，截至2018年12月底，我国手持船舶订单量8833万载重吨。但目前船用设备的国产化率只有30%，因此，商用电磁炉在这一领域的发展很有前景。

### （五）外部挑战分析

许多不负责任的小品牌经营者和中间贸易商采用虚假宣传、以次充好的手段抢占市场，对行业健康发展、消费者信心的打击非常明显。

由于看到这个行业市场的巨大潜力和可观的利润，一些有实力的家电企业正在进入或准备进入来分一杯羹，行业在快速发展过程中竞争日益加剧。

虽然消费群对商用电磁炉产品的认知度和接受度越来越高，但消费群购买尚未达到主动购买行为，因此还需进行大量的市场引导和消费教育。而在中小城市，消费者对产品的认知和接受度更低。

## 四、金肯科技——商用电磁炉业界的领航者

深圳市金肯科技有限公司是一家致力于厨房智能电磁灶具研发与生产的高新技术企业，作为国内最早的商用电磁炉研发企业之一，自开启电磁灶具事业以来，公司不断革新厨房烹饪理念，升级灶具技术，重新定义厨房灶具，持久坚持做无明火无污染的节能环保、安全健康、利国利民的新型电磁灶具。

金肯科技严格按照ISO9001国际质量标准体系、ISO14001环境管理体系、OHSAS18001职业健康安全管理体系全程管理，拥有权威的3C、CE、CQC等质量认证和多项实用、外观专利，荣获国家高新、深圳高新企业、国家节能、深圳知名品牌等多项证书，从各环节保障金肯在智能电磁灶具的领导地位。

目前金肯共有近百款产品，分别涵盖中高端商用和中高端家用智能电磁灶具，产品技术先进、性能卓越，具有无与伦比的市场竞争力。产品已远销俄罗斯、法国等地区，售点遍布全国，成为各大酒店、院校、企事业单位、部队机关等优选的电磁灶具，由金肯创新首推的家用智能电磁灶具因设计独特、实用好用，深受用户赞誉。

2015年，深圳市金肯科技有限公司首次提出"金肯智能云厨房"概念，在"互联网+"的大时代背景下，致力于打造符合历史发展潮流和满足企业发展、用户需求的新型灶具与人的关系，实现人机互动、人机互联、人人互动、人人互联。

2017年，随着"互联网+"理念的深入和物联网技术的应用，金肯公司创新提出"共享炉灶"概念，凭借深厚的技术积累和共享经济的大势，推动新型智能电磁灶具共享模式在中国市场吐蕊开花，为改善地球生态、支持国家环保和提升居民生活品质奉献芳华。

金肯工厂一角

金肯荣誉证书墙

金肯办公区域

金肯销售团队

金肯线盘加工一角

金肯产品加工一角

金肯产品加工一角

金肯家用炉流水线测试区

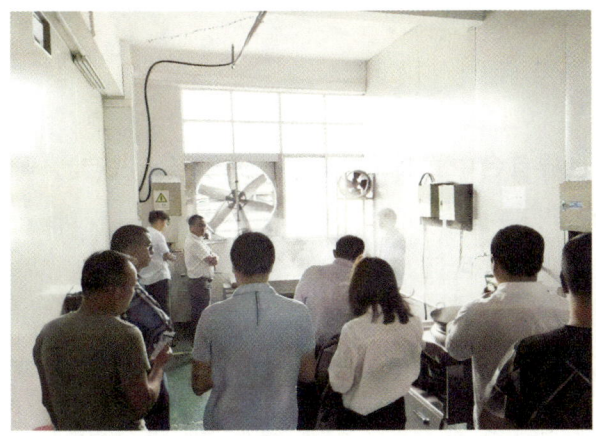
金肯商用炉老化区

金肯家用炉老化测试线

金肯商用炉成品存放区

金肯家用炉成品存放区

展会火爆现场

厨师大赛指定品牌

### （一）金肯商用电磁炉研发历程

2005年，金肯开始投资研发电磁炉。

2007年，金肯成功开发出具有自主知识产权的世界首台中式商用电磁炉，并于当年试产。

2008年，金肯在全国范围内建立23个商用电磁炉办事处。

2009年，金肯取得工业和商用电热食品加工设备生产许可证。

2010年，金肯研发"双联互控"技术，成功申请国家专利，使电磁炉技术得到质的飞跃。

2011年，金肯采用双联互控专利技术成功研发出第一代家用智能电磁灶（旋钮式），突破2 500瓦家用电磁炉行业壁垒，达到惊人的3 500瓦，改写家用电磁炉历史。

2012年，金肯商用电磁炉以磅礴的气势出现在各大酒店厨具类展会，引爆行业关注，成为行业内最专业最有实力的商用电磁炉厂家。

2013年，金肯第二代触摸式家用智能电磁灶正式面市，主导行业洗牌，淘汰行业山寨和低价质次的作坊式企业，引领行业健康有序发展。

2014年，金肯持续推出家用智能电磁灶新产品，形成商用家用两大产品系列，全面开展家用产品市场推广。

2015年，金肯商用电磁炉快速增长，产品进入全国各大星级酒店、连锁餐饮、部队、学校等，金肯品牌成为商用电磁炉行业引领者。同年，深圳市金肯科技有限公司首次提出"金肯智能云厨房"概念，在"互联网+"的大时代背景下，致力于打造符合历史发展潮流和满足企业发展、用户需求的新型灶具与人的关系，实现"人机互动、人机互联、人人互动、人人互联"。

2017年，随着"互联网+"理念的深入和物联网技术的应用，金肯公司率先创新提出"共享炉灶"概念，并开展技术攻关，研发共享炉灶。

2018年5月23日，在深圳格兰云天国际酒店正式发布"共享炉灶"诞生。

2019年，全国推广共享家用和商用系列电磁灶，面向家庭和企业级用户提供共享炉灶服务。

### （二）金肯商用电磁炉介绍

1. 金肯商用电磁炉产品特点

（1）先进的电磁加热技术，高达98%热能转换率，节能省钱。

（2）编码控制，操控更惬意，时间，温度一键搞定。

（3）ipx4级防水防漏电，安全无忧。

（4）先进的软硬件技术，确保设备安全运行。

（5）超静音设置，无烟少废气，损耗小，室温低，空气清新，厨房环境优美，厨师健康有保障。

（6）进口6毫米微晶面板，耐温性能更优越，抗冲击能力更好。

（7）独有的换过保护功能，使用更安全。

（8）宽电压设计，使用环境广，设备运转稳定。

（9）智能化机芯：智能稳压（320伏、440伏）、漏电防护、干烧防护、智能控温、智能检修等，质保2年，维护10年。

2. 金肯商用电磁炉产品分类

按电压分：380伏、220伏、110伏。

按功能分：炒炉、汤炉、煲炉、蒸炉、扒炉、炸炉、煮面炉等。

按功率分：3.5千瓦，5千瓦，6千瓦，8千瓦，12千瓦，15千瓦，20千瓦，25千瓦，30千瓦，50千瓦，65千瓦，85千瓦，100千瓦。按同时工作单位分：单个，双个，三个，四个，五个，六个（如炒炉汤炉有单头、双头；煲仔炉有四头、六头、八头的也有）。

按摆放的方式分：立式，台式，嵌入式。

3. 金肯商用电磁炉产品优势

（1）产品运用工业设计理论，完善的电路保护、智能程序保护、全封闭式组装保护、安全电源保护和智能变频稳压技术于一体，实现大功率电磁炉持续稳定加热。金肯公司结合商用厨房特点，积极推广电磁感应加热技术，充分发挥自身技术优势，业已形成一系列的商用电磁炉设备生产线，产品多样化，其种类涵盖了商用厨房煲、煮、焗、扒、焖、炸等各种烹饪方式的设备，能为各类商用厨房提供全套的加热设备。

（2）产品采用空间矢量 PWM 控制技术，同时采用软件锁相技术。实现电流谐波成分小，损耗小，功率器件工作更安全。

（3）恒功率闭环控制，对电网的电压波动和不同锅具，形成的不同负载时，系统自动调整功率，达到在以上特殊情况下，维持输出功率不变，减少对电路及元件的冲击，使设备运行更可靠，保持加热效率。

（4）加热响应时间快，电磁炉工作在颠锅时，当锅具接近磁场时系统的检测和响应时间，当响应时间越快，越接近传统明火效果，否则火力滞后，将给厨师的炒作带来操作上的不方便，从而造成费力操作。

（5）金肯商用电磁炉全部采用不锈钢和工业塑料制作，产品所有部件均为模具化设计和生产，所有电子器件均采用进口或由国内知名厂家提供。金肯商用电磁炉拥有 30 多项国家发明专利，电磁感应加热技术处于国内领先水平。

（6）公司严格按照 ISO9001 国际质量管理体系进行管理，严把质量关，高标准、严格要求进行生产，竭诚为客户提供优质的产品和完善的服务。公司推行金蝶软件管理系统，真正实现业务管理、进销存、PMC 计划、物流管理、生产管理、财务总账、成本核算等的高效集成。

表 B.5-4　金肯科技工作目标

| 序号 | 目标名称 | 部门 | 目标值得 | 统计频次 | 统计方法 |
| --- | --- | --- | --- | --- | --- |
| 1 | 机电设备及生活设施的维修及时率<br>危险废物合法处理达成率<br>全公司火灾事故<br>全公司职业病 | 行政部 | 100%<br>≥100%<br>0<br>0 | 每月一次 | 实际完成数/交办数<br>各部门产生量/转移处理量<br>实际发生/总发生件数<br>实际发生/总发生件数 |
| 2 | 售后回访计划完成率 | 营销中心 | 100% | 每月一次 | 实际回访数/市场计划数 |

续表

| 序号 | 目标名称 | 部门 | 目标值得 | 统计频次 | 统计方法 |
|---|---|---|---|---|---|
| 3 | 生产制程（直通率） | 计划生产部 注塑部 | ≥98% | 每月一次 | 合格数/总检验数 |
| 4 | 制造部物料损耗率≤3‰ 注塑车间加工物料 损耗率≤1% | 计划生产部 注塑部 | ≤3‰ ≤1% | 每月一次 | 生产损耗料/生产领料 |
| 5 | 计划生产部按计划生产 达成率≥98% 注塑部按计划生产 达成率≥98% | 计划生产部 注塑部 | ≥98% | 每月一次 | 生产数/计划单数 |
| 6 | 工模件生产完成及时率 | 注塑部（模房） | ≥98% | 每月一次 | 完成数/交办数 |
| 7 | 来料检验及时率 （注：两个工作日内完成） | 质检部 | 100% | 每月一次 | 来料检查及时数/总来料数数 |
| 8 | 客户投诉次数 （注：出货一个月内） | 质检部 | 0次 | 每月一次 | 每月投诉次数 |
| 9 | 按计划出货准时率 | 计划部 | ≥100% | 每月一次 | 实际准时出货数/计划单数 |
| 10 | 仓库账务做到 （准确率） | 计划部 | 100% | 每月一次 | 账物卡合一数/总抽盘数（注：螺丝,电子贴片不包括在内） |
| 11 | 产品开发结案率 | 技术部 | 100% | 每月一次 | 项目完成数/项目计划数 |
| 12 | 产品工程出图 （失误次数） | 技术部 | ≤2 | 每月一次 | 图纸错误导致生产损失 |
| 13 | BOM表准确率 （失误次数） | 技术部 | 100% （0次） | 每月一次 | BOM与实际生产对比 |
| 14 | 采购物料交货及时率 | 采购部 | 100% | 每月一次 | 实际按时来料数/生产需求计划数 |

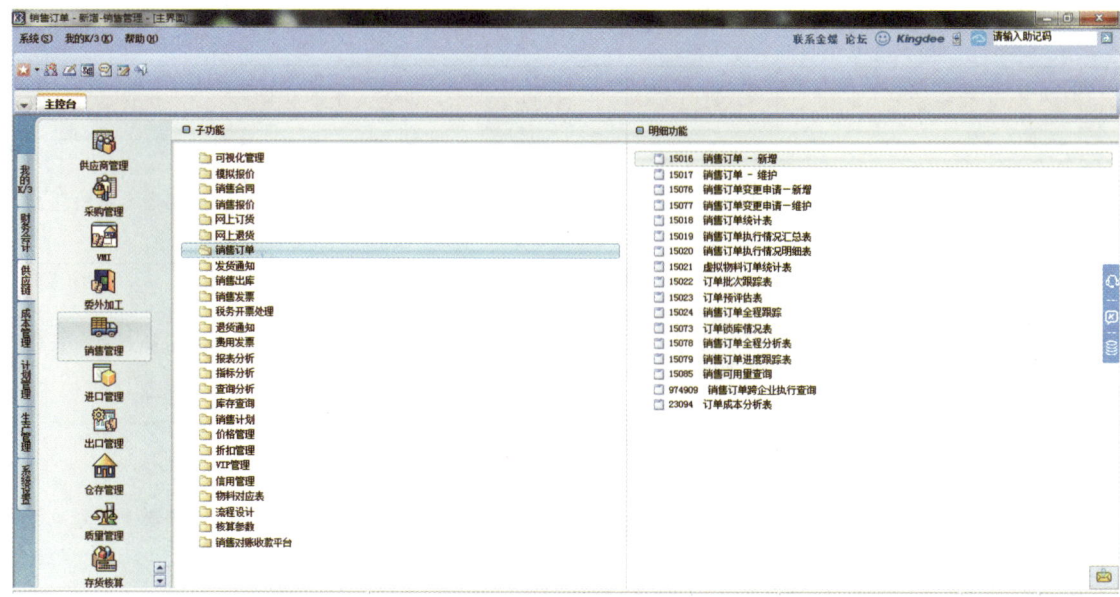

金肯科技软件管理系统

（7）金肯商用电磁炉主机采用独特的全密闭式内循环散热方式。众所周知，商用厨房是一个极其恶劣环境，不但油烟、水汽重，而且还常受虫子、蟑螂的困扰。商用电磁炉是一种电子设备，在此恶劣环境下，如何实现电子设备的稳定性和延长设备使用寿命行业发展的难题？金肯商用电磁炉恰恰在这一领域取得了重大突破。金肯商用电磁炉主机采用独特的全密闭式内循环散热方式，电子元件与散热通道完全隔离，有效防止油烟、水汽、灰尘、蟑螂等进入机壳内部损坏电子元件，延长设备使用寿命。

金肯科技软件管理系统

（8）金肯研发的磁控开关和数码显示器，国家专利产品专利号（ZL 2008 2 0235547.X）。磁控开关是利用霍尔效应原理设计，开关无机械触点，无损耗，使用寿命可以达到10年以上。显示器是一款适合于薄壁上密封安装的显示仪表，该显示器拆装方便，防水、防潮、防虫等密封性能好，彻底克服厨房潮湿环境。金肯商用电磁炉凭借许多先进技术而在市场上独占鳌头。

（9）金肯商用电磁炉采用电磁兼容(EMC)设计和电磁干扰(EMI)设计，减少电磁辐射对电网和其他电子装置、设备或系统的影响。

（10）三维立体防辐射外壳屏蔽设计和超静音设计，降低商用电磁炉对人体的危害，确保厨师健康。

（11）金肯公司产品获国家工业生产许可，拥有QS质量安全证书。

（12）全系列小功率产品获得CCC认证。

（13）深圳市金肯科技有限公司为国家商用电磁炉行业标准编写单位之一。

（14）公司为深圳市高新技术企业，具备完整研发和创新能力。

（15）公司所有产品保留再次升级窗口，系列兼容，轻松增值。

（16）公司产品停售后，保持配件五年供应保证。解决用户在使用一段时间以后，由于生产厂家产品变化导致维修配件供应断裂的情况，免除使用的后顾之忧。

（17）自主研发，拥有各款型号相关模具，拥有自主知识产权计算机软件（登记号：2008SR16360）

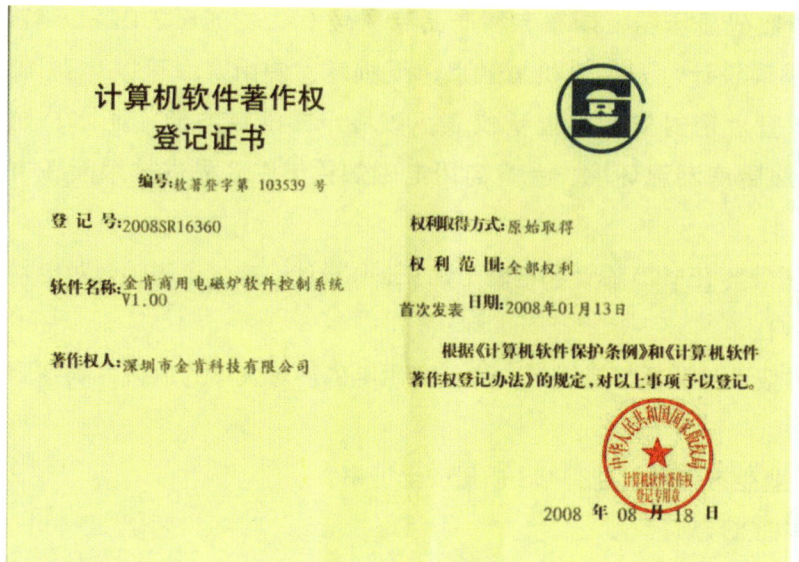
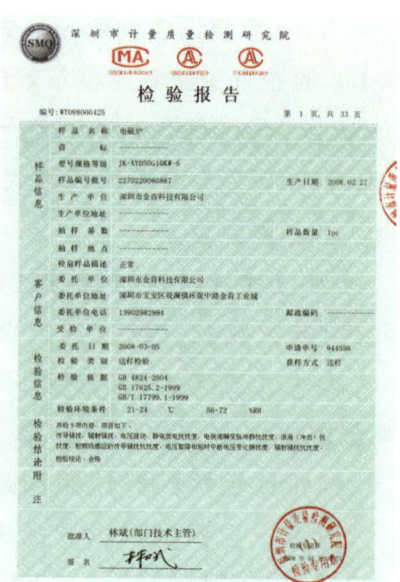
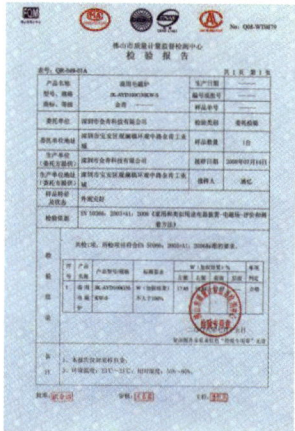
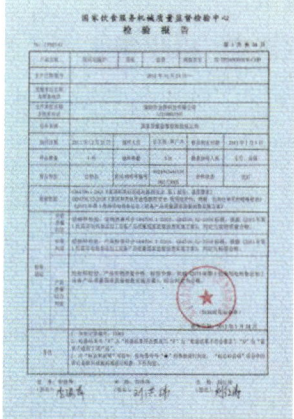
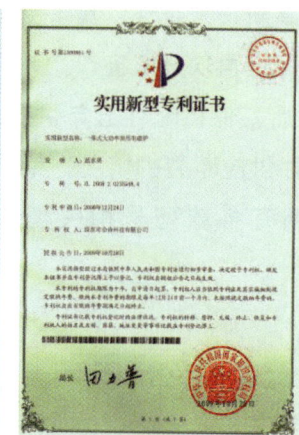
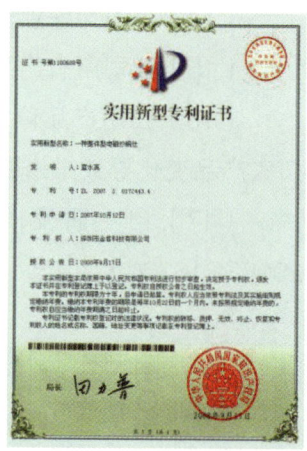

4. 加热速度与环境温度

表 B.5-5　电磁设备和传统燃料设备对比的环境对比数据

| 电磁设备和传统燃料设备对比的环境对比数据 | | | | | |
| --- | --- | --- | --- | --- | --- |
| 名称 | 型号 | 加热速度 | 环境温度 | 厨房的噪音 | 说明 |
| 电磁灶 | 12千瓦 | 3分05秒 | 摄氏26.6度 | 约45分贝 | 4升水沸腾时间 |
| 燃气灶 | 天然气 | 4分42秒 | 摄氏43.3度 | 约86分贝 | 实测时间为12年12月份 |
| 柴油灶 | 气化 | 3分11秒 | 摄氏47.8度 | 约96分贝 | |

# B.5 深圳厨房设备市场现状及发展报告

5. 不同燃料成本对比数据（本数据以当时的费用进行核算。）

表 B.5-6 深圳金肯商用电磁炉大锅灶使用成本对比表

| 单眼炉名品种 | 能耗单位 | 炉眼数量 | 每小时能耗量 | 燃料单价/元 | 每小时成本 | 每天工作时间 | 每天成本 | 每月成本 | 每年成本 | 倍率 | 年节省成本 |
|---|---|---|---|---|---|---|---|---|---|---|---|
| 20千瓦电磁大锅灶 | 度 | 1 | 15 | 1 | 15 | 5 | 75 | 2 250 | 27 000 | 1 | |
| 天然气灶 | 立方米 | 1 | 6.5 | 4.09 | 26.55 | 5.00 | 132.76 | 3 983 | 47 795 | 1.77 | 20 795 |
| 液化气灶 | 千克 | 1 | 5.8 | 7 | 40.6 | 5 | 203 | 6 090 | 73 080 | 2.71 | 46 080 |
| 柴油灶 | 千克 | 1 | 5.8 | 7.5 | 43.5 | 5 | 217.5 | 6 525 | 78 300 | 2.90 | 51 300 |

表 B.5-7 深圳金肯商用电磁炉抛炒炉使用成本对比表

| 单眼炉名品种 | 能耗单位 | 炉眼数量 | 每小时能耗量 | 燃料单价/元 | 每小时成本 | 每天工作时间 | 每天成本 | 每月成本 | 每年成本 | 倍率 | 年节省成本 |
|---|---|---|---|---|---|---|---|---|---|---|---|
| 15千瓦电磁灶 | 度 | 1 | 8 | 1 | 8 | 5 | 40 | 1 200 | 14 400 | 1 | |
| 天然气灶 | 立方米 | 1 | 6 | 4.085 | 24.51 | 5 | 122.55 | 3 677 | 44 118 | 3.06 | 29 718 |
| 液化气灶 | 千克 | 1 | 5 | 7 | 35 | 5 | 175 | 5 250 | 63 000 | 4.38 | 48 600 |
| 柴油灶 | 千克 | 1 | 5 | 7.5 | 37.5 | 5 | 187.5 | 5 625 | 67 500 | 4.69 | 53 100 |

表 B.5-8 深圳金肯商用电磁炉煲汤炉使用成本对比表

| 煲汤炉名品种 | 能耗单位 | 炉头数量 | 每小时能耗量 | 燃料单价/元 | 每小时成本 | 每天工作时间 | 每天成本 | 每月成本 | 每年成本 | 倍率 | 年节省成本 |
|---|---|---|---|---|---|---|---|---|---|---|---|
| 15千瓦电磁煲汤炉 | 度 | 1 | 10 | 1 | 10 | 6 | 60 | 1 800 | 21 600 | 1 | |
| 天然气煲汤炉 | 立方米 | 1 | 5 | 4.085 | 20.425 | 6 | 122.55 | 3 676.5 | 44 118 | 2.04 | 22 518 |
| 液化气煲汤炉 | 千克 | 1 | 4.5 | 7 | 31.5 | 6 | 189 | 5 670 | 68 040 | 3.15 | 46 440 |
| 柴油煲汤炉 | 千克 | 1 | 4.5 | 7.5 | 33.75 | 6 | 202.5 | 6 075 | 72 900 | 3.38 | 51 300 |

以武汉地区天然气为例，2013年8月10日调整后工业用天然气价格为每立方米3.41元，商业及其他用天然气价格为每立方米4.085元

## （三）金肯商用电磁炉餐饮行业案例

1. 案例名称

表 B.5-9　金肯商用电磁炉餐饮行业案例名称

| 金肯商用电磁炉餐饮行业案例名称 | | |
| --- | --- | --- |
| 食景餐厅连锁 | 许昌福兴肥牛连锁 | 德记年肉拉面连锁 |
| 许昌新民饭庄 | 杏子粥屋连锁 | 开封金狮麟 |
| 开封王馒头连锁 | 开封皇中快乐烤吧 | 阿庆哥过桥米线连锁 |
| 广州大家乐连锁餐厅 | 老侯家归芪滋补烩面 | 长垣满天星火锅城 |
| 溢香春滋补烩面 | 精武辣辣烤炉坊 | 焦作亲情树家常菜 |
| 美美牛肉面馆 | 闫记羊汤连锁 | 羊肉鲜汤连锁 |
| 林州市民春园 | 聚水源餐饮连锁 | 大碗香餐饮连锁 |
| 老四老五刀削面 | 郭氏米线连锁 | 洛阳马小道牛肉汤馆 |
| 永城有家羊肉汤连锁 | 舞阳万德隆餐饮 | 美国加州牛肉面大王连锁 |
| 亲情树餐饮连锁 | 广州意粉屋餐饮管理有限公司 | 深圳市昧康源餐饮公司 |
| 深圳市源泉餐饮管理有限公司 | 河南郑州乡村地锅连锁机构 | 兴隆菜馆餐饮连锁 |
| 深圳市日月光旅馆连锁有限公司 | 株洲拾知味餐饮连锁 | 河南郑州重庆炒菜连锁店 |
| 龙泉酒店餐饮连锁 | 小小羊餐饮连锁 | 广州泛亚饮食有限公司 |
| 大潮代餐厅餐饮连锁 | 小米姑娘快餐连锁 | 凯旋门酒店连锁 |
| 荔湾茶餐厅连锁 | 同和阿里山餐饮连锁有限公司 | 西湖之春餐饮连锁 |
| 臻福轩酒楼餐饮连锁 | 金香茶楼餐饮连锁 | 皇豆世嘉餐饮连锁 |
| 锅锅吧餐厅连锁 | 深圳市小肥羊餐饮连锁有限公司 | 百碗羊汤餐饮连锁 |
| 麻辣香锅餐饮连锁 | 土家寨湘西酒楼餐饮连锁 | 重渡沟餐厅连锁 |
| 富湘园餐饮连锁 | 永和豆浆连锁 | 福兴金汤豆捞连锁 |
| 金汤烩面餐饮连锁 | 龙华肥牛王府餐饮连锁 | 千味面拉面连锁 |
| 天上人间酒店连锁 | 大和牛肉餐饮连锁 | 凯瑞酒店餐饮连锁 |
| 回味斋餐饮连锁 | 青花涮涮锅餐饮连锁 | 颐和园尚品烤鸭连锁 |

续表

| 金肯商用电磁炉餐饮行业案例名称 | | |
|---|---|---|
| 正宗鼓楼羊肉汤餐饮连锁 | 藤园土牛餐饮连锁 | 洛阳丹尾斯卤肉连锁 |
| 味道名家餐饮连锁 | 深圳老北方饺子馆餐饮连锁 | 优乐自助火锅城连锁 |
| 谢光头辣椒炒肉连锁 | 深圳市南山义泰昌餐饮连锁 | 汉庭居餐饮连锁 |
| 水泊梁山餐饮连锁 | 和记餐饮连锁 | 金牛牛肉连锁 |
| 大蓉和餐饮连锁 | 南山区福客餐饮连锁 | 广州天河壹号唐厨酒家连锁 |
| 五华酒店餐饮连锁 | 金家墩李二鲜渔村（连锁） | 深圳面点王饮食连锁有限公司 |
| 碧涛阁餐饮连锁 | 福州冠一牛肉面（连锁） | 汝旺都市快餐连锁 |
| 十乐咖啡餐饮连锁 | 花街连锁餐饮 | 深圳市龙华回味香餐饮连锁 |
| 小肥羊连锁 | 帝味餐厅连锁 | 深圳丁记餐饮连锁管理有限公司 |
| 和味涮餐饮连锁 | 武汉国际广场AKA餐厅 | 强记米店餐饮连锁 |
| 株洲湘和食府餐饮连锁 | 园兴酒店餐饮连锁 | 福州农家乐饭店（连锁） |
| 荔湾饮食有限公司龙华分公司 | 禾绿中转寿司餐饮有限公司 | 洛阳汉城之约餐饮管理有限公司 |
| 深圳市万味源餐饮管理有限公司 | 深圳卫华丁记餐饮管理有限公司 | 江门合旺餐饮服务管理有限公司 |
| 深圳逸凯餐饮管理有限公司 | 深圳市溢膳餐饮服务有限公司 | 六合餐饮有限公司 |
| 深圳绿源餐饮管理有限公司 | 深圳市天福面庄餐饮管理有限公司 | 福州京元餐饮管理有限公司 |
| 味帝餐饮管理有限公司 | 和美好伙伴餐饮管理有限公司 | 深圳市粉霸花饮食管理有限公司 |
| 深圳市大全膳餐饮管理有限公司 | 深圳市亦品江南餐饮管理有限公司 | 深圳吉鑫记饮食有限公司 |
| 宏茂饮食管理（深圳）有限公司 | 佛山大家乐饮食有限公司 | 深圳市普香源饮食管理有限公司 |
| 深圳市誉兴饮食管理有限公司 | 广州寿司皇饮食有限公司 | 河南郑州百宴拉面餐饮连锁机构 |
| 深圳市西湖春天餐饮策划管理有限公司 | 统营餐饮管理有限公司 | 湛江市华森餐饮管理有限公司 |

## 2. 部分案例实拍

宴天下大酒店

知青村大酒店

武汉小米姑娘食品有限公司 场景1

武汉小米姑娘食品有限公司 场景2

中远集团厨房 场景1

中远集团厨房 场景2

中观篇

B.5 深圳厨房设备市场现状及发展报告

中远集团厨房 场景 3

中远集团厨房 场景 4

广西玉林万达广场蜀壹锅厨房场景

# B.6

## 基于新理论的产品研发与管理新思维研究

■ 胡 罡

---

胡 罡，男，深圳市甘棠明善餐饮有限公司产品管理总经理

# 一、八代总厨介绍及其胜任力

## （一）八代总厨——背景

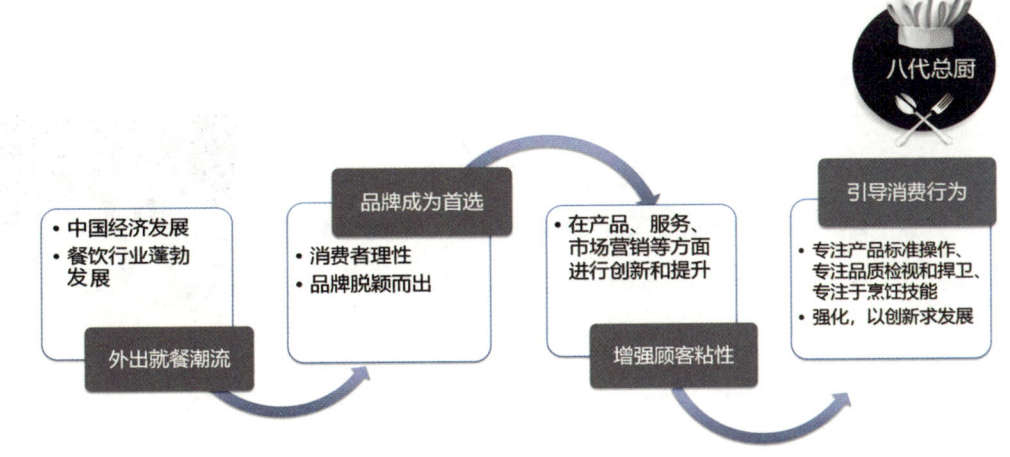

## （二）八代总厨——定义

指的是在当今标准化、适度工业化的餐饮模式下，对厨师胜任力衡量的标准。是包含厨艺技能，产品管理及厨政管理能力的综合要求。

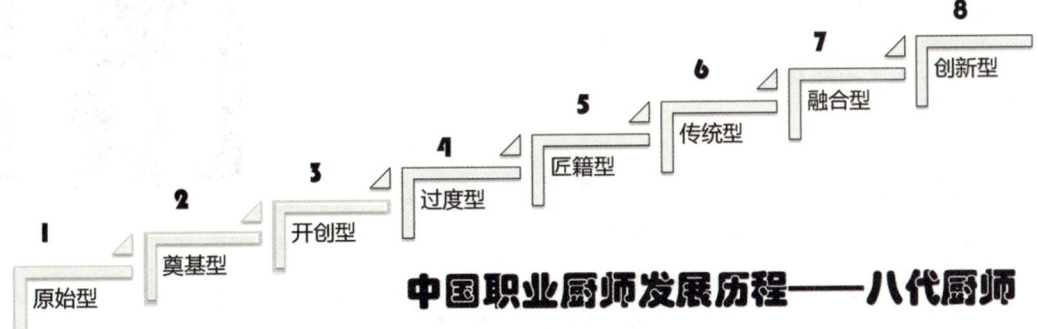

1. 八代厨师——"原始型"

背　　景：新石器时代（约6 000年）。
特　　点：人类的饮食由生食到熟食。
器　　具：用火、石烹、陶烹。
意　　义："烹饪"概念。
代 表 作：彭祖（彭铿）为尧帝烧制的"雉羹"（野鸡汤）。

2. 八代厨师——"奠基型"

背　　景：先秦时期。
特　　点：中国烹饪的草创时期，周代已有主管烹饪工作的官职，并出现关于专司厨师工作的最初的史籍记载。并史有"百世相传三代艺，烹坛奠基开新篇"的评语。

3. 八代厨师——"开创型"

背　　景：秦汉时期出现了两次厨务大分工。
烹调技法：也比先秦精细，油烹法脱颖而出。

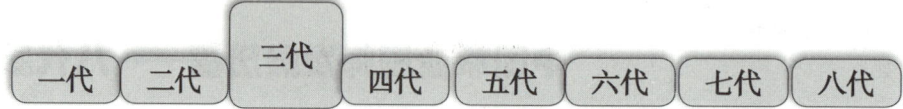

## 4. 八代厨师——"过渡型"

背　　景：汉魏六朝上承先秦，下启唐宋，是中国烹饪发展史上重要的过渡时期。
食　　材：引进了众多外来原料，提高了农副产品的养殖技术。
器　　具：以漆器为代表的餐具轻盈秀美。
调味品：显著增加；菜肴花色品种增多，素菜发展较快。
药　　膳：膳食食疗渐受重视，出现了一批食书。

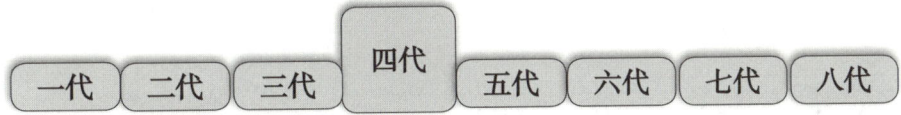

## 5. 八代厨师——"匠籍型"

背　　景：宋元明清是中国烹饪的繁荣时期。
特　　点："四大菜系"出现。到清末时，构成中国传统饮食的"八大菜系"。传统烹饪理论体系建成。

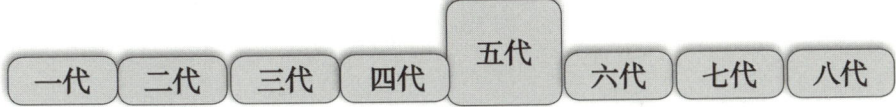

6. 八代厨师——"传统型"

背　景：中华人民共和国成立到中国对外开放期间（1949年至1990年），中国经济进入快速发展阶段，大众饮食结构发生变化。

特　点：餐饮企业出现品牌化连锁经营。此时期的餐饮市场出现的品牌仍以八大菜系的传统菜品为主。

一代　二代　三代　四代　五代　**六代**　七代　八代

7. 八代厨师——"融合型"

背　景：餐饮业成为经济增长的助推器(20世纪90年代初至2011年)。

特　点：餐饮企业连锁规模化经营，外资及合资企业的出现中西管理理念呈现交互和融合，管理日势完善。

一代　二代　三代　四代　五代　六代　**七代**　八代

### 8. 八代厨师——"创新型"

环　境：2012年至今，在"互联网+"的大环境下，餐饮品牌百花齐放，餐饮业百舟舸争流。

特　点：外出就餐已成时尚，饮食观念的转变，讲究营养和风味，讲吃"精"、吃"怪"。

厨　师：不仅要熟悉营养学、原料学、烹饪美学、管理学及消费心理学等综合知识，更要专注于烹饪技能强化。

挑　战：以创新求发展，引导消费潮流。

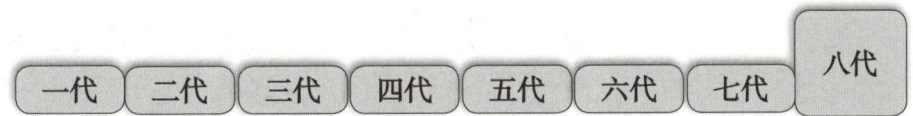

## （三）八代总厨的胜任力

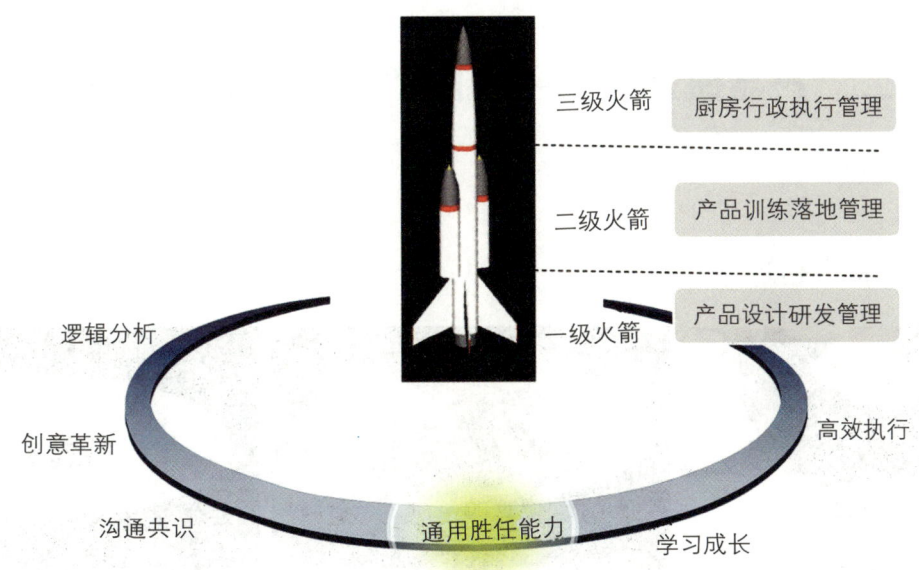

## 1. 八代总厨的胜任力模型

| 胜任力 | 水平 | 1 | 2 | 3 | 4 | 5 | 6 | 7 | 8 | 9 | 10 |
|---|---|---|---|---|---|---|---|---|---|---|---|
| 烹饪技术 | | | | | | | | | | | |
| 烹饪培训 | | | | | | | | | | | |
| 逻辑分析 | | | | | | | | | | | |
| 创意革新 | | | | | | | | | | | |
| 学习成长 | | | | | | | | | | | |
| 人际关系 | | | | | | | | | | | |
| 激励他人 | | | | | | | | | | | |
| 领导决策 | | | | | | | | | | | |
| 管理控制 | | | | | | | | | | | |
| 认真务实 | | | | | | | | | | | |

## 2. 八代总厨的胜任力雷达图

产品研发总厨　　　　　　产品转训总厨　　　　　　行政总厨

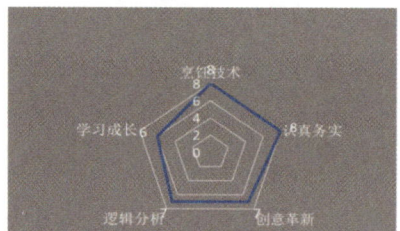 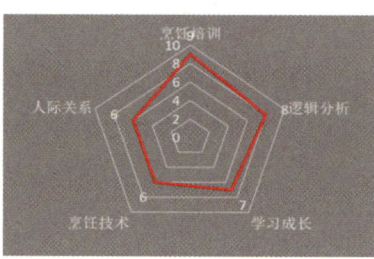 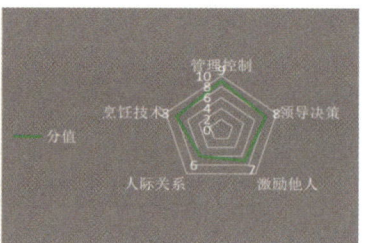

# 二、产品研发设计——以"变量"思维做产品

## （一）产品"变量"

品牌博弈、技术赋能、新旧融合、由内而外、场景构建

## （二）品牌博弈

- 品牌博弈，总的来说是餐企品牌、品类、甚至非竞品之间的博弈。
- 市场细分、连锁餐饮的遍地开花，实现了更繁盛餐饮业态的同时，也给品牌（餐企）提出了更高的要求。

**口味为主**

品牌与品类能被模仿，唯独"口味"难以轻易被模仿。口味是产品的核心与灵魂，口味持续领先方能是品牌优胜之道。

"百店一味"，独特的口味模块化绝不能有所偏差。

**特色食材筑造高能防火墙**

聚焦与打造特色食材，传递产品的价值与诚意。

食材是产品的根本价值体现，是产品与顾客交互最直接的载体。

注重打造独有的高能食材，让顾客感受品牌与产品的诚意，方能筑造最坚固的防火墙。

## （三）技术赋能

- 技术赋能，以技术创新、智能化应用，大数据支持实现品牌及产品的升级与创新。
- 以技术创新实现产品创意与升级，以智能化应用提升生产效率，以大数据支持优化产品结构与营销方式。

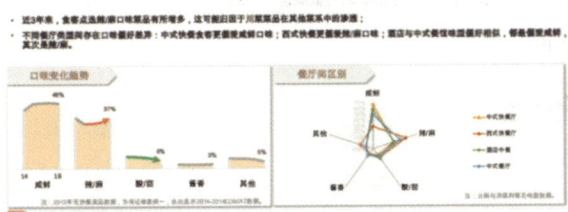

**升级降本**

产品标准升级，结构优化调整

- 产品标准升级，凸显风味，节约原料。
- 合理产品结构调整，节约食材成本、人力成本、时间成本

**创新增效**

持续的创新，增加效益流量

- 以新品吸引顾客，提升顾客粘性与复购率，创造效益流量
- 互联网食代，产品的创新要适应"**新零售**"的需求，外卖产品、新零售产品是全新的增效流量。

## （四）新旧融合

- 新，是时下及未来餐饮（顾客需求）的趋势与方向。
- 旧，是过往的餐饮文化传承与口味积淀。
- 全新的餐饮（产品）始终是基于传统而发展。
- 传统餐饮（产品）亦在新餐饮的冲击下蜕变。

新旧融合，是当今餐饮（产品）发展的一个新变量。

似曾相识，却惊喜万分

- 老菜新做，融合创新，触及顾客惊喜中的记忆点。
- 以意想不到的产品打动及满足顾客的多重需求。
- 产品差异化助力品牌差距化。

## （五）由内而外

⊙**内** 品牌（产品）的内功与品质。

⊙**外** 市场（竞品）与顾客现状与喜爱。

由内而外，以品牌（产品）自身的内功和品质引领行业与品类的潮流，引领顾客的消费嘉好。同时，也应随时关注行业与顾客的动态，主动求变，适应调整。

**由内而外，是品牌（产品）自信与自强的新变量。**

**由内而外，是打造品牌（产品）品质的过程。**
成功的品牌（产品），应具备引领行业动态与顾客喜好的底气和自信。

**由外而内，是关注待业与顾客动态主动求变的过程。**
自强的品牌（产品），是能基于行业、技术、消费喜好的动态发展而主动求变，主动创新。

## （六）场景构建

### 淘汰产品的绝对不是新技术
### 淘汰产品的是顾客

**场景构建——以产品实现顾客消费需求**

- 产品的根本属性在于能满足顾客显性及隐性的消费需求。
- 精准定位消费场景,精细设计并匹配产品,实现双赢。

## 三、产品研发设计——以"系统"思维管产品

### (一)产品生命周期管理概述

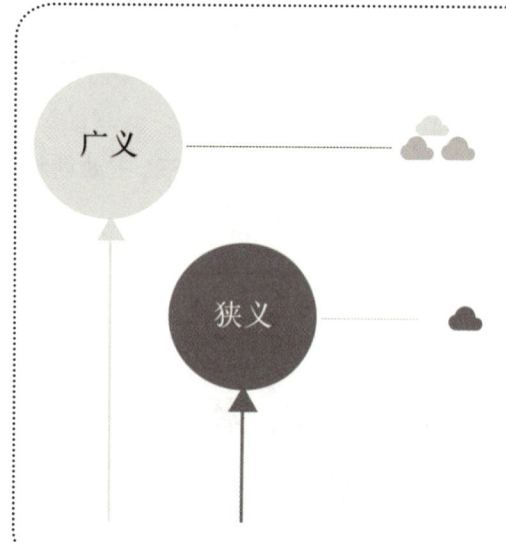

广义上的产品生命周期管理(Product Life-Cycle Management, PLM),就是指从人们对产品的需求开始,到产品设计呈现、直到面市以至淘汰的全部生命历程。

PLM是一种先进的产品管理思想,它让产品管理者思考在激烈的市场竞争中,如何用最有效的方式和手段来管理产品,增加企业营收。

就餐饮待业而言,产品(菜品)生命周期管理亦可称为"产品市场生命周期管理",即狭义上针对已上市后的产品进行生命周期管理。

通过明确已上市产品各管理环节的标准与流程,促进其持续健康发展,保持品牌产品核心竞争力。

## （二）产品生命周期管理准则

狭义上的产品生命周期管理，总的来说处于产品管理活动的下游，但其整体的规划及实现却贯穿于产品管理活动的全过程。

**周期性评估、定性与分类、规划与决策**是产品生命周期管理的总体管理行动准则。

## （三）产品生命周期管理模型

- 研发、应用、市场、信息等业务部门互为联动。
- 基于品牌需求的周期数据汇总与评估。

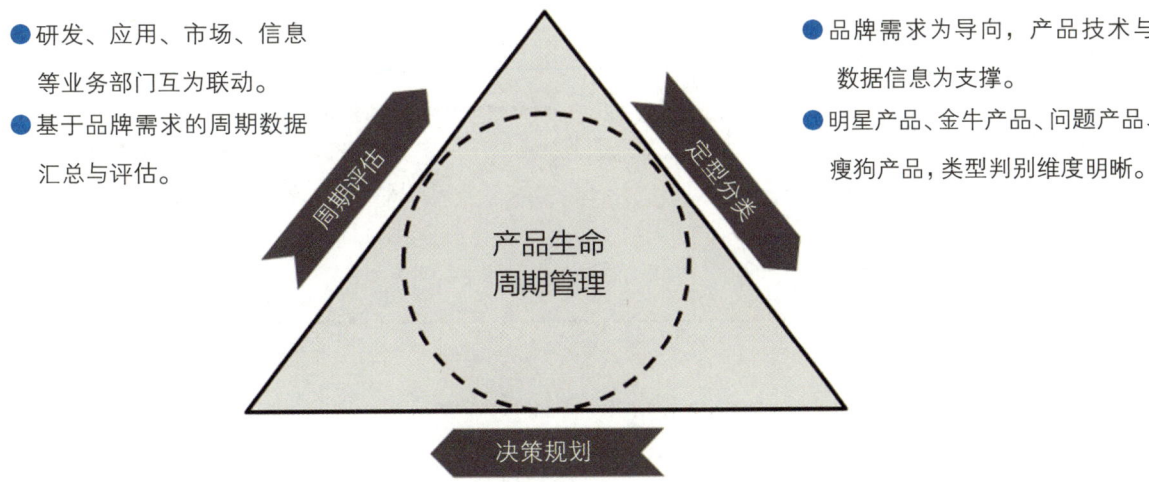

- 品牌需求为导向，产品技术与数据信息为支撑。
- 明星产品、金牛产品、问题产品、瘦狗产品，类型判别维度明晰。

- 决策规划制度化。
- 类别决策：维持、强化、升级、改良、下市、复活、规划明确。

## （四）产品生命周期管理流程

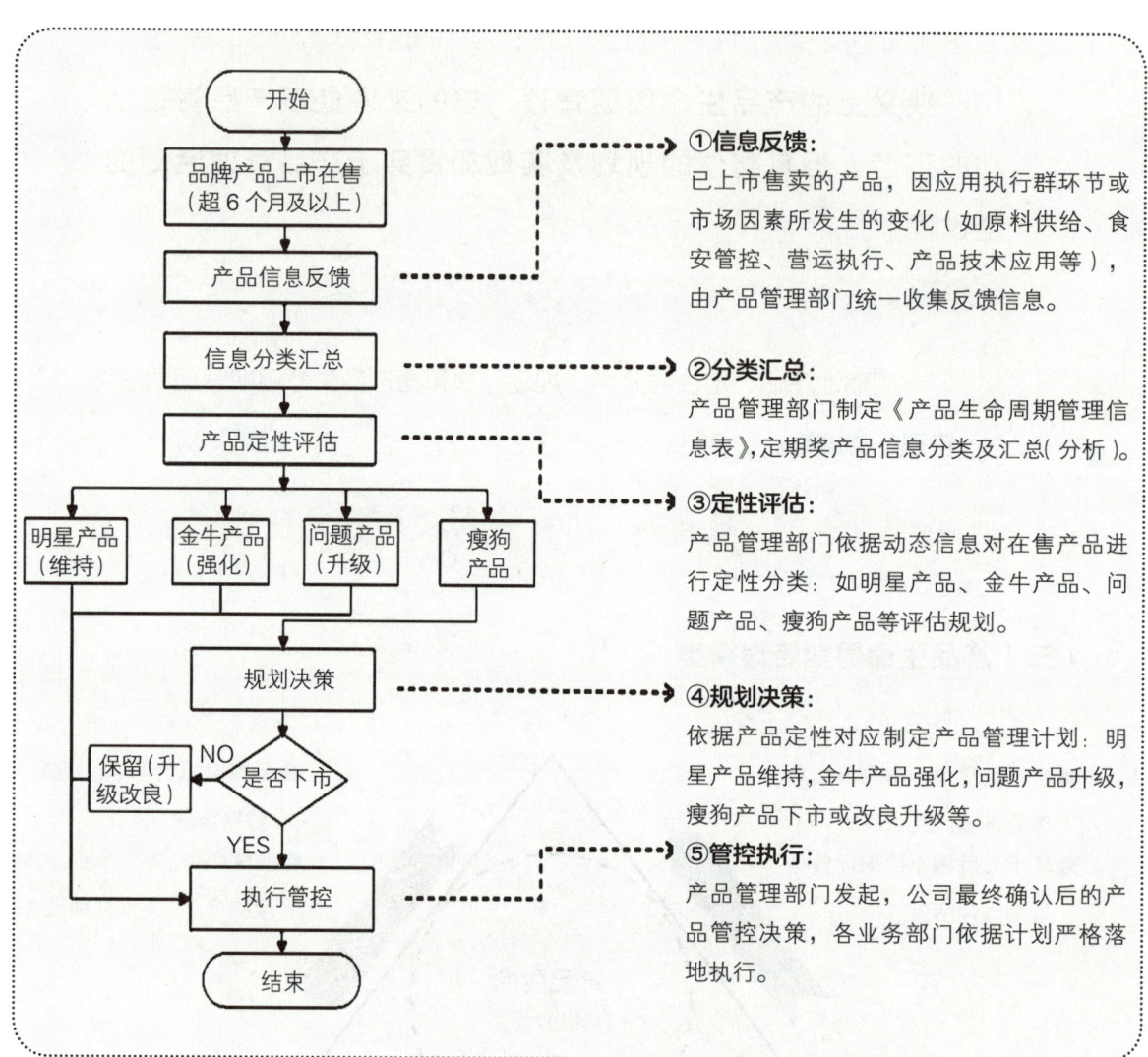

# B.7

## 深圳名厨名师谈培训行业

■ 甘智荣

从1995年起，甘智荣就正式从事厨师这一行业，本文希望从他的学习成长经历窥视深圳厨师教育状况，以供大家分享。

---

甘智荣　男，深圳市罗湖区东南技能培训中心，教导主任、中式烹饪教师

# 一、厨师是可以成就人生梦想的职业

## （一）厨师行业的选择

从学校毕业后我在厨房工作了几年，技术得到了提升，同时得到了同行的认可，并取得了晋升机会。当我发现很多没有经过专业厨师培训的新手，他们热衷于厨房工作，但厨房场地环境特殊，比如有的厨房噪音大；有些新手在岗位中出现盲目操作，从而导致工作配合度、工作效率及安全操作方面出现一些不必要的麻烦等等情况。

唯有厨师经过专业系统培训方能减少麻烦，尤其是在上岗前选择专业培训学校学习。在学校有足够的时间和条件学习厨师技术、厨房安全及自我防范知识。而我作为厨师领域的一名专业老师或师傅，就可以帮助更多喜欢厨艺及热爱厨房的从业者。在烹饪培训学校，我们传授专业厨师必须掌握的相关技巧，让学生在上岗前就能接触并提高厨艺技术，懂得做厨做人的道理，能熟练与岗位厨房师傅配合，更懂得在工作中如何保护自身及团队的安全。

为了帮助更多喜爱厨师工作的朋友实现安全有序的工作，我于2001年进入学校从事烹饪教学工作。这既是我进入新岗位的开始，更是为更多厨师们实现心中梦想的起点。在教学中我以曾经教育引导我专业成长的李加龙等老师为楷模，以厨师前辈们的技术为榜样，寻找到教授新厨师怎样学、如何做的有效方法，因人施教，取得良好效果。

## （二）从厨经历与成果

我结识了很多热爱厨师行业的朋友，包括国外的部分学员，同时也有很多帮助过我的同行、朋友和老板，正是他们的鼓励与支持，使我在厨师从教方面走得更远。

1. 中国厨师行业深受众人追捧

教授过很多对中国烹饪技术感兴趣的学员，虽然他们有着不同的肤色和语言，但对中国菜和烹饪技术的热爱是相同的。

中观篇

B.7 深圳名厨名师谈培训行业

2001年烹饪教学首期师生合影

中式烹调技能深受外国友人喜欢

119

多国学员一起学习中式烹调

2. 主编多套烹调书籍及教学光盘

多年的烹饪教学工作使我对菜品、菜式的了解较深，也得到出版社朋友的认可。从 2008 年起，积极参与编写多套餐饮厨师类相关书籍及教学光盘，以供厨师初学者参考学习。

部分雕刻教学书籍和光碟

3. 多家媒体的追踪报道

借助媒体平台,可以让更多人掌握一些菜品制作的方法,并让更多普通百姓参与进来,同时也提高了厨师行业的社会影响力,对中国菜的推广普及也起到了很好的作用。

新闻媒体传播餐饮厨师行业

4. 学习永无止境

作为烹饪教师,要教到老学到老,才能使自己的教学水平、专业技术、教学理念等与时俱进,不断指导学员全面进步。

唯有学习才会进步

5. 部分荣誉事迹

荣誉的获得是同行、领导和朋友对我关爱与支持的结果,我将勇往直前。

获得的烹饪类荣誉

6. 成就学员是我终生的追求

通过传授技能成就学员,这既是教师的义务,也是学员的希望,更是教师的追求。

部分获奖学员

## 7. 执着认真的在校学员

在校学员有的年纪不大，但他们能互相团结、对学习厨师技术的热情很高，愿意听从老师的安排和指引。以下是部分在校学员展示的专业技法。

执着认真的在校学员

## 8. 烹饪教育路上继续前行

回首过去，有领导、朋友支持，在师生们的共同努力下我们进步了！展望未来，以现有的经验结合有效的行动，我要把厨师行业做得更好。

2012年带领在校生参加深圳市"顶级厨师"海选比赛

与往届毕业的部分学员合影

9. 2019年相关教育培训工作

这一年是自我挑战的一年，更是收获的一年，特别是在政府和学校的支持，在朋友的帮助下，5—6月完成罗湖区"粤菜师傅"免费培训2期，7—8月完成罗湖区餐饮服务业中式烹调人员订单式岗前培训4期，讲述安全操作、从业道德、菜品创新、有效管理等相关知识。从理论上详细讲解菜品制作所用的原料、步骤、创意思路及市场价值；在实践中认真分析技术性的重点、难点，学员看懂理解后再各自实操，培训效果极佳。

6—7月，在深圳市人力资源局等的帮助下，成功组织了罗湖区第十届职工技术比武大会"中式高级烹调师"项目竞赛工作。通过比武大会，大家有更多机会一起交流，发现有不足之处及时去学习和提升。

相关无意识与竞赛活动

### （三）从事厨师行业的前景分析

餐饮业是传统衣、食、住、行中人类赖以生存的重要组成部分，而厨师是通过做好菜以满足食客对菜品质量的要求，从事厨师行业具有以下一些前景优势。

1. 厨师压力小

在工作当中，厨师凭借自己的厨艺和技能，只要按照客人的要求有方向、有目的地工作，听从组织安排，就不会有压力，并能留住回头客。

2. 厨师"钱"途好

目前，深圳的厨师工作薪金高，而且吃、住、穿等都不用愁。对于工作认真，勇于进取的厨师而言，在大饭店及一些星级酒店当个行政厨师，月薪过数万的常见。今后厨师薪金还会不断上升，市场调研数据显示，本地高级厨师月薪可以达到1万~2万元，而对外聘厨师人才及技术管理强者，年薪甚至高达几十万之多，是处于蓝领的领先行业之一。

3.厨师是王牌专业

时代在进步、餐饮在发展，厨艺在生活中是非常实用的一项技能，人们常说"人是铁、饭是钢"，谁也离不开一日三餐。如今，随着人们的生活水平不断提升，大家对菜品质量的要求就更高，由当初的吃饱到吃好转变，有了专业烹饪技能与知识，不仅可以满足大家的味蕾，而且对于自己日常的营养健康也不用再操心。所以选择厨师专业是把握住了行业市场先机。

4.厨师职业是令人尊重的职业

餐饮文化由来已久，且具博大精深的专业内涵，如今厨师有的当选为人大代表，有的成为饭店宾馆的职业经理或部门主要负责人，有的成为劳动模范，有的走上了高等学府的讲堂。随着我国厨师社会地位的改变，厨师劳动的社会意义也越来越被人们尊重。

5.职业名厨成为餐饮业界的"香馍馍"

厨师是餐饮业发展的中流砥柱，职业名厨更是餐饮业界发展的潜力和动力，职业名厨是餐饮企业的灵魂所在，深受餐饮老板追捧，已成餐饮业界的"香馍馍"，给厨师们带来巨大的发展空间。

6.厨师技术投资小回报快

有了技术，既可以选择就业，还可以自行创业。因为餐饮行业具有投入小、回报大、风险小的天生优势，投资餐饮业永远不会过时并拥有自己的事业。

7.厨师们自己的节日

中国厨师节是由中国烹饪协会主办的高规格餐饮业大活动，被誉为"中国厨师峰会""世界厨师的奥林匹克"以及"餐饮行业的广交会"，每年举办一届。主要目的是弘扬中华饮食文化，展示主办城市风貌及餐饮业的新风采，交流提高烹饪技艺水平，促进中国餐饮业更好更快发展，鼓励厨师为餐饮业发展不断努力奋斗，提高中餐在世界餐饮界的地位，也是中餐界同仁们展示成果、互相学习、交流经验的好平台。

8.政府的大力支持

目前，政府正在大力支持、表彰一些专业领军人物，广东省政府也推出了"粤菜师傅"工程项目。在这种大好环境下，对于厨师专业毕业生、厨艺技术扎实并具有高尚的职业道德者提供了更多更大的发展空间及平台。

## 二、深圳厨师培训市场浅议

深圳是中国改革开放建立的第一个经济特区，是中国改革开放的窗口，现已经发展成为有一定影响力的国际化城市，从世界各地及全国各地到深圳来投资创业、就业务工、旅游观光的人士络绎不绝，自然就带动了深圳市餐饮业的发展，促使厨师行业好就业、福利高，学习厨师专业的人也成倍增长，也孕育出众多本地及全国各地知名厨师教育培训及烹饪院校，为深圳市厨师市场提供了保障性的先机条件。

迄今为止，深圳市设有深圳市职业技术学校、第二高级技工学校、智理技工学校、深圳科技工学校、宝山技工学校、深德技工学校、东南国际烹饪培训、东南技能培训学校、新东方烹饪职业培训学校等多所大中专烹饪院校及厨师培训场所。其中，东南技能培训学校是经广东省人力资源和社会保障厅批准，人力资源和社会保障部备案的A级教育培训机构，国内校区主要分布于深圳、广州、厦门等地，国外校区主要分布于澳大利亚、新西兰、法国等地。学校创始于1983年，东南品牌国家权威认证（证号第1955609号），是广东省技师协会理事单位，国际烹联教育示范基地。学校采取全日制教学，以理论结合实践传授，培养能精通餐饮管理、懂成本核算、酒店运营、市场营销等相关知识的学员，培养出独立创新、创业能力强的综合性厨师人才，特点是学习时间较长，适合自幼就对厨师行业感兴趣的青少年，由学校统招入学；为方便提升家宴品质，中途转行学厨、进修考证、餐饮创业的等学员，培训机构专门设有丰富的短期培训课程，这类课程是根据学员的学习需求灵活设置的，学校烹饪老师用针对性的方法传授以满足学员所需，定向委培，特点是培训时间短、成效快，属于几个月的速成学习班。

深圳市厨师教育培训市场需求旺盛，广东省从2018年起新推多项惠民政策，其中主推的"粤菜师傅"工程及"精准扶贫"项目，2019年3月由深圳市政府等有关部门评定出首批深圳市粤菜师傅培训基地（深圳第二高级技工学校、深圳市宝山技工学校、深圳市第二职业技术学校、深圳市巨邦饮食服务职业技能培训中心、深圳市坪山区新东方烹饪职业培训学校），与深圳市多所中大专烹饪院校及厨师培训机构联合完成计划，这不仅给培训学校增添了人气，还给贫困人群创造就业岗位，深受各界好评。2019年，深圳市及各区分别组织职业技术中式烹调师项目的比武大会、深港澳"粤菜师傅"职业技能竞赛，通过这些竞赛为厨师们提供了更多的发展前景。

### （一）厨师资格证书

1. 厨师资格证书的称谓级别

我国厨师证现统一更改为中式烹调师，是我国从事厨师工作的一种职业资格证书。按等级划分为五级、四级、三级、二级、一级共五级。五级、四级为初级入门级，相当于初中毕业的九年义务教育，此证只能证明你有厨师的从业资格。三级，也就是高级厨师证，具有高级厨师技术水平，相当于大专毕业，能精通某一菜系菜品及旁通其他菜系的名菜制作，管理能力高超，能带领辅导初级入厨人员技术。二级，也就是技师，除具备本级别能力外且能辅导初、中、高级厨师技术，相当于本科毕业，还可以转户、国家五一劳动奖章评分、评选劳模积分、评高级职称积分、部分地区退休后有补贴。一级，也就是高级技师，是职称中最高的级别，也是从业中职业与身份的最高象征，属于专业性研究型人才，除具备本级别能力外且能辅导初、中、高级、技师厨师技术，相当于本科及以上毕业，同样可以转户、国家五一劳动奖章评分、评选劳模积分、评高级职称积分，部分地区退休后有补贴甚至可以享受国家津贴。

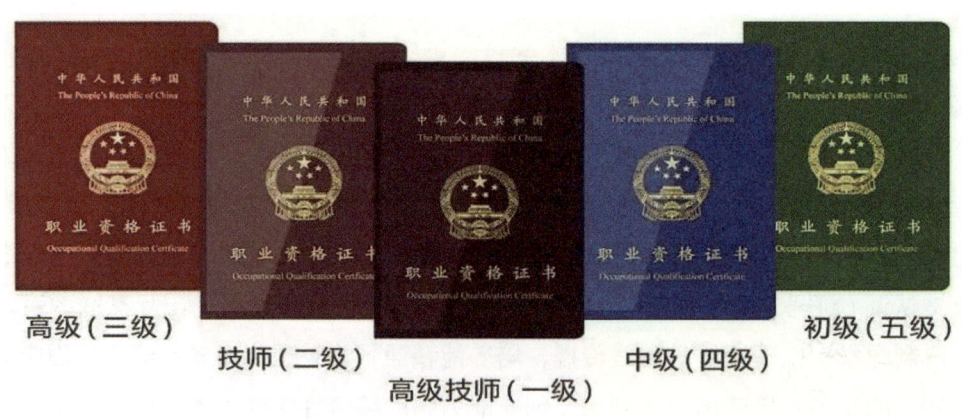

五个不同等级资格证书色泽参照图

2. 职业资格证书及用途

厨师职业资格证书是表明劳动者具有从事某一职业所必备的学识和技能的证明。它是劳动者求职、任职、开业的资格凭证，是用人单位招聘、录用劳动者的主要依据，也是境外就业、对外劳务合作人员办理技能水平公证的有效证件。凭证件可以领取政府补贴费用，2019年政府继续大力支持厨师人才的发展，只要在培训学校或人力资源技能服务站报名参加厨师职业考试并合格，凭证明到深圳市人才服务厅领取1 600~2 800元的补贴。深圳市人才引进政策新规，取得深圳市高级厨师证及以上的技术技能人才，在年龄及相关条件符合的可以直接核准申报深户。

### （二）深圳厨师人才供不应求

每当餐饮行业新店开张，就需要大量厨师的参与，这些餐饮老板第一时间就会想到深圳市厨师教育培训基地学员，并亲自到厨师教育培训基地挑选适合的厨师人才，或向厨师教育培训基地预订或委培培养，厨师培训市场供不应求。

### （三）厨师教育培训生源不断

厨师教育培训，教师负责传授厨艺，实际操作引导及日常理论的教学，以严管厚爱方式善待每一位学员，较全面地掌握好厨艺技术的学员们，毕业后实现了自己的人生梦想，从而影响带动身边更多人士踊跃报名参加学习培训，使得学校培训生源不断。

### （四）拓宽了厨师加薪晋升通道

通过厨师教育培训，符合要求的学员可以参加比赛、考试及晋级考试获得厨师证，这些证书是加薪晋升的凭证。深圳市人社局发布薪酬参考指导价，高级技师工资平均值最高达到8 847元/月，技师7 176元/月、高级技能人才6 583元/月，中级技能人才为5 957元/月，初级技能人才为5 256元/月。厨师加薪晋升促进了培训市场的繁荣。

## 三、厨师培训市场发展需多方关注

### （一）政府多方的扶持

党的十九大提出，要实现伟大的中国梦，必须坚定地走"人才强国"之路，不断加大对职业教育的投入和扶持力度，加强技工教育和职业培训，培养素质优良的高技能人才队伍。社会对于技能型人才的需求更加强烈，国内大中专烹饪院校及厨师专业培训机构是培养高级厨师的源头，在国内高校纷纷向应用型大学转型的背景下，厨师职业教育迎来了春天。现代学徒制、粤菜师傅工程、技能大师工作室、技能人才培训基地等得到政府的大力支持。

## （二）厨师人才的紧缺

世界厨师队伍已达数千万人，国外餐饮业对中国厨师的需求量巨大，中国拥有"烹饪王国"之美誉，对厨师需求量大，厨师人才供不应求。经国家餐饮行业调查显示，未来5年中国厨师总需求量达400多万。

近些年来，传统餐饮行业在向国际化、现代化、产业化、规范化方向不断前进。随着外卖行业的兴起，互联网餐饮的高速发展和繁荣，厨师会继续成为中国增长最迅速的行业之一，导致厨师人才紧缺现象。

## （三）学习平台的搭建

全国各大烹饪院校及培训基地继续建立健全烹饪教学体系，完善教学设备，提高教学质量。以培养"四三"型厨师专业人才为目标，以培养厨界精英为宗旨。院校多与全国餐饮酒店餐厅合作，建设校企合作模式，解决学员的就业问题。另外，如果学校条件允许，可以对已毕业的学员进行就业跟踪调查，对于需要技术提升的学员，可以让他们回来免费提升；为学生提供专科学历及资格证书提升等服务，让学员学习技术的同时又能拿学历，实现"技能+学历+提升+就业"四份收获；日常教学课堂内容需丰富，由浅入深，理论结合实践，引导学员有效地学习厨艺；多培养学生的动手能力、创新思维能力；多传授餐饮管理、酒店运营、市场营销等相关知识，让学员进得来、弄得懂、学得会、用得上、反馈好，烹饪学校能成为真正培养厨师的摇篮，为培养厨师队伍多做贡献。

# B.8 基于深圳自媒体视角的餐饮业透析

■ 鹤 九

中国餐饮业的发展呈现出了不可挡的气势,在这样的发展基调下,我们回顾过去的2019年,餐饮业带来了怎样的精彩;2020年,餐饮业又将怎样的走向,一起来看看!

鹤 九 男,哈谷传媒(餐饮界新媒体)CEO

由世界中餐业联合会、社会科学文献出版社等联合发布的《餐饮产业蓝皮书：中国餐饮产业发展报告（2019）》（简称《报告》）显示，2018年中国餐饮总收入超过4万亿元，相较于1978年的54.8亿元，40年增长了近780倍。《报告》中提到，如果按近3年中国、美国餐饮产业收入的平均增速预计，中国餐饮业有望在2023年超过美国，成为全球第一大餐饮市场。

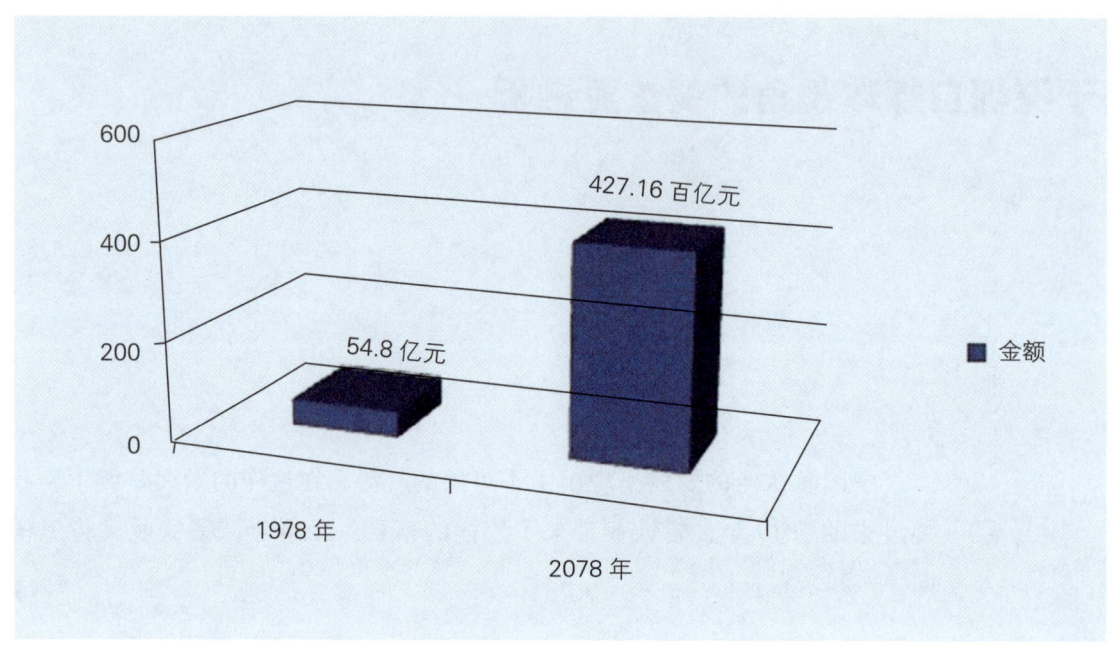

图 B.8-1　国内餐饮收入

# 一、2019年餐饮呈现八大常态

海底捞终于挺进重庆市场，首店开业一号难求。

上市，发行小鹿茶，巨额亏损，第三季度在运营层面首次实现盈利。2019年的瑞幸依然备受瞩目。

比尔·盖茨投资的人造肉品牌Beyond Meat上市，成为人造肉第一股，人造肉领域风起云涌；鲍师傅、鹿角巷等网红品牌的维权案相继胜诉，正品与山寨的对决愈演愈烈。

盒马鲜生、苏宁小店纷纷布局互联网菜场,细分新零售加速跑马圈地……

2019年的餐饮业依然轰轰烈烈,呈现出以下八大常态。

## (一)正餐快餐化

在生活节奏不断加快,时间成本持续升高的当下,快餐业得到了突破性发展。"西贝莜面村"继"麦香村"后又推出了"超级肉夹馍","呷哺呷哺"将茶饮做得如火如荼;在正餐品牌纷纷布局快餐市场的同时,一批用快餐思维经营正餐品类的细分市场崛起,最具代表性的便是"酸菜鱼米饭"。

将国民菜酸菜鱼配上米饭,以快餐的形式输出,"鱼你在一起""酸囧"等品牌乘着正餐快餐化的东风快速打开市场。

## (二)快餐零售化

在茶饮、锅盔等细分小品类的领域内,很多门店只有几平方米大小,但依然挡不住大家排队的热情。成都的严太婆锅盔,没有设置堂食区域,但日售2 000多个很正常。

这一类的店面营收主要来源于外带与外卖,让店面坪效发挥到极致,也让快餐表现出来零售的特征。

## （三）边界模糊化

"泸州老窖"推出定制香水、做酒心巧克力，"大白兔奶糖"做冰淇淋快闪店；奢侈品与咖啡融为一体，生态风光与餐饮相辅相成；某品牌的无限场景概念正在被运用于更多餐饮领域……

这是一个随时可能迎战跨界打劫的时代，也是一个可以随时出走打劫其他行业的时代，餐饮运营的边界正在无限化、模糊化。

### （四）外卖平台红利消退

从2018年开始，外卖平台红利消退的趋势就已经非常明显，到了2019年，外卖商家当初依靠平台发展得到的红利基本消失殆尽。外卖也随之从粗放式发展迈进精细、精致化发展的时代。

红利消失，佣金上涨，在这个过程中，最先受到猛烈冲击的是纯外卖品牌，从2018年至今，大批纯外卖品牌都已倒下。

### （五）连锁品牌市场下沉

在星巴克的规划中，2022年要扩张到230个城市，达到6 000家门店，星巴克近两年一直在探索下沉市场；2019年海底捞针对市场下沉再提高战略等级；肯德基与麦当劳在下沉市场很吃香……

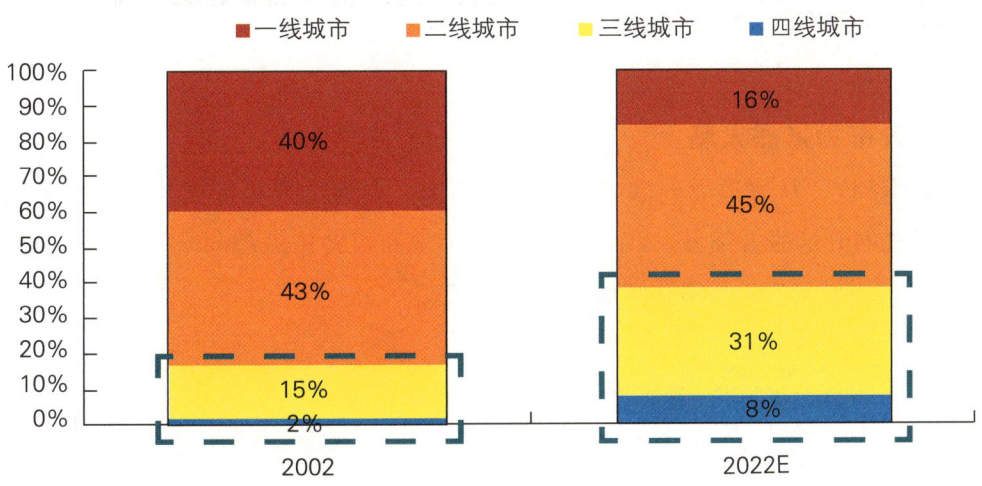

图 B.8-2　三四线城市中产阶级增长最为显著

一项预计数据显示,三四线城市的居民消费将从 2017 年的 15 万亿元提升至 2030 年的 45 万亿元。由此可见下沉市场是个不折不扣的香饽饽。

### (六)中餐频繁走出去

CoCo、贡茶等茶饮品牌在日常掀起排队潮;沙县小吃出海身价倍增;海底捞将出海视为战略重点……在当下正在进行中的第四轮出海潮中,既有小品类与特色小吃的身影,又有连锁餐企的国际化战略扩张,中餐出海还将愈演愈烈。

### (七)细分市场依然火热

从酸菜鱼到茶饮,从冰淇淋到咖啡,从冷锅串串、上海生煎等形式的品类细分到供应链、SaaS 服务等形式的分层服务细分。2019 年的餐饮创业新机会依然趋向于各个细分领域,相对于大而全的餐饮业态,消费者也更喜欢细而精的餐饮模式。

### （八）国潮风愈演愈烈

某品牌咖啡在西安推出的唐诗主题店，古风产品周边令人爱不释手；2019年春节期间的故宫火锅一座难求；香天下火锅与潮牌合作推出火凤系列国潮套装。

2019年，餐饮业刮起了一股国潮风，且大有愈刮愈猛的趋势。

## 二、2020年餐饮发展六大核心关键词

八大常态几乎可以为我们勾勒出一个完整的2019年餐饮业。2020年，餐饮业还将延续2019年发展常态，却又注定有所创新，有所进步。2020年，餐饮业将围绕着下列关键词展开激烈角

逐。

### （一）夜经济

2019年，各地频繁出台相关政策鼓励夜经济发展，包括北京、上海、西安、兰州等在内的城市开始着力建设新的夜市示范街，发展城市夜文化。在政策利好的环境下，各个地方新夜市示范街的加入将进一步驱动餐饮夜经济的发展，2020年的餐饮夜经济将愈发繁荣。

### （二）IP赋能

某品牌咖啡的小蓝杯因为明星代言而被人所熟知。2020年新推出的小鹿茶一样请了明星代言；三只松鼠的创始人章燎原被人们称"松鼠老爹"，其品牌形象随着动画IP制作与周边产品的刻画也愈显人格化。

在餐饮业，IP的作用正在被充分重视。

### （三）新零售

在深圳，盒马鲜生与超级物种两大新零售大佬接连关店后，新零售的"风"开始被质疑是"坑"。而事实上，新零售在回归理性的路上，西贝莜面村上线"西贝甄选"线上零售商城，以海底捞为代表的火锅零售产品引领网购热潮。

从西贝莜面村与海底捞等餐饮企业玩上新零售到菜场新零售火速崛起，新零售并未停止前进的脚步，并且多了更多新玩法。未来几年，新零售还会呈现出一波又一波的新浪潮。

## （四）跨界

麦当劳依然将影视、动漫 IP 跨界玩得炉火纯青，奈雪的茶举办"毕加索＆达利真迹展"并推出周边产品，云味馆的熊本熊周边成为吃货的萌系新宠；肯德基试水咖啡，便利店引进餐饮。

2019 年，跨界成风；未来，跨界将愈演愈烈，并成常态。

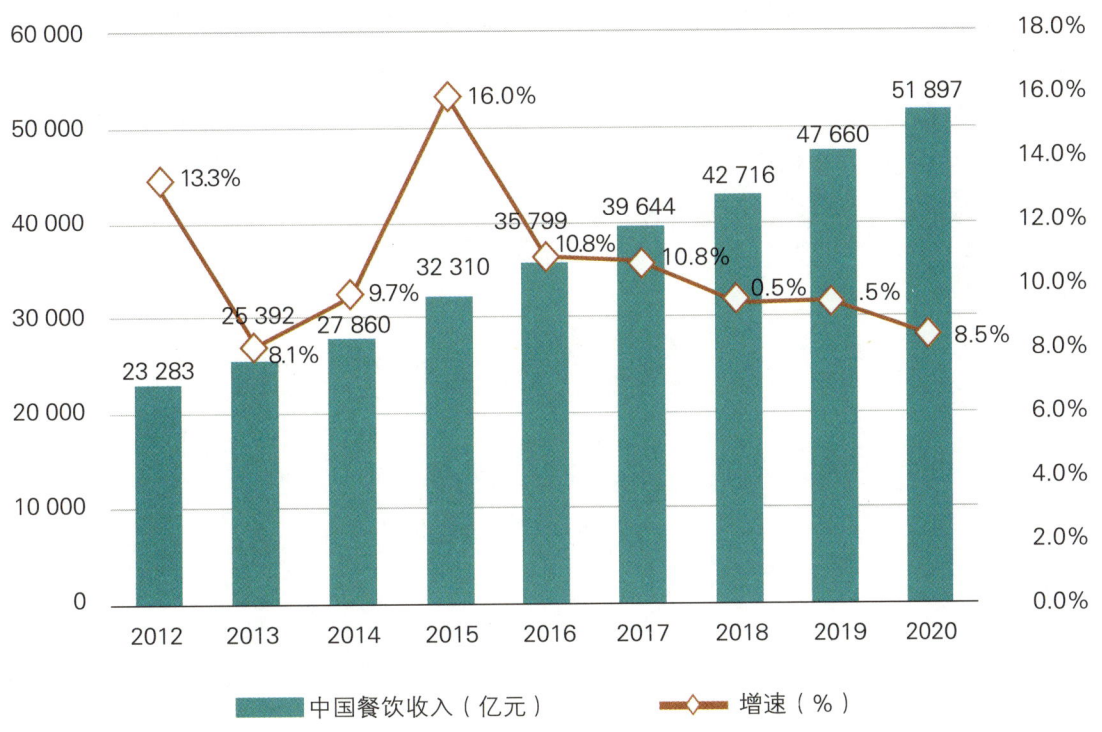

图 B.8-3　餐饮收入增速放缓

## （五）两极分化

《中国餐饮报告 2018》的数据显示，2018 年餐饮行业的闭店率高达 70%，餐厅的平均寿命只有 508 天。

如果说整个餐饮业感受到了阵阵寒意，那么散落于各个地方的单店感受到的便是刺骨寒风。

在餐饮业整体连锁化、规模化的趋势下，在连锁品牌获得包括供应链、品牌效应等优势的作用下，更多的盈利集中在头部品牌，单体餐厅们的生存空间正在遭受前所未有的挤压，大部分单体餐厅与小型连锁餐企都正在承受闭店的压力。未来这一现象还将进一步加剧。

### (六)活下去

面对残酷的竞争和创新环境下的更多不确定因素,每一家餐厅、每一个餐饮形式都要深度思考如何活下去的问题。

供应链升级,优化人才架构,加强品牌影响力,构建企业文化;降本增效、拼组织力、拼品牌、拼文化,想要活下去,这些缺一不可。现在都在说餐饮业的生意越来越难做,但是,老牌连锁餐企依然叱咤风云,大批夺人眼球的新品牌也层出不穷。

餐饮业,残酷而美好!残酷在于其历经了数千年的发展后已经形成了完整而激烈的竞争机制,没有点真功夫几乎寸步难行;美好在于这样成熟的行业从来都欢迎真正优秀的人才与品牌,未来的餐饮业,依然会蓬勃发展,会有失败,更会带来更多惊喜。

# 微观篇

WEIGUAN PIAN

# B.9
## 南粤春——深圳餐饮宴会市场发展分析

■ 叶启腾

本文所述的餐饮宴会市场是指包括婚宴、寿宴、生日宴、乔迁宴、升学宴、企业春茗尾牙等饮食团餐市场的统称。

城市化发展进程的提速推动了以商业中心为载体的餐饮、购物、休闲、娱乐等集成消费模式的日益成熟。在此过程中，餐饮市场的发展格局也在陡然发生相应的变化。由于商业中心拥有社会餐厅无法比拟的停车便利、配套齐全、环境舒适等优势，原本遍地开花式存在的各种社会餐厅零点消费市场逐步被商业中心的品牌餐饮瓜分；原本分散在社会酒楼的各类宴会也日益向星级酒店配套餐饮商户靠拢和集中。

餐饮业的主要发展方向不外乎社区餐饮、商超餐饮和酒店配套餐饮这几种表现形式。其中，社区餐饮主要是以家常菜为主打，以服务社区居民为主的大众型经济餐饮模式；商超餐饮多是连锁品牌，主要服务对象为家庭和白领阶层的轻型商务用餐群体；而酒店配套餐饮则是联合星级酒店和具有一定规模和体量、以较高的硬件配置为高端商务消费和宴会服务的餐饮经营模式。

接下来，重点研究宴会市场的发展变化。

---

叶启腾　男，南粤春餐饮连锁董事长

# 一、宴会市场的历史沿革与特点

## （一）宴会市场的历史沿革

宴会起源于社会及宗教发展的朦胧时代。早在农业出现之前，原始氏族部落就在季节变化的时候举行各种祭祀、典礼仪式，这些仪式往往有聚餐活动。农业出现以后，因季节的变换与耕种和收获的关系更加密切，人们也要在规定的日子里举行盛筵，以庆祝自然的更新和人的更新。中国宴会较早的文字记载可见于《周易·需》中的"饮食宴乐"。

自步入文明史以来，中国的社会形态大多是以封建社会存在的。在悠悠的几千年历史中，中国一直都是世界政治、经济、文化的中心，被世界誉为"礼仪之邦"。而王室、官府对于礼仪的考究促进了宴会的长足发展。

随着菜肴品种不断丰富，宴饮形式向多样化发展，宴会名目也越来越多。历代有名的宴会有乡饮酒礼、百官宴、大婚宴、千叟宴、定鼎宴等。如今宴会已有多种形式，通常按规格分，有国宴、家宴、便宴、冷餐会、招待会等；按习俗分，有婚宴、寿宴、接风宴、饯别宴等；按时间分，有午宴、晚宴、夜宴等；另外还有船宴等。从宴会的发展，可以看到国家在一定时期里经济、政治、文化的发展及民族烹饪技术发展的水平。

现代社会日新月异，人们生活中作为基本消费的饮食观念发生了颠覆性的改变，饮食的功能也由温饱型的吃饱，向吃好、吃舒服、吃气氛、吃营养、吃健康、吃环境等诸多有关娱乐休闲、生活质量、社会交际及文化艺术追求联系在一起，就餐过程已成为一种经常性的社交形式，消费意识也已完成了从追求廉价、追求奢华到实用理性、感动消费的转变。

为适应人们追求生活的高品位，强调精神享受和文化的雅兴，传统的宴会也要不断变革，才能适合新时期的需求特征。

深圳市启腾酒店投资管理有限公司20余年来，一直专注于大规模的传统餐饮模式发展，下属

10余家直营门店,营业面积最小的都在4 000平方米以上,但是随着社会进步及消费者消费观念的改变,加之传统餐饮受轻奢餐饮和特色餐饮的异军突起,现启腾公司南粤春餐饮也在不断变革,并逐步将下属单位不断细化定位及凸显其特色和优势:

(1)以"宴会庄园"品牌。专业专注于宴会市场的挖掘,以承接大型宴会为主,从而满足消费者对大规模宴请的需求。

B.9 南粤春——深圳餐饮宴会市场发展分析

（2）"南粤春王府"品牌。以古典中式装修风格为主，菜式精美精致，环境优雅，适合有特殊要求的高端商务宴请。

（3）"南粤春酒楼"品牌。其主要集中在星级酒店或者CBD商业中心，以散单或宴会接待为主，适合大众消费。

微观篇
B.9 南粤春——深圳餐饮宴会市场发展分析

### （二）宴会市场的特点

自改革开放以来，我们国家的经济得到了空前迅速的发展，富起来的人们对衣食住行玩等来自日常生活的获得感有了更高的期待，尤其是年轻人越来越注重生活的仪式感，除了日常的餐饮消费以外，对婚宴、寿宴、生日宴、升学宴、乔迁宴等重大庆典的追求更高。

根据2018年中国报告网的统计数据显示，2018年中国餐饮市场消费总量已经突破了4万亿元人民币，宴会、团餐市场规模约占据整个餐饮消费市场的30%左右，其中婚宴类消费规模约3845亿元，明显高于寿宴、生日宴等其他宴会、团餐市场规模。这是由于中国的国情和传统习俗决定的。根据中国的民俗，"领证"只是法律意义上的夫妻，举办婚礼酒席后才被亲属、朋友认定结为真正的夫妻。因此，婚礼等宴会市场是家庭类刚性消费需求市场。

结合人们消费价值观念的转变和市场特性，以下总结了宴会市场的特点：

1. 宴会场地的选择

相对于改革开放初期的那种摆上桌子就能待客的餐饮经营年代，如今已经成为社会主力军的80后、90后的新生代人，对举办宴会场地的选择有着严苛的要求。以80后举办婚礼宴会的年轻一代为例，根据统计数据表明影响他们对于举办宴会场地选择的因素按照优先等级依次为场地（酒店）环境的舒适度和档次的高大上、餐饮菜品的口味和份量、消费的价格。由此可见，相对于环境和硬件的优势而言，现在的年轻一代人对于价格的敏感度是比较低的。

鉴于新生一代消费者对宴会的需求，2019年，启腾公司南粤春餐饮花费1年时间，投资1.5亿余元重金打造了一所全封闭式古堡建筑风格，专注宴会接待的门店——南粤春宴会庄园。其占地面积2万多平方，其中2个宴会厅层高9米，4个宴会厅可容纳180多席同时筵开，不仅如此，庄园还有两个约600平方米的水帘草坪，可承接户外婚礼。南粤春宴会庄园自2019年8月份开业起已承接数以千计的婚礼和大小宴会，甚至创造了一天同时接待9单宴席、总计200多围宴会的记录。我们在打造宴会品牌方面也是做了很多功课，除了一整套宴会前期接待流程、宴会中的上菜及服务操作流程、宴会现场环境的布置等外，在宴会出品质量和食品安全方面更是用匠心做出品。

在20多年专注粤菜积淀的基础上，启腾公司南奥春餐饮不断创新求精求美，开业仅3月有余，"南粤春宴庄园，最温暖的一站式主题宴会庄园"便深入消费者心中。

微观篇

B.9 南粤春——深圳餐饮宴会市场发展分析

149

一如本文前言所述社区居民不想做饭，可以就近选择社区附近的家常菜餐厅就餐；周末逛街的休闲时光，或者是对环境和氛围有更高要求的，可以选择商业中心里面的品牌连锁餐饮；举办宴会，则会首选星级酒店配套的餐饮酒楼或者专注宴会接待的场所，而南粤春宴会庄园专注宴会接待，瞄准了现代年轻消费者的需求，满足了他们对环境和仪式感的高要求。

2. 宴会的出品品质

随着人们生活水平的不断提高，现代人由传统的要求菜的色、香、味、形转向要吃出健康，宴会的饮食结构向营养化发展，更趋合理、科学，绿色食品会越来越多地在宴会餐桌上出现。宴会的营养化趋势具体的表现形式包括：

（1）根据中国人的体质和饮食习俗合理配膳。

（2）对菜肴要科学烹饪并要显示营养含量数据。

（3）对特殊人群要在菜单上说明、提示，规避影响健康。

传统的宴会菜肴原料多选用海珍品、鸡、鱼、肉、蔬菜等。现在食材供应品种繁多，菜品呈现出多样化的趋势，启腾公司南粤春餐饮在宴会出品菜式方面也做了很多调整，随着直营门店的增加，2010年，启腾公司南粤春餐饮成立了中央采购和仓储，并在全国各地进行原辅材料的搜寻及甄选，以期将更多有特色和绿色健康的食品呈现在顾客面前，让顾客享受舌尖上的中国美食。

食材选择广泛，主要体现在以下几个大的方面：

（1）野菜成为宴会的时尚。随着人们健康意识的增强，越来越多的人喜欢食用没有化肥、农药污染的野菜。野生菌是高档宴会必备的食材，野菜汤味道鲜美，是滋补身体的营养佳肴。

（2）昆虫登上大雅之堂。现在根据客人的要求，油炸蚕蛹和核桃全蝎已被列入正式的菜谱中。这是因为昆虫有高蛋白、低脂肪、低胆固醇、易被人体吸收的特点。

（3）海水蔬菜成为新宠。目前培育出的海水蔬菜（如海藻类、海芦笋等）品种中，多数能生食。其中胡萝卜素的含量比一般陆地蔬菜高出40倍，可降低胆固醇和血脂，能适应普通宴会的需求和喜爱。

（4）刺身生吃成为一种时尚。生食不仅味道鲜美，而且还有保健作用。生吃能有效保留果蔬中的维生素、矿物质、纤维素等。高档宴请，刺身龙虾是一种时尚有品味的菜式，食用生龙虾肉片蘸辣酱别有一番鲜味。刺身生吃改变了美食加热才能品尝的传统饮食方法，同时也为美食多样化增添了新的发展趋势。

（5）清香茶膳成为菜肴中的新品。茶膳是现代都市人口中的美食。茶膳是在人们习惯饮用的花茶、绿茶、红茶、乌龙茶茶品的基础上，将茶作为菜肴、饮食烹制的基本材料，形成茶饭、茶菜、茶饮料的全面配套特色餐。茶膳口味清淡而不油腻，如"春芽龙须"这道菜，先用当天采购的绿豆芽，掐头去尾，掺以当年采摘的春茶芽，白绿相间，清香宜人。茶膳更讲究造型精致，具有极强的观赏性。茶膳在宴会菜肴中的品种改变了龙井虾仁独树一帜的局面，将会有更多的茶膳菜肴登上宴会的席面，为其他菜式交相辉映。

（6）宴会反映一个民族的文化素质，量力而行的宴会新风会被更多的社会各阶层人士所接受、提倡，以至蔚然成风。上万元一桌的"豪门宴"，菜肴中包金镶银的奢靡之风乃至捕杀国家明令禁止的野生动物的违法行为会得到有效的遏制，奢侈将成为历史。启腾公司南粤春餐饮提倡"物有所值"的宴会产品是未来的主流。

3. 宴会的中西文化交融的发展趋势

随着改革开放的发展、生活方式的更新和中西方经济、文化交流的日趋活跃，西餐日益成为全国城市餐饮消费的重要文化追求，而西餐厅一般比较宽敞，环境幽雅。因此，在公共关系宴请中，西餐是一种比较受欢迎的招待形式。国内企业间的相互宴请，特别是在沿海城市，也一改传统的中餐宴会，随之而来的有简洁的冷餐会，情趣的鸡尾酒会，使原本封闭的中餐宴会融入了西方饮食文化的精髓，是中西饮食文化相互融合的具体体现。

随着经济全球化及信息交换的加快，中西方饮食文化将会相互交融，取长补短。中餐在其发展中，也正在逐渐汲取西餐的"科学、营养"的观念，抛去"以味为核心"的传统饮食理念，最终实现"以营养为根本，以口味为特点"的新的饮食理念。

南粤春餐饮品牌在西餐中式方面也是在不断融合和尝试。西方的冷餐会是摆上长条桌，而在南粤春餐饮门店，冷餐会的桌面改为圆桌，但菜品取中国菜的色香味配合西餐分菜服务，达到舒适和卫生的效果。将一道菜吃完后由服务员收撤盘子，再上另一道菜，这种吃法节俭，不浪费，而且位上菜高档大气。这样的调整既不失中华民族求团圆的理念，用来吃菜、饮酒又能保温，并显得精致，也更方便。我们认为只有入乡随俗，才能被当地人喜欢，这也是两种饮食文化相融合的结果。

# 二、宴会市场的发展变化

## （一）餐饮市场的细分

随着商业综合体的迅猛发展和业态变化，人们在餐饮消费过程中所获得的服务品质越来越高，也越来越便利。在网络购物消费模式大行其道的十余年前，大型商场、超市、商业中心的业态多数以零售、百货为主，少量的餐饮配套为辅，而网购的异军突起颠覆了传统的商业模式。由于餐饮项目拥有独一无二的客户导流功能，在新兴商业中心的业态规划上餐饮板块通常都能达到甚至超过50%的比例；同时，由于商业中心对于餐饮项目的招商门槛设置较高，一般都是连锁餐饮品牌，诸如网红人气店、美食打卡店、餐饮地标店等，琳琅满目的品牌和风格各异的口味让人们对于美食的体验唾手可得。但由于社区餐饮和商超餐饮连锁品牌聚焦的是散客消费群体，其单店规模一般在200~500平方米，在平面的布局和功能的规划上就是针对零点消费（散客）市场，这类门店的基础设施、硬件配置体现了餐饮市场的细分，不具备承接宴会项目的基础条件。

相对于商业中心的品牌餐饮而言，由于传统的社会餐饮酒楼"大而全"和"千篇一律"的产品结构，很难有拳头产品给客户留下印象，而其在采购的成本以及运营管理的标准化等方面均处于竞争劣势。因此，在散客市场方面，社会餐饮酒楼面对商超品牌餐饮市场的此消彼长现象表现得无可奈何，市场萎缩在所难免。在宴会市场方面，由于社会酒楼没有星级酒店的光环，也缺乏旅游、商务、休闲娱乐等综合功能配套，竞争力相对低下。

商超餐饮针对宴会市场的"自废武功"和社会餐饮酒楼的竞争力低下，为酒店配套餐饮品牌打造宴会专属市场提供了必要条件，这也是南粤春餐饮一直深耕大型餐饮及酒店配套餐饮主要原因之一。

## （二）酒店配套餐饮的宴会优势

### 1. 硬件优势

由于星级酒店和高端商务酒店在兴建和运营过程中，必须面对严格的标准审核，必须要达到一定的建筑规模和功能配套方能获得相应资质，因此，其至少是以一栋或多栋高大或宏伟的建筑而存在，这样的宏伟建筑和华丽的内部装修带给人最直接的感受就是与生俱来的"高大上"。在宴会场地（宴会厅）方面，由于星级酒店基本都有承接会务、团队接待的客观要求，一般都设有一个或多个大型宴会厅，能够满足大中型宴会的接待条件。

2. 软件优势

由于市场细分日趋成熟，星级酒店在经营过程中以招商形式将餐饮板块分包给品牌餐饮机构的经营模式越来越普遍。与商业中心招商一样，酒店运营主体在招商过程中的门槛较高，他们会综合考虑餐饮机构的品牌知名度、出品质量、服务和运营管理水平等多种因素。因此，在承接宴会方面，酒店配套餐饮给人的整体印象还是值得依赖的。

作为立足深圳餐饮市场近20年的老字品牌，深圳市启腾公司南粤春餐饮品牌开启酒店配套餐饮、主攻宴会市场的经营模式，已经有了一定的探索与实践。其成功经营的项目有：

深圳市启腾酒店投资管理有限公司启腾奥林宾馆餐饮（三星）、上海蓝天宾馆南粤春酒楼（四星标准）、深圳丽湾酒店富龙山酒楼（四星）、华侨城乐城酒店、深圳大鹏维也纳酒店南粤春酒楼（四星）、深圳南粤春庄园宴会中心（四星标准）等项目。2018年11月份，南粤春餐饮正式进军罗湖市场，并在彭年万丽酒店创办南粤春王府高端品牌。

这些项目成功运营的实践充分印证了酒店良好的硬件、完善的配套优势与品牌餐饮机构优势互补所产生的价值绝不仅仅是1+1>2的数学公式，而是通过合作双方进行资源配置实现价值相得益彰和顾客满意的共赢之路。

南粤春餐饮进驻深圳彭年酒店中餐厅

## （三）餐饮宴会市场的增值效应

酒店客房的核心价值是一张床，意思是无论房间装修得如何，影响客户满意度最直接的则是床的舒适度所带给客户的睡眠体验。然而，很多下榻酒店的旅客对住房满意度较高，对酒店自营餐饮的抱怨却很多，菜品贵而且不好吃几乎是引发住客吐槽的普遍现象。

而专业餐饮机构入驻经营酒店配套餐饮的模式则能很好地解决"一顿饭"的问题。以山东蓝海酒店集团为例，该公司以"美食+美居"的经营定位，打破了星级酒店餐饮普遍被抱怨的常态，以差异化服务实现了集团公司的快速发展和扩张。在日常经营过程中，有许多商务、旅游团队就冲着好吃的口碑选择了重复下榻该公司旗下酒店，产生了二次消费的增值效应。近10年来，启腾公司南粤春餐饮在进驻各大酒店后，通过其成熟的运营和差异化的经营及对出品的掌握，作为酒店配套服务项目，与酒店真正达到了相互促进、相互提升和互利双赢的合作目标。

# 三、宴会市场分析

## （一）政策机遇

2010年7月1日，深圳经济特区正式扩容，范围从原来的罗湖、福田、南山、盐田四区扩大到全市，特区面积从327.5平方千米扩大至1996平方千米，增加约5倍。最新一轮的《深圳经济特区一体化建设攻坚计划（2017—2020年）》提出，进一步加大政策、资源等向原特区外地区的倾斜力度，加快提升原特区外地区城市建设软硬件水平，到2020年基本实现深圳特区一体化。

2019年7月24日，中共中央总书记、国家主席、中央军委主席、中央全面深化改革委员会主任习近平主持召开中央全面深化改革委员会第九次会议并发表重要讲话。会议审议通过了《关于支持深圳建设中国特色社会主义先行示范区的意见》。这将有利于深圳在更高起点、更高层次、更高目标上推进改革开放，形成全面深化改革、全面扩大开放新格局；有利于更好实现粤港澳大湾区战略，从而有利于国民经济的发展和人民生活水平的提升。

这些利好政策的落地实施为繁荣市场创造了有利的条件。

## （二）深圳餐饮宴会市场分析

深圳是一座年轻的城市，也是中国改革开放的窗口和前沿，其良好的营商环境和创业氛围一直是国内各大城市发展经济的标杆，对满怀创新、创业激情的年轻人有着独一无二的吸引力。深圳日益拥挤的交通和不断攀升的常住人口充分地诠释了其消费市场的蓬勃商机。在餐饮宴会市场亦有着同样的表现，以婚宴市场为例。2018年，深圳登记结婚人数近20万人，单纯就婚宴而言，这已经是一个非常庞大的宴会市场。加之深圳出色的经济表现（2018年，深圳人均GDP已经达到19万元人民币），为弥月宴、乔迁宴、生日宴等其他宴会市场的活跃奠定了良好的经济基础。

另外，作为国内为数不多的一线城市和科技创新城市，深圳每年的高新技术交易会、文化产业博览会、家具展销会、汽车展销会等各类会展、企业年会庆典等商业活动不胜枚举，这都为深圳餐饮宴会市场的增长提供了源源不断的动力。

# 四、发展建议与展望

## （一）宴会发展建议

宴会改革是宴会发展过程中的必然趋势，宴会艺术从其产生直至现代化的今天，已经经历了变革、创新、规范、再变革、再创新、再规范的演变和发展。21世纪的今天是加快改革、扩大开放、加速经济发展、开拓前进的时代，这也必然促使生活领域要改革，宴会陈旧的传统观念和不科学、不合理的生活方式要革新。

从人类饮食文明的发展轨迹来看，当人类已完全解决温饱和达到小康生活水平后，饮食的品质不再是权力、地位、金钱的象征；饮食的功能应回到其本来的轨道，其社会功能应是人类生存、发展的需要，其个体功能是人们保健、社交、娱乐的需要，这对提高人民的身体素质，使之有更加充沛的精力，去从事社会主义物质文明和精神文明建设，具有十分重要的战略意义。

今后，营养科学会更多地被引入烹饪领域，宴会的饮食结构向营养化发展，更趋合理、科学，绿色食品会越来越多地在宴会餐桌上出现。暴饮、暴食、酗酒、斗酒这类不文明的饮食行为会因其危害性而舍弃。宴会营养化趋势的具体表现形式主要是根据国际、国内的科学饮食标准设计宴会菜肴，提倡根据就餐人数实际需要来设计宴会，要求用料广博、荤素调剂、营养配伍全面，菜点组合科学，在原料的选用、食品的配置、宴会的格局上都要符合平衡膳食的要求。

我们建议新式宴会设计要讲究实惠，力戒追求排场，既应适当控制菜点的数量与用量，防止堆盘叠碗的现象，又需改进烹调技艺，使菜肴精益求精，重视口味与质地，避免粗制滥造。所谓多样化，即宴会的形式因人、因时、因地而宜，显现需求的多样化，而宴会因适合这种需求而出现各种的形式。

特色化趋势是宴会有地方风情和民族特色，即能反映某酒店、地区、城市、国家、民族所具有的地域、文化、民族特色，使宴会呈现精彩纷呈、百花齐放的局面。如对待外地宾客，在兼顾其口味嗜好的同时，适当安排本地名菜，发挥烹调技术专长，显示独特风韵，以达到出奇制胜的效果。

宴会的美境化趋势主要是指设宴处的外观环境和室内环境布置两个方面。人们特别关注室内环境的布置美，关心宴会的意境和气氛是否符合宴会的主题。诸如宴会厅的选用，场面气氛的控制、时间节奏的掌握、空间布局的安排、餐桌的摆放、台面的布置、台花的设计、环境的装点、服务员的服饰、餐具的配套、菜肴的搭配等都要紧紧围绕宴会主题来进行，力求创造理想的宴会艺术境界，给宾客以美的艺术享受。

宴会的食趣化趋势是注重礼仪，强化宴会情趣，提高服务质量，体现中华民族饮食文化的风采，能够陶冶情操，净化心灵。如进食时播放音乐，有时也观看舞蹈表演或跳舞，举办盛大宴会时边吃、边欣赏歌舞表演节目。音乐、舞蹈、绘画等艺术形式都将成为现代宴会乃至未来宴会不可缺少的重要部分。快速化，即宴会所使用的原料或某些菜肴会更多地采用集约化生产方式，半成品乃至成品会出现在宴会的餐桌上。

自然化，即宴会的地点、场所会进一步向大自然靠拢，举办的场所可能会选择在室外的湖边、草地上、树林里，即使在室内，也要求布置更多的绿叶、花卉来体现自然环境，让人们感受到大自然的氛围，满足人们对回归自然的渴望。

总之，热情好客必将被态度诚恳、彬彬有礼所代替，而强调进餐环境、宴会气氛和服务水准，更加节俭、文明、实效、典雅的新型宴会观念将会成为社会发展趋势。

### （二）宴会市场展望

随着深圳建设中国特色社会主义先行示范区的稳步推进，深圳必将在基础设施建设、城市更新进程、科技创新发展、市场经济活力、民生福利水平等各个领域迎来全面的发展与提升，人民生活必将更加富裕，幸福感和获得感必然更强。

与此同时，无论是年轻人还是中老年人，都越来越注重生活的质量和所谓的"仪式感"。在这些感觉的引领各类商务活动的促进下，宴会市场作为商业与生活领域的刚性消费市场必将越来越繁荣，其发展前景值得我们期待。

"春发其华，秋收其实，有始有极，爰登其质"，它诉说着无论开花结果，开始结束看重的是做人的实质。做人的实质与做企业的实质一脉相承，

启腾公司南粤春餐饮品牌实实在在、做得更好的经营理念就是要做一个有民族责任感的企业，它将不忘初心，砥砺前行，深耕宴会市场，做大做强。

# B.10
## 誉兴——团餐发展新模式探索

■ 张北京

2016年8月26日，中共中央政治局审议并通过了《健康中国2030规划纲要》明确提出健康是促进人的全面发展的必然要求，是经济社会发展的基础条件，是民族昌盛和国家富强的重要标志，也是广大人民群众的共同追求。

团餐行业作为餐饮业的一种形式，随着社会主义市场经济的发展，逐渐占据了整个餐饮业市场的三分之一，每天为数以万亿元的人提供餐饮服务。

笔者作为团餐行业的资深从业人员，详细地阐述了中国目前团餐行业的现状，特别是针对存在的困境和问题进行了详细的阐释和分析。笔者从国家、行业协会、企业三个层面出发，表达了自己的一些建议和看法。同时，结合个人经验，比较全面地展望了未来团餐行业的发展趋势及企业的努力方向。

---

张北京　男，深圳市誉兴集团董事长，深圳市团餐行业协会会长

# 一、誉兴团餐标准化发展微观史

作为团餐企业的誉兴集团是一家集大规模团餐配送、学生营养餐、农产品基地、食品的生产与加工、大宗物流配送、厨艺人才培养、厨具生产与销售于一体的大型现代化综合性餐饮服务商。集团总部位于深圳，有20余家分子公司分布在全国各地。集团业务网络辐射全国及东南亚，现有员工8 000余人，每天为近100万人提供餐饮服务。

誉兴集团成立22年来一直专注于团餐领域，截至目前，誉兴集团客户包括富士康集团、中国石油、中国航天、香港大学深圳医院、赣州市人民医院、正崴集团、北汽集团、北京现代、一汽集团、格力电器、伊利股份、中国用友、卓翼科技、大族激光、天虹商场、东北电力大学、珠海清华科技园、长春工业大学、吉林工程技术师范学院、南昌航空航天大学、太原科技大学等数百家知名企事业、院校单位。

"关注民生问题，构建和谐社会"为关注和解决与民生服务息息相关的食品安全、科学加工、营养配膳等热点、难点、重点问题，誉兴集团依托自身21年从事大中型企业"团膳配送、食品加工、特色经营"一体化的现代化综合性餐饮服务平台和资源，发挥自身综合优势，以服务企业、劳务工为切入口，全资创办了全国首所全日制团膳厨艺培训学校。

誉兴团膳厨艺培训学校强势将所属的团膳行业优势推入职业培训市场，学员通过系统的学习，能够全面了解和掌握团膳烹饪概况、烹饪工艺、烹饪营养、食品安全等专业知识，进一步提升团膳行业从业人员的素质，规范团膳操作流程，提高团餐服务质量和安全性，扩大社会就业面。

学校占地面积10 000多平方米，其中教学面积5 000多平方米，可同时容纳500名学员上课。学校拥有标准化的教学大厅和现代化的操作大厅，设有中厨示范室、中厨实操室、中点实操室、西点实操室、大锅菜实操室、日本料理实操室等多套现代化的教学设施。学校实行半军事化的管理模式，校内设有篮球场、羽毛球场等其他活动室，学员宿舍配有彩电，全力营造学员学习的良好环境。同时誉兴集团提供大量的就业岗位，解除学员就业后顾之忧。

誉兴团膳学校的建立填补了团膳行业从业人员标准化训练的空白，创立了一整套可行性极强的团膳行业标准。誉兴终将依托团膳厨艺学校补给充分的专业化人力资源养分，打造团膳产业的正规军。

誉兴集团实力一直稳居团餐行业前20强，处于团餐行业的第一梯队。誉兴集团的发展历史更像是一部中国团餐行业的微观史，也代表着绝大多数中国团餐企业的发展状况。

## （一）食品安全方面

在誉兴集团发展过程中，始终把食品安全工作放在第一位。"做餐饮就是做良心"，餐厅不赚钱可以不做，公司不赚钱可以倒闭，但是食品安全一定要做好，绝不以牺牲食品安全来获取利润。为此，誉兴集团建立了一整套的标准作业程序（SOP）操作手册，并先后通过了ISO22000（食品安全管理体系）、ISO14000（环境管理体系）、ISO9000（质量管理体系）、HACCP等国际规范体系认证。在经营过程中严格执行食品安全控制要求，公司外聘专家，就遵守国际认可的食品卫生标准提供协助及专业意见，同时委派专人专职监察和维持相关标准于各业务流程中的正确执行。

目前誉兴集团已建立一整套的食品安全管理机制，并严格执行。每个餐厅项目点均配备专职的食品安全员。从原材料的检测，如农药残留检测、瘦肉精检测，原材料的入库标准制定，切配菜中的干净卫生，调味料的采购和使用，成品的保存和摆放等环节严格把关，食品安全工作绝不留下一丝隐患。

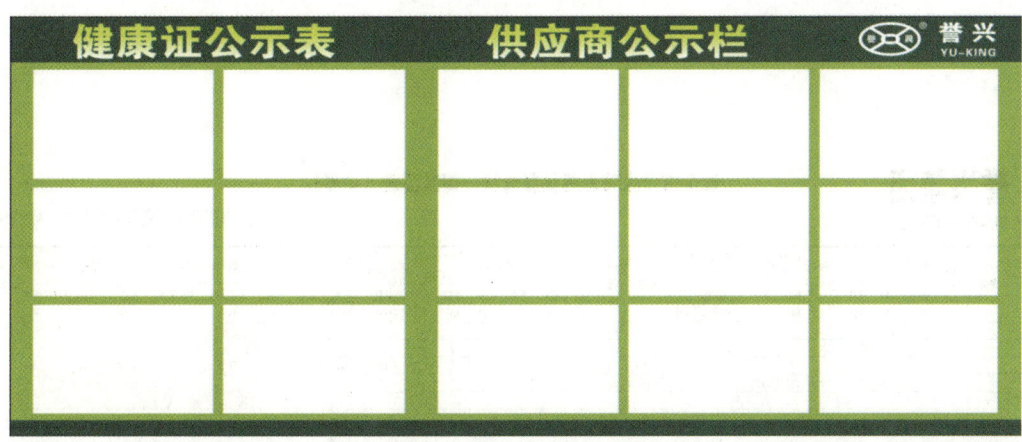

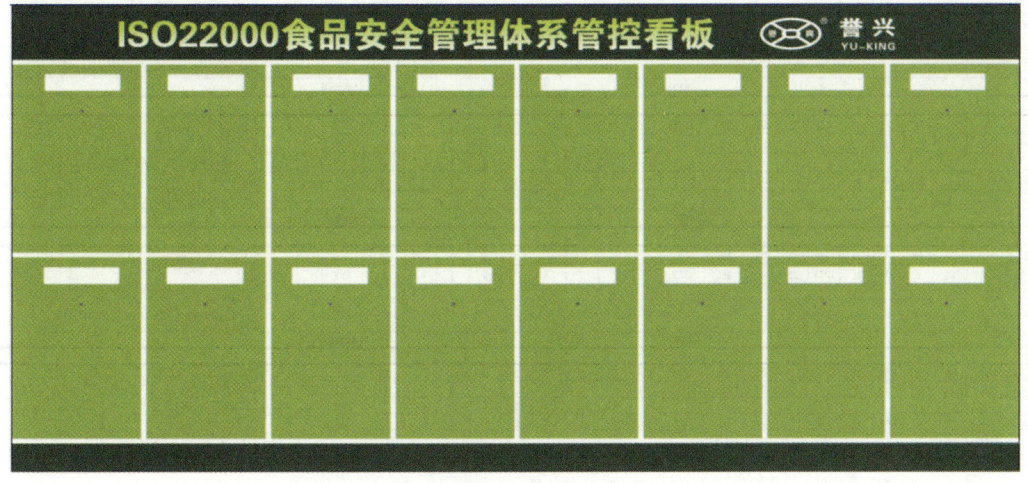

图 B.10-1　誉兴集团食品安全管理看板

实践证明，誉兴集团的食品安全工作是有一定成绩的，从业 20 余年来，誉兴旗下餐厅从未出现过食品安全事故，得到了客户的一致赞扬。

通过与同行的沟通、协会内的交流，目前有一定规模的、正规化的团餐企业均制定了相关的食品安全制度，各公司的制度大同小异，均实行责任到人，从源头到留样，针对各个环节发力。目前，誉兴集团通过深圳市团餐协会这个平台整合资源，制定出统一的食品安全制定，更好地规范团餐企业的食品安全工作，为深圳市创建食品安全示范城市贡献一份力量。

当然，在食品安全上誉兴也存在着一些劣势，项目点太多、旗下餐厅达数百个，各餐厅建筑形制、新旧程度不一，如何更有效地统一和监管，达到全部统一标准执行，是一项很重大的工程。誉兴集团的下一步就是在各地打造样板餐厅和 A 级餐厅，摸索一套行之有效的可操作性的模式，并在全国推广。

### （二）健康营养方面

提供健康营养的饮食是整个餐饮业未来的发展趋势，为此誉兴集团组建了专业的营养师团队，根据中国居民膳食营养指南，制定出专业的营养菜谱。厨师依据菜谱进行烹饪，保证营养的均衡。

誉兴集团 Yu-king YU-KING GROUP

**瑞金市学生营养餐供餐食材一周净菜表（中餐）**

瑞金市康桥食品科技有限公司　制作：欧旺清

| 星期 | 菜名 | 荤菜 | 生均用量(g) | 蛋白质/100g | | 脂肪/100g | | 碳水化合物/100g | | 能量/100g(kcal) | | 素菜 | 生均用量(g) | 蛋白质/100g | | 脂肪/100g | | 碳水化合物/100g | | 能量/100g(kcal) | | 大米 | | 能量346kcal/100g | | 总能量 | | | 标准能量2000*40%/每人 | 中餐能量占比 |
|---|---|---|---|---|---|---|---|---|---|---|---|---|---|---|---|---|---|---|---|---|---|---|---|---|---|---|---|---|---|---|
| | | | | 参数(g) | 实际(g) | 参数(g) | 实际(g) | 参数(g) | 实际(g) | 参数(kcal) | 实际(kcal) | | | 参数(g) | 实际(g) | 参数(g) | 实际(g) | 参数(g) | 实际(g) | 参数(kcal) | 实际(kcal) | 实际(g) | 实际(g) | 小学实际kcal | 中学实际kcal | 参数(kcal) | 小学实际kcal | 初中实际kcal | | |
| 星期一 | 萝卜干肉丁 | 肉丁 | 20 | 13 | 2.6 | 37 | 7.4 | 2 | 0.4 | 395 | 79 | 萝卜干 | 30 | 3 | 0.9 | 0 | 0 | 11 | 3.3 | 60 | 18 | 小学生 150g | 中学生 175g | 517.5 | 603.75 | 700-800 | 711.3 | 797.55 | 2000kcal | 40% |
| | 木耳炒培根 | 培根 | 30 | 22 | 6.6 | 9 | 2.7 | 3 | 0.9 | 181 | 54.3 | 木耳 | 55 | 2 | 1.1 | 0 | 0 | 3 | 1.65 | 21 | 11.55 | | | | | | | | | |
| | 素炒白菜梗 | | | | | | | | | | | 白菜梗 | 103 | 1 | 1.03 | 0 | 0 | 2 | 2.06 | 15 | 15.45 | | | | | | | | | |
| | 丸子汤 | 丸子 | 5 | 8.5 | 0.425 | 1.6 | 0.08 | 59.5 | 2.975 | 280 | 14 | 白菜 | 10 | 1 | 0.1 | 0 | 0 | 2 | 0.2 | 15 | 1.5 | | | | | | | | | |
| | 配料 | 葱姜蒜 | 2 | | | | | | | | | | | | | | | | | | | | | | | | | | | |
| 总能量 | | | | | | | | | | | 147.2 | | | | | | | | | | 46.5 | | | | | | | | | |
| 星期二 | 雪菜肉丝 | 肉丝 | 20 | 13 | 2.6 | 37 | 7.4 | 2 | 0.4 | 395 | 79 | 雪菜 | 30 | 2 | 0.6 | 0 | 0 | 3 | 0.9 | 24 | 7.2 | 小学生 150g | 中学生 175g | 517.5 | 603.75 | 700-800 | 710.73 | 796.98 | 2000kcal | 40% |
| | 萝卜丝蒸饺 | 蒸饺 | 35 | 13 | 4.55 | 14 | 4.9 | 10 | 3.5 | 227 | 79.45 | 萝卜丝 | 50 | 1 | 0.5 | 0 | 0 | 4 | 2 | 21 | 10.5 | | | | | | | | | |
| | 炒冬瓜 | | | | | | | | | | | 冬瓜 | 103 | 0 | 0 | 0 | 0 | 2 | 2.06 | 11 | 11.33 | | | | | | | | | |
| | 白菜豆腐汤 | 豆腐 | 5 | 8 | 0.4 | 4 | 0.2 | 4 | 0.2 | 81 | 4.05 | 白菜 | 10 | 2 | 0.2 | 0 | 0 | 2 | 0.2 | 17 | 1.7 | | | | | | | | | |
| | 配料 | 葱姜蒜 | 2 | | | | | | | | | | | | | | | | | | | | | | | | | | | |
| 总能量 | | | | | | | | | | | 162.5 | | | | | | | | | | 30.73 | | | | | | | | | |
| 星期三 | 肉丝茄子 | 肉丝 | 15 | 13 | 1.95 | 37 | 5.55 | 2 | 0.3 | 395 | 59.25 | 茄子 | 45 | 1 | 0.45 | 0 | 0 | 4 | 1.8 | 21 | 9.45 | 小学生 150g | 中学生 175g | 517.5 | 603.75 | 700-800 | 732.64 | 818.89 | 2000kcal | 40% |
| | 青瓜火腿 | 火腿 | 35 | 14 | 4.9 | 10 | 3.5 | 16 | 5.6 | 212 | 74.2 | 青瓜 | 45 | 1 | 0.45 | 0 | 0 | 2 | 0.9 | 15 | 6.75 | | | | | | | | | |
| | 炒萝卜片 | | | | | | | | | | | 萝卜片 | 103 | 1 | 1.03 | 0 | 0 | 9 | 9.27 | 43 | 44.29 | | | | | | | | | |
| | 榨菜肉丝汤 | 肉丝 | 5 | 13 | 0.65 | 37 | 1.85 | 2 | 0.1 | 395 | 19.75 | 榨菜 | 5 | 2 | 0.1 | 0 | 0 | 4 | 0.2 | 29 | 1.45 | | | | | | | | | |
| | 配料 | 葱姜蒜 | 2 | | | | | | | | | | | | | | | | | | | | | | | | | | | |
| 总能量 | | | | | | | | | | | 152.2 | | | | | | | | | | 61.94 | | | | | | | | | |
| 星期四 | 西葫芦肉片 | 肉片 | 20 | 13 | 2.6 | 37 | 7.4 | 2 | 0.4 | 395 | 79 | 西葫芦 | 45 | 1 | 0.45 | 0 | 0 | 3 | 1.35 | 18 | 8.1 | 小学生 150g | 中学生 175g | 517.5 | 603.75 | 700-800 | 767.145 | 853.395 | 2000kcal | 40% |
| | 胡萝卜烧丸子 | 猪肉丸片 | 35 | 5 | 1.75 | 31 | 10.85 | 12 | 4.2 | 350 | 122.5 | 胡萝卜 | 50 | 1 | 0.5 | 0 | 0 | 9 | 4.5 | 43 | 21.5 | | | | | | | | | |
| | 酸辣大白菜 | | | | | | | | | | | 大白菜 | 103 | 2 | 2.06 | 0 | 0 | 2 | 2.06 | 17 | 17.51 | | | | | | | | | |
| | 紫菜汤 | | | | | | | | | | | 紫菜 | 0.5 | 21 | 0.105 | 7 | 0.035 | 22 | 0.11 | 207 | 1.035 | | | | | | | | | |
| | 配料 | 葱姜蒜 | 2 | | | | | | | | | | | | | | | | | | | | | | | | | | | |
| 总能量 | | | | | | | | | | | 201.5 | | | | | | | | | | 48.145 | | | | | | | | | |
| 星期五 | 榨菜肉丝 | 肉丝 | 15 | 13 | 1.95 | 37 | 5.55 | 2 | 0.3 | 395 | 59.25 | 榨菜 | 30 | 2 | 0.6 | 0 | 0 | 4 | 1.2 | 29 | 8.7 | 小学生 150g | 中学生 175g | 517.5 | 603.75 | 700-800 | 759.41 | 845.66 | 2000kcal | 40% |
| | 香辣洋葱鱿鱼 | 鱿鱼 | 35 | 60 | 21 | 5 | 1.75 | 8 | 2.8 | 313 | 109.55 | 洋葱 | 50 | 1 | 0.5 | 0 | 0 | 8 | 4 | 39 | 19.5 | | | | | | | | | |
| | 手撕包菜 | | | | | | | | | | | 包菜 | 110 | 2 | 2.2 | 0 | 0 | 4 | 4.4 | 22 | 24.2 | | | | | | | | | |
| | 海带肉丝汤 | 肉丝 | 5 | 13 | 0.65 | 37 | 1.85 | 2 | 0.1 | 395 | 19.75 | 海带 | 8 | 1 | 0.08 | 0 | 0 | 2 | 0.16 | 12 | 0.96 | | | | | | | | | |
| | 配料 | 葱姜蒜 | 2 | | | | | | | | | | | | | | | | | | | | | | | | | | | |
| 总能量 | | | | | | | | | | | 188.55 | | | | | | | | | | 53.36 | | | | | | | | | |

图 B.10-2　誉兴集团瑞金市学生营养餐项目营养菜谱

目前，大部分营养师都在各项目点进行专业的服务，为客户提供均衡的营养。例如，在香港大学深圳医院项目还针对有营养需求的患者进行个性化的服务。

### （三）中央加工中心的运用

团餐企业规模扩大之后，开始纷纷借鉴国外的中央厨房和加工中心的运作方式，采用自动化的加工设备来满足大规模的团餐需求，同时减少人力成本。

以誉兴集团在江西省瑞金市投资的中央加工中心为例，该投资金额高达2 000万元人民币，对于团餐企业来讲前期投资金额较大。

誉兴集团拥有完整的SOP运营手册，在食品安全、消防安全、厨房卫生管理规范、厨房设备及餐具卫生管理规范、厨房设备操作流程、管理制度、冷库管理制度、餐厅员工管理规范、餐厅服务礼仪规范等方面事无巨细，详细地制定了相关制度要求，并要求员工严格按照此制度执行。中央加工中心对持续的、大量的需求进行服务。

图 B.10-3　誉兴集团中央厨房操作展示

图 B.10-4　誉兴集团厨房操作流程及食品安全流程

### （四）誉兴经验

誉兴集团深耕团餐行业 20 余年，积累了丰富的经验，与众多优秀粮油、调味料、食材供应商建立起了稳固的合作关系，拥有众多优秀的餐饮管理人才储备。在团餐这一传统行业中，这种优势是非常明显的。

丰富的经验同时也意味着巨大的惯性作用和思维，在快速变化、日新月异的信息经济时代，还按照之前的方法、方式去做事是行不通的。"触动利益比触动灵魂都难"，面对公司 20 多年快速发展所积累出的老经验，要想真正地变革，确实是非常难的一件事情，需要企业有坚毅的勇气和巨大的成本。

## 二、誉兴团餐发展模式探讨

### （一）学生营养餐的誉兴模式简介

大型餐饮公司与县级以上政府签订供餐合作，通过专业的餐饮公司为当地学校提供大规模的供餐服务，誉兴集团即是采用此种模式。而具体的做法是在符合中央政府要求的基本上，与当地政府深度合作，积极参与当地经济建设和产业扶贫，定制化运营方案，以"中央加工中心＋学校餐厅烹饪"的模式，打造绿色循环经济，实现中央财政补贴在当地效益的最大化。

誉兴集团采用中央加工中心的净菜配送模式，即与县或县以上的政府合作，在大规模供餐需求的基本上，在当地投资数千万建设中央加工中心，采取"统一采购食材、统一检测、统一加工、统一配送、分校烹饪"的"四统一分"模式，利用自己21年的团餐经验、专业的食品安全把控能力、专业的食品营养配搭经验帮助政府将学生营养餐的工作做精、做细、做好，减轻政府及学校的管理负担，提高有限补助资金的利用效率。

1. 统一采购

（1）誉兴集团专人负责采购，责任明确到个人，保证采购食材的安全与新鲜。

（2）大规模采购增加议价权，降低采购食材的成本。

（3）采购人员依据大数据的指令，定量采购每天的食材，以达到食材利用效率最大化。

2. 统一检测

（1）采购的所有食材必须进行农药残留检测并留样，符合条件的食材方能进入中央加工中心。

（2）誉兴配备专业的食品检测员及检测设备，同时与当地第三方检测机构合作，为食品安全上双保险。

3. 统一加工

（1）从食材到净菜的加工，全部在中央加工中心内进行，减少因食材加工地点变动带来的食品安全风险。

（2）中央加工中心干净卫生，符合国家卫生安全标准。

（3）中央加工中心装有完善的实时监控设备，保证加工过程的透明化、可追溯。

（4）采用先进的自动化食材加工机器，减少人力投入，提高加工效率，降低人工成本。

4. 统一配送

（1）根据每所学校的需求量，把加工好的食材打包冷藏。

（2）根据规划好的路线及时间，由冷藏车统一配送至各学校食堂。

（3）所有冷藏车均配备GPS定位系统，实时监控冷藏车动向。

5. 分校烹饪

（1）各学校食堂不必对食材进行初加工，送到的食材签收合格后可直接进行烹饪。

（2）厨师根据誉兴集团制定的营养菜谱进行加工烹饪。

## （二）誉兴模式优劣势分析

学生营养餐誉兴模式的优劣分析法（SWOT）帮助我们更加清晰明白地看到誉兴模式的优势和不足、前景及挑战。

表 B.10-1 誉兴营养餐的 SWOT 分析表

| 优势（strengths） | 劣势（weaknesses） |
|---|---|
| ● 誉兴拥有一套成熟的运营方案<br>● 已在瑞金市服务近 2 年，每天为近 5 万名学生提供学生营养餐服务，积累了大量的运营经验<br>● 拥有完整的食品安全管理机制，通过检验且行之有效<br>● 拥有一支专业的营养师队伍，制定了符合国家要求的营养菜谱<br>● 具有 20 余年的餐饮业经验<br>● 拥有自己的或者有深入合作的蔬菜基地<br>● 与很多知名企业建立了良好的合作关系 | ● 学生营养餐的前期投资规模大，资金成本压力较高<br>● 中央加工中心生产效率高，需要面对足够的服务数量，服务的数量少会增加成本的投入<br>● 誉兴模式需要加强宣传，提升知名度及普及度 |
| 机会（opportunities） | 威胁（threats） |
| ● 学生营养餐市场巨大，前景十分看好<br>● 目前很多地区仍是采用课间餐的供餐模式，亟待改变<br>● 食堂供餐、正餐供餐模式是党中央国务院的要求，未来必将成为中国学生营养餐的首选模式<br>● 通过誉兴的实地考察、了解以及和当地政府的沟通，绝大多数地方政府对誉兴模式是非常感兴趣的<br>● 誉兴目前和数十个县市保持着密切沟通<br>● 未来会有一批县市的原供餐合同将到期，这是一个契机<br>● 能帮助学校管理食堂<br>● 会与当地合作建设蔬菜种植基地、家禽家畜养殖基地，支持当地产业扶贫<br>● 能为当地提供一定的就业岗位 | ● 誉兴模式需要有学校食堂作为依托，对于学校食堂少的县市，投资建设食堂也是不小的一笔财政支出，而学生营养餐目前的实施地区大都是贫困县市<br>● 誉兴长期扎根于团餐行业、东南沿海地区，对中西部地区了解不够，需要挖掘大量的资源能在该区域宣传誉兴模式<br>● 誉兴在拓展业务时面临着巨大的挑战及行业竞争 |

## （三）誉兴模式带来的绿色循环经济

秉承"健康从娃娃抓起"的理念，誉兴集团实践和完善出了一套"循环利用"的绿色经济发展道路，即"农户＋农产品基地＋中央加工中心＋学校食堂烹饪＋厨余垃圾处理中心"。

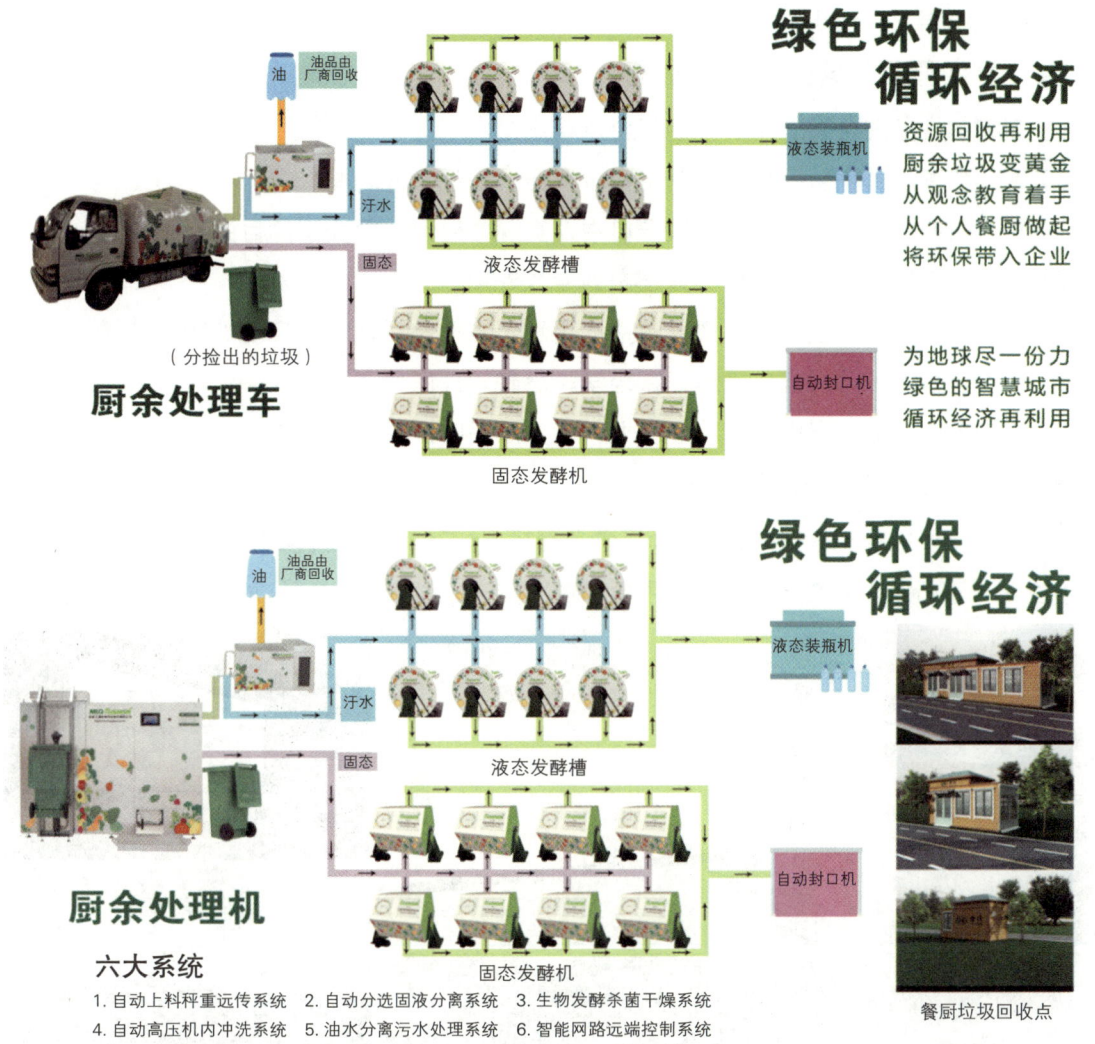

图 B.10-5 誉兴集团绿色循环经济流程图

充分利用学生营养餐的固定需求，与当地贫困区的农户签订合作协议，并整合为农产品基地。誉兴集团通过与全球知名企业合作，为当地农户提供优质的种子并给予技术指导。

通过规模化的科学种植/养殖，实现农产品的质量、产量双提高，主要供应给学生营养餐项目，让农户自己的孩子吃上自己种的菜，同时，多余的产量可以入市正常销售。

中央加工中心每天的洗菜水经过科学处理后，作为灌溉用水进入农产品基地，节约用水。

建立厨余垃圾处理中心，每所学校的厨余垃圾进行统一回收，经过科学专业处理后得到的有机肥再次用于基地施肥，从而降低化肥的使用。

实现从"种子到盘子"的全产业链经济发展，通过一系列的措施，真正实现了以点带面的资金使用效果，支持当地政府招商，增加当地税收。

誉兴模式可以说是真正实现了学生、政府、当地群众、企业的多方共赢，让政府安心、学校放心、家长省心、学生开心!

### (四)学生营养餐誉兴模式的优势

(1)完善的食品安全管理体系,确保全流程安全。

(2)专业的营养师团队,精细化制定带量食谱,保证营养均衡。

(3)食材采购成本低,实惠落入孩子口中,实现学生营养餐真正的目的。

(4)费用规范透明,管控安全,真正做到专款专用。

(5)食材采购与产业扶贫项目精准对接,更利于当地农村增收,实现拨款利他最大化。

(6)确保学校餐厅的规范化管理,减轻学校后勤管理压力。

(7)增加就业,减轻当地区域就业压力,增加居民收入,带动经济增长。

### (五)瑞金学生营养餐的实施情况

2016年初,誉兴集团成立了专业的学生营养餐项目团队,在全国各地进行考察,与各级政府、学校、学生家长进行深入的交流,了解学生营养餐在实施过程中各方的关注点、期望点和难点。

图 B.10-6 誉兴集团在瑞金市的中央加工中心

2016年10月,经过数月的沟通协调,誉兴集团提出了"统一采购→统一加工→统一检测→统一配送→分校烹饪"的运营方案,即由瑞金市政府给予适当优惠和补贴,誉兴集团投资2 000余万在当地建设中央加工中心,带来直接经济效益约1亿元人民币,直接带动当地约500人就业。

至今,誉兴集团已为瑞金市农村义务教育中小学生供餐1年多的时间,每天为45 000余名学生提供安全、健康、营养、美味的学生营养餐，得到了当地政府、媒体、学校、家长的一致好评。

## （六）中央加工中心的八大管理亮点

（1）安防管理系统。中心大屏监控系统，360度无死角，手机移动视频实时监控。

（2）中心GPS实时定位系统。配送车辆实时卫星定位系统，保证配送的时间。

（3）食材自动加工生产线。生产加工设备最具现代化。

（4）食材追溯体系。二维码追溯系统生产加工设备最具现代化，分级追溯手机APP供应商资质查询平台。

（5）先进管理体系。管理导入HACCP、ISO22000、ISO9001管理体系。

（6）营养数据库。分季分期量化菜谱，初中小学分级营养菜谱。

（7）培训体系。操作流程及供餐服务培训教程/岗位员工个人授训记录及档案管理/持证上岗体质管理/三项安全（食品安全、生产安全、消防安全）培训教程。

（8）声控与屏显指令管理系统。全中心场地安装声控系统，车间安装分屏系统，在中心办公可实时通过声控与屏显传达管理的指令。

## （七）学生营养餐誉兴模式的运营方式

誉兴集团学生营养餐项目在实际运营中，涉及方方面面的工作，为此公司专门制定了高效、合理的组织架构和管理流程，支撑日供应数万人的运营标准，通过实践表明，誉兴的措施是科学合理的。

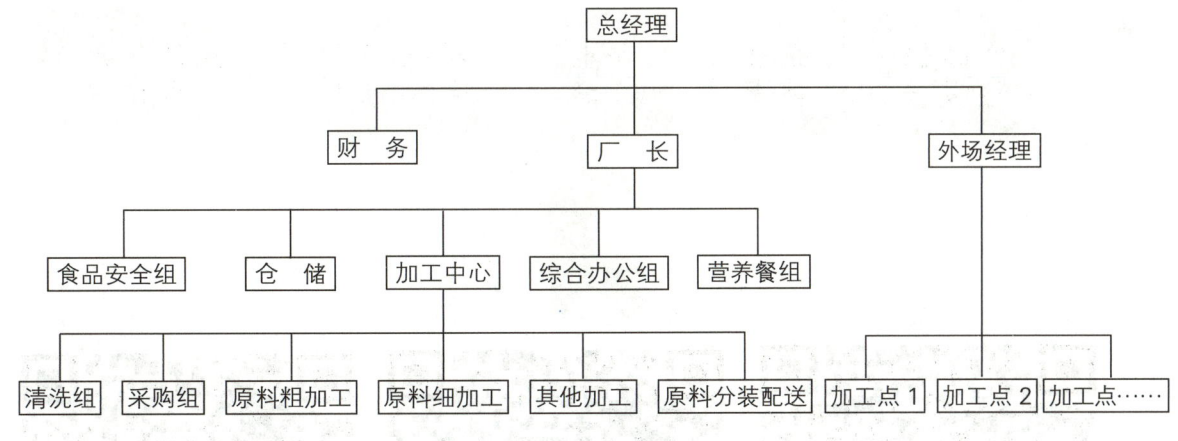

图 B.10-7　誉兴集团学生营养餐项目管理架构

1. 管理架构

誉兴集团采用现代化公司的管理结构，职责清晰，分工明确，保证学生营养餐项目的安全、高效运营。

2. 管理流程

依照严格的管理流程，在食材的采购、检测、初加工、清洗、配送、烹饪等方面实时监控，保证营养餐的安全和营养。

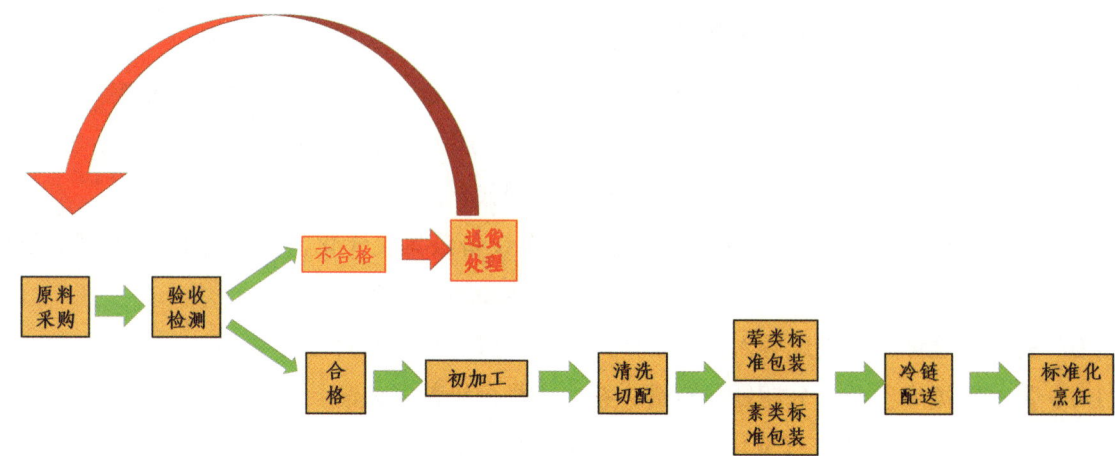

图 B.10-8　誉兴集团学生营养餐项目管理流程

3. 可追溯体系

对每个营养餐项目，誉兴都会在当地运营中心建设快检实验室或大型检测中心，同时根据当地需求还会设立第三方检测机构，确保进入加工中心的食材都是安全的。

快检实验室检测项目齐全，结果准确，并且速度非常快，最快可以在 2 秒内出结果，一般项目的检测时间集中在 5 20 分钟。

图 B.10-9　誉兴集团学生营养餐项目可追溯二维码

4. 带量食谱编制

依据中国营养学会编制的《中国中小学生膳食宝塔》，誉兴集团会在当地学生随机抽取各年龄段的学生进行体检，以两者相结合，由专业的营养师团队，依照不同年龄段学生所需的营养成分及分量制定最佳的供餐方案。

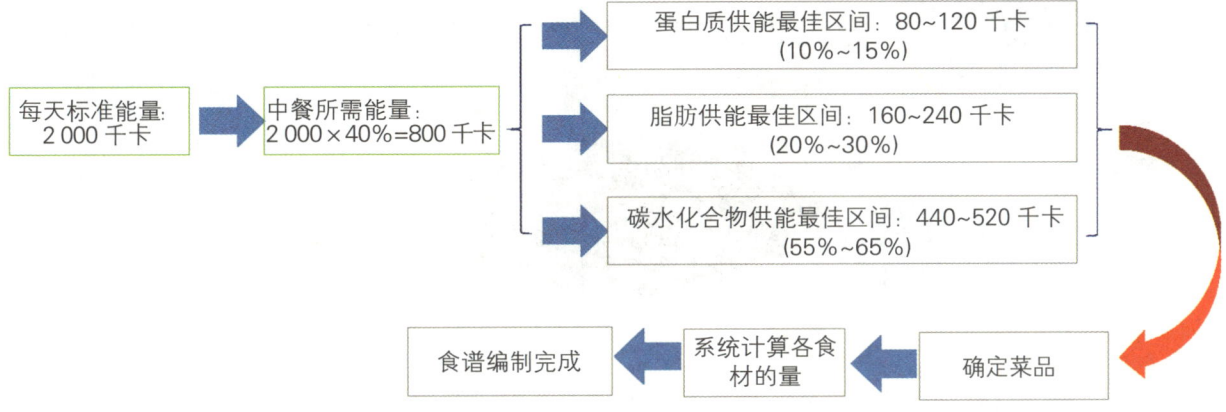

图 B.10-10　誉兴集团学生营养餐带量食谱编制

5. 营养知识大讲堂

针对学生不爱吃饭、挑食、爱吃垃圾食品等现象，誉兴集团与当地教育部门深度合作，推出"营养知识大讲堂"活动，以视频、卡通图片、活动的新颖方式，为学生们讲解营养健康知识，帮助学生们建立正确的营养观念和意识。

图 B.10-11　誉兴集团营养知识大讲堂中与同学们欢乐合影

## 6. 营养餐标准化

誉兴菜谱统一厨师菜品口味,保证营养餐标准化,食材新鲜、安全,如果厨师做不好,孩子们肯定也不喜欢吃。如何让分布于数百所中小学校的厨师能炒出一样的味道,这也成为誉兴的工作重点。

图 B.10-12　誉兴集团营养菜谱食品截图

为此,誉兴从厨师选拔、培训、教学等方面入手,专门制作了炒菜教学视频,通过誉兴集团官方微信公众号"誉兴美食汇"供厨师们随时随地浏览学习。

# 三、借鉴誉兴模式探索团餐未来发展

上文分析了誉兴存在的问题之后,在本小节中,笔者将提出针对性的解决办法,并结合互联网、物联网、自动化、中央厨房/加工中心等,借鉴誉兴探索团餐行业未来的发展之路。

## (一)整合上下游产业链

团餐企业都有着相对稳定的需求,特别是有一定规模的团餐企业,应该主动向上下游产业链出击,一方面,降低团餐成本,另一方面,增加企业自身的固定资产,提高抗风险能力和融资基础。

团餐企业在发展中可经营农产品生产基地,包括蔬菜种植基地、家禽家畜养殖基地等,以团餐的固定需求为切入点,全力供应自身。同时,多余的产品可卖给其他餐饮企业或者上市销售给消费者。

此外,还可以尝试通过与第三方优势企业合作,以向冷鲜肉市场、农产品加工市场等拓展。

除向上游产业发展,还可打造一整套的绿色循环经济,即投资建设或与专业的公司合作,建立厨余垃圾处理中心，通过科学的方式提炼成有机饲料，用作养殖家禽家畜，降低养殖成本。家禽家畜的排泄物当作农家肥，用于蔬菜种植基地的施肥，减少化肥的使用，同时也降低了种植成本。

除此之外，团餐企业可以与专业厨房设备生产与加工企业合作，整合物流配送体系。通过一系列的产业链整合与扩张，可为团餐的扩大经营夯实基础。

### （二）充分抱团争取政府支持

深圳市团餐行业协会由誉兴集团牵头成立，联合深圳市一批有实力团餐企业，积极承接深圳市政府关于建设国家建设食品安全示范城市的重大任务。

通过整合资源、提供信息及数据支持，为政府决策提供智力支持和方案建议，主动承担起团餐行业的食品安全责任，落实相关政策要求，直接解决政府管理中的痛点和难点，减轻政府管理压力。同时，让政府决策者认识到团餐行业的特点及难处，争取到政府的政策支持。

### （三）同行之间合作建设中央厨房

上文提到，在有充分需求的支持下，建设中央厨房/加工中心可有效降低日常运作成本。然而，中央厨房/加工中心在像深圳这样的企业众多、人口众多、团餐市场很大的一线城市也没有完全发挥出应有的作用，原因如下：

（1）中央厨房/加工中心前期投资大，特别是在深圳这样的一线城市，地价和厂房租赁费用高。

（2）团餐市场变化快，餐厅的承包期限有限。大部分与客户的合作协议都是有固定的期限，一般是三年，承包期限满后能否再次合作，存在着很大的不确定性。

（3）仅靠单一的团餐企业的市场规模，不足以支撑中央厨房/加工中心的饱和运转，只有达到饱和运转，才能达到效益的最大化。

因此，笔者建议团餐企业应该抱团发展，联合起来共同投资和使用中央厨房/加工中心，以达到效益的最大化。

### （四）主动拥抱互联网、大数据和人工智能

互联网在当今中国乃至全世界的重要性不言而喻，互联网和大数据就是未来经济发展的新动力，将彻底改变整个传统行业，团餐行业也是一样。笔者断言，如果我们不主动去拥抱互联网、去改变自己，那将会被未来的团餐市场所淘汰。

现在很多连锁餐饮、特色餐饮都在点菜、付款、预约等方面充分利用了互联网和大数据技术。

目前，很多餐饮店已经没有了传统的纸质点菜单，所有点菜均在平板电脑上或者扫码在手机上实现，整个点菜系统与后台相连，直接实时下单，后厨人员通过显示屏立即准备菜品，点菜效率大大地提升，相比之前有了飞跃的发展，而客户满意度也在大幅上升。

通过互联网点菜系统的慢慢积累，餐饮企业拥有了庞大的数据库，通过数据库可以实现精细

化管理。比如，某位会员每年的消费次数、金额、口味偏好，某个门店的日常流水、服务人次、人均消费水平，某个地区的最受欢迎菜品，等等。有了这些大数据作为支撑，管理者便可以因地制宜、因店制宜、甚至因人制宜，制定更合理的员工人数安排、营销手段、不同菜品的采购数量等，大大提高公司的运营管理水平，实现营业额、利润和客户满意度的提升。

团餐企业目前也可在互联网上做了很多有益的尝试，新开发独立的网络系统，并与微信公众号绑定，顾客可以通过公众号上显示下方的快捷键直接链接到后台系统，对企业进行实时了解，并有实时订餐功能，顾客可以在线选餐和支付餐费。

开发出二维码追溯系统，顾客扫一扫就能了解所在餐厅的食材检测报告、供应商资质、调味料厂商等相关信息，将食品安全工作做得更加透明、实时，让消费者吃得放心。

团餐企业还可将营养菜谱制作成视频，并放在微信公众号后台之中，无论是公司的员工还是顾客，均可以观看、学习。

1. 运用互联网、大数据和人工智能

在大数据和人工智能方面，笔者将互联网、大数据及人工智能如何结合起来服务于团餐企业浅谈一下自己的观点。

正如本小节标题所言，大数据是团餐企业精细化运营的基础，任何一个团餐项目都要考虑到每天供应次数、就餐人数、每餐标准等数据，在运营过程中管理者时刻关注每日的就餐量、菜品的数量、就餐人数变化、每日流水、采购物品数量及仓库存货情况，这些都是数据。但是，目前来说，这种传统的数据统计方法存在着以下的弊端：

（1）团餐企业还是靠人力去清点、台账的记录，然后管理者进行汇总，这个收集数据的过程需要耗费很多人力。

（2）团餐企业规模大了之后，餐厅越来越多，数据汇集就是一个大问题，且各个餐厅的数据无法共享、联动。

（3）数据收集完成后还需要人工进行分析和预测，这需要一定的专业知识，企业培养出来具备此专业能力的管理者需要很大的试错成本。

（4）当数据积累到一定的量或者时间长了之后，再重新查找的工作量太大，也存在着很大的丢失风险。

鉴于以上的弊端，此时互联网的优势便能发挥出来了。通过"互联网+"大数据的方式，团餐企业通过互联网直接链接每一个项目点，实时监控项目点的运营情况，再进行智能分析，为每个项目点的运营提供采购、仓库管理的数据参考。

将大数据存储在云端，实时上传、浏览和下载，解决数据保存的问题。

这样大大减轻了餐厅甚至整个团餐运营团队的管理压力，管理者可依据大数据给出的结果作为管理参考。此项技术已经成熟，例如淘宝、京东等购物网站，大数据会收集消费者的搜索和浏览记录，通过云计算再把同类型产品或者符合其需求的商品信息和链接定向推荐消费者，从而达到购物效率的最大化。

同时，通过互联网将各项目点的后厨、餐厅等监控画面实时汇集到团餐企业决策者。目前，誉兴集团在瑞金市的营养餐项目上率先实现，在誉兴深圳总部也能实时看到瑞金市中央加工中心内部的情况。除此之外，誉兴在各项目点均推行了"明厨亮灶"工程，将餐厅后厨的监控画面直接投射在餐厅大厅，让消费者实时监督。

2. 通过"互联网+"大数据，实现采购和供餐的精准化

在很多团餐企业中，经常出现菜多了没吃完，为了食品安全不得不扔掉的现象，还有些会出现菜不够吃，后厨的厨师忙得着急火燎去现做的现象。前者会造成浪费，造成企业成本的增加，后者会让员工疲于应付，也对采购提出了更高的要求，不是长久之计。

"互联网+"大数据正好可以解决此类问题。

通过餐厅大数据的积累，可以分析出各个餐厅每天的食材、配料消耗总量，相对应的每天的就餐人数，从而得出平均每天每人肉类、蔬菜、调味料等的用量，再根据一个月、一个季度或者一年的平均每天就餐人数，得出平均数或者中位数，以此为依据进行采购，从而实现食材利用的最大化。

利用互联网，将二维码追溯系统整合扩大至每一家服务的餐厅，生产资质、检测标准主要向消费者展示，产品标准、采购价格用于公司内部管理。

3. 通过"互联网+"大数据实现营养健康的均衡

不同的食材营养元素不同，含量也各有不同，如何将海量的营养信息做到随时为企业所用，这就需要"互联网+"大数据。

营养师通过以每天人体所需的营养成分及消耗量为依据，再通过营养成分在大数据中搜索含此营养成分较多的食材，根据最后选择的食材进行配搭，制定营养菜谱。

有了此套系统，团餐企业可以兼顾成本和营养。例如，同样是维生素，营养师在选择食材的时候，可以选择当季采购价格较划算的食材，这样在保证了营养的前提下尽可能降低企业的运营成本。

此外，在老年餐、病人餐、月子餐、营养餐等方面，利用"互联网+"大数据能更好地实现营养均衡、健康饮食的目的。

针对老年人身体机能下降，消化能力减弱，甚至还有一些慢性病等特点，因人而异地制定营养菜谱。所有营养菜谱通过互联网存储于大数据中，当数据积累到一定的量后，便能自动分析和生成相似的营养菜谱，供老年人选择。例如，高血糖的老人不能吃淀粉或糖类含量高的菜谱，这些菜谱不是一个而是很多个，当系统内部存储有大量符合高血糖老人的食谱后，那老人的选择性就会更多，也不会出现吃腻的现象。

同时，当数据的量足够大时，还可以依据不同民族、不同地区、不同的饮食习惯，自动生成相应的食谱，把老年餐做得更加细化。

病人餐、月子餐、营养餐的道理同上，在此不再赘述。

4.人工智能在可预见的未来可以替代人类的部分工作

人工智能（artificial intelligence，英文缩写为 AI），是计算机科学的一个分支，它企图了解智能的实质，并生产出一种新的能以人类智能相似的方式做出反应的智能机器。该领域的研究包括机器人、语言识别、图像识别、自然语言处理和专家系统等。

2017年12月，北京语言大学国家语言资源监测与研究平面媒体中心发布的"2017年度中国媒体十大流行语"中，"人工智能"位列其中。2017年7月20日，国务院印发了《新一代人工智能发展规划》（以下简称《规划》）。《规划》提出了面向2030年我国新一代人工智能发展的指导思想、战略目标、重点任务和保障措施，为我国人工智能的进一步加速发展奠定了重要基础。

由此可见，国家对人工智能的重视。笔者相信随着科技的进步，特别是人工智能在国家的重点支持下，未来会有较快速的发展，而人工智能也会深入到社会经济的各个行业。国内外专家学者断言，人工智能在可预见的未来会代替人类的部分工作。

而在实际情况中，已经有很多科技类的企业在使用人工智能替代人类劳动，例如洋山港全自动码头、阿里巴巴旗下的自动分拣机器人等，已经为大众所津津乐道。面对来势汹汹的人工智能，团餐行业也必须要做出改变，主动去拥抱人工智能。

团餐行业必须紧跟科技发展，循序渐进地研究和使用人工智能，在运营成本可以承受的大前提下，尽量用自动化的设备替代人工。目前，像洗碗机、餐具自动化回收系统这些科技含量较低的自动化设备已在团餐行业广泛采用。

根据团餐行业中普遍存在的大锅菜的烹饪方式，很多菜谱的制作流程相似，研究出合适的自动炒菜机，厨师只需要将食材和调料提前准备好，设置好相应的量，烹饪和装盘工作均由机器人替代完成，如此一来，不但减轻了厨师的工作劳动量，还能更好地保证食品安全。那时，后厨将会是另一种景象，厨师们不会再汗流如注，人与智能机器人相互协作，共同完成美味佳肴的制作。

本文以党中央提出的"健康中国2030"战略、我国农村义务教育学生营养改善计划的实施为研究背景，以利益相关者理论、可持续发展理论为团餐，特别是学生营养餐发展的理论基础，对团餐和学生营养餐的概念、实施现状进行了分析。本文结合誉兴集团在瑞金市的实际案例，展示和分析学生营养餐目前的发展状况、制约因素；展示誉兴集团在学生营养餐运营中的具体方式。依据目前的运营状况，思考如何充分利用大数据、互联网、物联网、智能化、自动化等新兴的产业工具，服务学生的营养餐，为打造具有中国特色的学生营养餐提供参考和智慧。

本文通过与深圳市团餐行业协会会员企业的沟通交流，分析了目前团餐行业及企业发展存在的困境与难题，并进行了深入探讨。展望未来，团餐企业终将继续探索建立与现代化国际相接轨的食品安全管理体系，在构建和谐民生的道路上稳健前行，为消费者带来安全与健康，为客户带来省心与便利，为合作者创造价值与财富，为社会传递正能量。

# B.11 潮泰——以产品质量为核心打造百年企业

■ 陈成铭　陈伟润　莫如锋

---

陈成铭　男，深圳市潮泰实业有限公司策划营运部
陈伟润　男，深圳市潮泰实业有限公司策划营运部
莫如锋　男，深圳市潮泰实业有限公司策划营运部

# 一、产品是餐饮业的核心竞争力

做餐饮的核心是让"客人吃上一顿好饭",餐厅的装修及配套都是用来增强这个核心的,而围绕这个核心所做的一切才有意义。

当下餐饮商业环境消费升级、竞争升级,消费者对物质和精神层面有了更高需求,这也让一些投资者看到了商机,认为餐饮复购率高、现金流好,而且业态发展特征强势,从而把在其他领域的商业手段应用到餐饮行里,例如店面的装修、营销手段等,把精力花费在能够产生引流的前端环节上。然而他们却忽略了一个重要的问题,那就是餐饮的本质。餐厅服务范围有限,大多数仅限3千米范围内,客户群体相对固定。要支撑起餐厅长久营业收入,许多都是靠范围内的消费者复购,硬件、营销手段等能起到初次的引流,但消费者复购的核心理由最终还是取决于为之买单的菜品的品质、与品质对等的合理消费价格以及菜品外的其他只是附加因素。

任何绕开产品品质的餐饮商业模式都是不负责任的。潮泰潮州牛肉店作为全国牛肉火锅品类的开创者,自营业以来一直秉承做良心食品,从原材料选购、加工、到出品,严格把控,细分管理,创店至今品质始终如一。

# 二、潮泰牛肉火锅概述

## (一)潮泰成立初心

民以食为天,食以安为先。食品安全关乎民生,作为一个餐饮人,既要具备道德品质,又要有强烈的社会责任感。食品要美味，更要具备营养。潮泰人将"一言九鼎，只做健康食品，这是我们一辈子的事业！"这一经营理念铭记在心，时刻牢记。

一言九鼎，只做健康食品，这是我们一辈子的事业！

### （二）潮泰的发展历程

说起潮泰，不得不提到其灵魂人物——公司董事长陈永田先生。陈董事长是一位地道的潮汕人，有着吃苦耐劳、勇于拼搏的精神。走南闯北，见识广阔。20世纪80年代初，他来到深圳，当时是改革发展的初期阶段。陈董事长敏锐地看到深圳的发展前景，对深圳的未来充满希望。他与家人商议后决定在深圳安家，利用有限的资金开起了小型商铺，由于货真价实、品种多样、热情服务，得到街坊邻居的认可，许多团体、企业都愿意与之建立合作关系，生意蒸蒸日上。

陈董事长经历过艰苦年代，知道食物的重要性，从小就一直有开餐饮店的念头，心想着要做好吃、健康、营养的食品，供应给大众。在有了一定积蓄以后，他先后在华富路开办华富餐厅、潮泰潮州牛肉店。其秉承着诚信经营、明码实价、物美价廉、美味营养的宗旨，店内外大小事务均亲力亲为。在他带领团队的经营与管理下，生意红红火火。其中，潮泰潮州牛肉店以传统的潮汕火锅涮煮为特色，精制新鲜牛丸，将牛肉各个部位细分，物尽其用，辅以各类时蔬，不仅搭配自由、选择多样，而且丰俭由人，受到广大市民喜爱，赞不绝口。

由于潮泰牛肉火锅生意火爆，市场涌现出大批模仿经营者，风格大同小异，竞争混乱。为了维护品牌，让更多区域的市民能够品尝到美食，陈董事长决定整理品牌、设计VI、注册商标。他将潮泰潮州牛肉店更名为"潮泰牛肉火锅"。1992年，深圳市潮泰实业有限公司正式成立。

### （三）诚信为本

潮泰牛肉火锅创店至今，始终把食品卫生摆在经营首位，严格按国家食品相关法律法规，统一管理、统一加工、统一配送，品质得到保证，价格实惠，童叟无欺，深受本地以及海内外众多食客的喜爱，赢得南来北往顾客的赞誉。潮泰牛肉火锅被中国餐饮行业协会政府机构、新闻媒体评为"全国绿色餐饮企业""中华特色餐饮名店""消费者最满意的绿色餐饮品牌""私营企业纳税先进单位""深圳AAA餐饮名店"和"深圳老字号酒楼"等荣誉称号。2019年8月，在中国改革开放40年，深圳建市40周年之际，深圳市潮泰实业有限公司陈永田董事长获得由深圳市人民政府主办，深圳市商务局、餐饮行业协会等单位承办的餐饮行业最高荣誉称号——"深圳四十年餐饮十大卓越贡献人物"称号。

创业至今，陈董事长先后在罗湖、福田、南山、宝安等区段开设了十几家潮泰牛肉店。岗厦食街总店，承载了太多老深圳人的记忆。在深南大道旁岗厦西曾经矗立着一栋六层大楼，面积5 000多平方米，门前有一个可容纳60多辆车的停车场，楼顶的"潮泰潮州牛肉店"几个大字招牌格外醒目，一到晚上，整栋楼灯火通明、熠熠生辉，这就是当时的公司总部及总店大楼。总店一楼是大厅，有80多张台，二楼、三楼有30多间包间，四楼是包餐大厅，五楼还有乒乓球台、桌球台等娱乐设施，整体可同时容纳1 000多人用餐。由于潮泰牛肉丸口味正宗，牛肉等食材新鲜、价格公道，生意爆满。那时在潮泰吃牛肉火锅的热闹场面许多老鹏城人至今记忆犹新。（福田中心区岗厦店于2010年由于政府规划已被拆迁整改，从此岗厦潮泰牛肉店的火热场面只能留在许多老顾客的记忆里。）

岗厦店（白天） 　　　　　　　　　　　　岗厦店（夜晚）

### （四）公司管理与经营理念

真正的、现代意义上的管理都要通过管理模式来进行，管理模式是在管理理念指导下建构起来的。

潮泰的管理理念：以人为本，追求卓越，永远以满足顾客需求为企业立命之本，同时，以公平、公正、严格透明的管理态度让员工快乐、安心地工作，团结互助，友爱、支持的管理氛围为员工营造一个良好的工作与生活环境，使员工有归属感。

经营模式：自主经营，直营连锁，统一管理，责任下放，各分店实行店长责任制。

经营理念：诚信经营，特色美食 专业专注；坚持热情、主动、快捷、规范服务宗旨。卫生、新鲜、美味、营养为出品标准，倡导绿色、健康、美食新概念，致力打造特色餐饮名店，成为中国绿色餐饮知名品牌。

## 三、产品质量与特色

### （一）牛肉自身的优势

牛肉含有丰富的蛋白质及氨基酸，能提高人体的抗病能力。中医认为牛肉有补中益气、滋养脾胃、强健筋骨、美容养颜等功能。在诸多肉类中，牛肉的营养成分更接近人体的需要。随着生活水平的不断提高，人们越来越注重饮食健康，因此，牛肉也成为日常饮食的优选之一。

## （二）全牛火锅宴

以鲜牛骨炖制的清汤为锅底，配以酥香爽口的金牌牛肉丸、各部位鲜牛肉片及牛肚、金钱肚、牛百叶，还有卤香十足的牛腩和牛杂等，辅以清甜可口的玉米、萝卜等时蔬，每桌必点的湿炒牛河，再搭配数十种精美调料，一桌别具特色的全牛火锅宴让你垂涎欲滴。荤素搭配合理，营养、美味，适合公司团餐、家庭便餐、朋友聚会等。而火锅的鲜切涮煮，使牛肉新鲜嫩滑，汤水更是清香美味，顾客赞不绝口。

## （三）好产品结合品牌定位

产品是核心，而好的产品是支撑餐厅存活的关键，是提升营业创收的主要来源。好产品对于食材选购、厨师技能、制作流程、出品标准、上菜服务等，每个环节都非常重要。所谓细节决定成败，任何环节、操作都要一丝不苟地执行、完成，最终呈现给顾客的才称得上是好的产品。

牛肉火锅品类的目标群体广泛，就餐时段的选择性大。为满足顾客的需求，潮泰30年来，11 000多天，每天保持营业状态，从未间断，让好产品形成好口碑，只要顾客想吃牛肉火锅，就想起潮泰。

## （四）良心食材，匠心打造

各直营连锁店的牛肉都选用散养健康黄牛，每天中午、晚上各宰活牛一次，牛肉迅速送往各分店，挂于明档，现点现切。火锅汤采用当日新鲜牛脊骨、牛龙骨、牛筒骨等，经数小时明火煲制而成，骨肉中的钙、锌与胶原蛋白等溶于汤中，口感清香、营养丰富，是强身健体、美容养颜的佳品。

## （五）郑重承诺，一言九鼎

自创立以来，潮泰金牌牛肉丸可谓是保持了销量领先，不仅堂食每桌必点，而且顾客以此为礼，送亲戚好友、孝敬长辈等。好产品会说话，顾客说好，才是真的好。2019年福田消费者委员会联合深圳市消费者委员会、宝安区消费者委员会、深圳市食品药品安全志愿服务总队,共同委托深圳市品质消费研究院开展牛肉丸随机抽查,经含量检测和主观评测比较,潮泰牛肉丸在众多商家产品中脱颖而出,牛肉含量检测为100%黄牛肉,并荣获三个第一名:口感第一名、风味第一名、Q弹度第一名。

每个分店内均在醒目处标出一言九鼎的承诺:如在牛肉丸中掺冻牛肉、猪肉、鸡肉等,或在火锅汤添加有害化学物,一经核实,奖励举报者人民币20万(包括内部员工),并无条件接受政府监管部门严厉处罚。

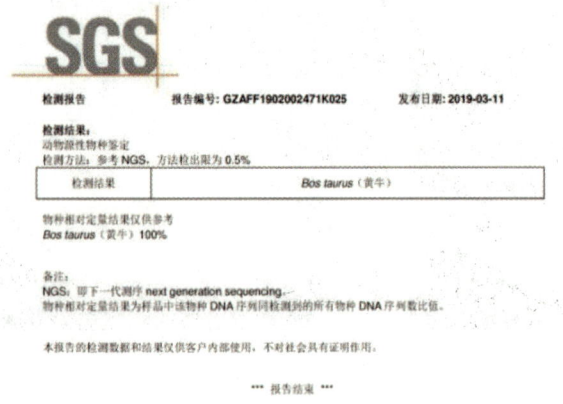

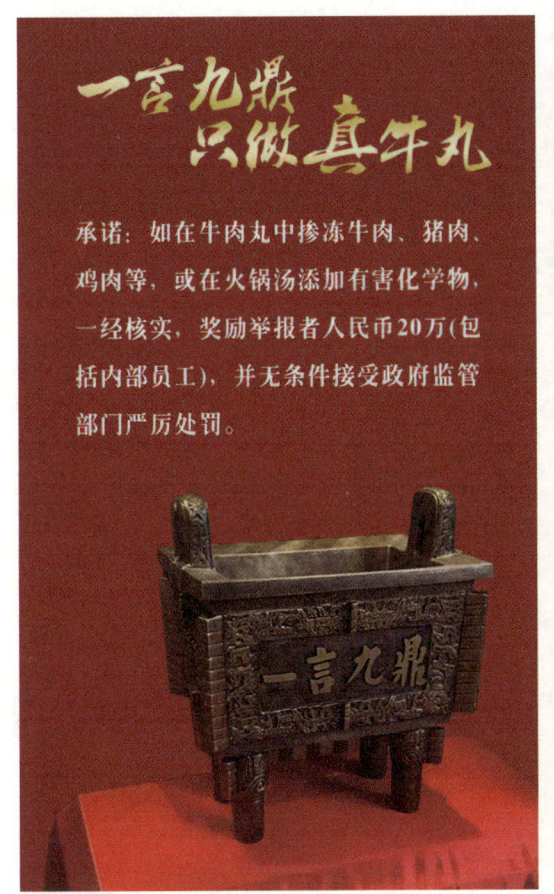 

### （六）营销模式的升级

随着互联网化的发展，餐饮逐渐进入全新的时代。传统餐饮企业必须要顺应时代潮流，改变传统的营销模式，现今再也不是"酒香不怕巷子深"的时代了，因此潮泰公司也在建立和逐步完善适应自己品牌的"互联网+"。

餐饮是潮泰人一辈子的事业。在未来，潮泰将不忘初心，坚持质量，与时俱进，以做百年老店为奋斗目标。

# B.12
## 科脉——品牌餐饮企业会员数字化营销

■ 曾昭志 刘 献 李小建

---

曾昭志 男,深圳市科脉技术股份有限公司创始人、董事长
刘 献 男,深圳市科脉技术股份有限公司餐饮行业产品经理
李小建 男,深圳市科脉技术股份有限公司餐饮行业运营经理

# 一、会员运营概述

餐饮企业会员运营包括会员管理、会员营销、运营落地。通过设计完整的会员引入、会员转化、会员裂变、会员复购等落地步骤，把每一项工作不断做到极致，达成高指标，以实现餐饮企业效益的增长和规模的不断壮大。

根据帕累托法则（二八定律），给一个公司带来80%利润的是20%的客户。按照这个原则，如果能把这20%的客户找出来，提供更好的服务，对于公司的发展和业绩的增长无疑是最大的助力。而会员运营正是帮助餐饮企业深入挖掘20%的客户价值，是开发与维护忠诚客户的一件利器。在竞争日趋激烈的今天，会员已经成为企业的一项很重要的数字资产，是餐饮企业生存和发展的生命线，谁拥有忠诚的客户群，谁就拥有竞争的主动权和发言权。

随着互联网的发展，"餐饮+互联网"成为一种新的餐饮模式，线上与线下的融合让现代餐饮企业会员与传统会员有了极大的区别。餐饮企业传统的会员一般是线下储值、打折、积分，发展会员一般是通过线下的渠道来进行拓展，顾客成为会员一般是需要进行储值，其特点是门槛较高、发展速度慢、会员数量少、会员忠诚度较差。餐企触达会员的方式极其单一，在互联网普及之前，通过引导客户填写个人信息，比如姓名、手机号码等来完成会员注册。

互联网使消费者实时在线，很多时候餐饮企业之间的竞争在消费者出门就餐之前就已经结束了。抢占消费者的心智已经是餐饮企业必须要做的事情，而餐饮企业做会员运营就是以客户为中心，在会员的整个生命周期里提供优质的产品和服务，抢占客户心智。

现代会员相比于传统会员，发展会员的渠道从线下变成了线上和线下。线上流量称之为公域流量，餐饮企业自己的粉丝、会员称之为私域流量。在众多流量平台里面，微信无疑是最大的一个，它拥有10亿+的流量，所以绝大部分餐饮企业是基于微信公众号或微信小程序做会员管理和营销，目前餐企逐渐将线下会员转化为线上和线下一体化的会员，以此开启会员新时代，形成大市场、大格局、大未来。

## 二、为什么要做会员运营

餐饮商家通过将普通顾客转化为会员,分析会员消费信息,挖掘顾客的后续消费力,汲取终身消费价值,并通过客户裂变等方式,拉取更多的潜在客户成为餐厅的会员,将一个客户的价值实现最大化。

### （一）维护客情关系

伴随客户关系建立、发展与维护所产生的情感联系被称之为客情关系。一般来说,客情关系的维护是让原本仅存在利益关系的双方产生情感关联,而会员运营在其中便相当于情感关系的纽带,并且,无论是在餐厅运营中还是在其他的行业,客情关系的维护不仅仅指的老客户的维护,还有新客户的开发。在不断活跃老会员的同时,发展新会员是保证餐厅客源持续增长的基础。

### （二）提升复购率

在选择越来越多的当今社会,顾客面对的"诱惑"愈多,"健忘症"愈严重。特别是针对餐饮业而言,顾客总是很轻易地忘记初次消费时的惊艳。此时,需要餐厅主动且持续地在顾客面前"刷存在感",或是通过一定的制度与消费者产生绑定。

所以,通过微信社群、微信公众号搭建与顾客的沟通场景,制定合理的会员运营体系等,成为餐厅提升复购率的重要手段。

### （三）扩大品牌影响力

在餐饮业,消费者的品牌忠诚度虽然不高,但品牌意识却正在觉醒,看似矛盾,事实上却正反映消费者愈发"挑剔",趋于理性的消费趋势。这就要求餐饮品牌需要不断维持与提升品牌影响力。

而会员运营正是餐饮业进行口碑营销的主要阵地,在有效的会员运营体系下,每一位会员都可以是品牌营销的受众与传播者。

### （四）扩充营销渠道

区别于传统的会员运营，在"餐饮+互联网"模式下，线上、线下一体化会员可以多渠道连接会员，通过搭建微信公众号，商家与会员之前搭建起线上沟通的桥梁，包括微信模板消息推送、社群等在内的多种营销渠道。以这些营销渠道为场景，品牌营销文案、促销活动等，可以更精准地送达到用户手中。

## 三、餐饮企业会员运营的现状

按门店数对餐饮企业进行细分，可分为四个类型，第一类为TOP品牌，如星巴克、西贝、海底捞这样的明星类企业；第二类为大型连锁企业，是指门店数为30家以上的连锁品牌，第三类为中小连锁，是5~30家门店的连锁品牌，第四类为5家门店以下的小微门店。

### （一）TOP品牌餐饮企业

餐饮品牌在不同的规模阶段对各项业务的要求和运营模式也不同，很多人通常把星巴克和西贝当作会员运营的学习模仿对象，这两个品牌的知名度和顾客忠诚度对会员运营业务的发展助力也很大。

我们也能看到像绿茶、海底捞这样的知名企业，它们同样有着良好的口碑和优秀的总部运营团队，在研发投入上也是毫不吝啬，但是这两家餐饮企业的会员运营业务没有什么亮点。

老板的战略重视、公司层面的人力投入、正确的运营思路是决定企业会员运营能否走上正轨的充分条件，即使三个条件满足，会员运营也不是两三个月就能收到效果的，无论是老板还是运营团队，都要有足够的耐心。

这些TOP品牌有付费能力，业务执行效力强，岗位配备齐全，企业内部缺乏的是围绕会员运营的数字化能力，所以TOP品牌的系统服务商主要以提供产品解决方案为主，比如提供会员系统、扫码点餐、扫码支付，各平台系统打通，新零售以及搭建数据中台等，以满足品牌方的会员产品使用，会员运营由品牌方市场部门或独立的会员部门来运营。因此，在面向TOP品牌的会员服务业务上，系统服务商一般只提供产品，但是要具备会员产品研发能力及大品牌的成功案例，则需要有专业的 KA 团队来为 TOP 品牌提供专业的服务。

### （二）大型连锁企业

大型连锁企业体量为 30~100 家，以区域性连锁为主，品牌方有付费能力，在会员运营上多有专人负责，岗位设置在市场部或营销部下。会员业务负责人向市场部负责人汇报工作，大型连锁同样也不具备数字化运营能力，需要向服务商采购会员相关的数字化营销产品，在会员运营上，老板一般不会把会员运营放在战略位置，所以一般不会向外界采购咨询和运营服务，大多数靠响应自身业务需求、自身摸索和行业内观察模仿和学习。

也有部分大型连锁的市场部人员配备不齐，老板通过学习和行业交流，发现会员运营的重要性，但人手不够，或者一直招聘不到合适的人员，这时第三方的会员运营服务商就可以插入进来为企业进行会员代运营服务。

第三方代运营服务商的服务模式主要有品牌方的微信公众号代运营及会员代运营，但第三方代运营服务商由于人员和成本的原因，不能深入进品牌方的业务、组织和经营，运营方法主要还是针对品牌方会员的各种会员促销手段，市场部的一些营销活动会尽可能把会员包含进去。尽管如此，品牌方正在想方设法持续不断地经营自己的会员，运营效果主要取决于品牌方的品牌营销策略和门店执行力度。

### （三）中小连锁企业

再往下是 530 家门店的中小连锁企业，它们处在品牌上升期的阶段，体系架构不全，细分岗位配备不齐，通常一人身兼数职，老板的精力主要抓品牌建设、门店营运和供应链，把会员营销当作品牌营销下的一个细分业务。餐饮老板做会员营销的意愿很多时候取决于会员营销系统服务商的报价。品牌方上了会员系统后，通常也对会员营销代运营服务的价格感觉到吃力，或者觉得没必要，大部分还是靠仅有的文案和市场部负责人兼职做会员运营，运营的手段基本上以储值和逢年过节赠券为主，这样看不到效果，做不出来什么亮点。

### （四）小微餐饮门店

最底部的就是小微门店，它们尚未形成品牌力，忠诚顾客比较少，大部分还处于求生存期。老板使用会员营销的主要诉求是希望给门店带来更多的营收，所以老板常使用或者唯一使用的会员系统功能就是储值。受制于品牌力和门店执行力度，这类门店很难将会员营销玩出花样来，需求主要还是以采购会员系统为主。

## 四、会员运营四部曲

### （一）会员体系搭建

会员体系搭建的目的在于为餐厅建立一个会员运营的基础，只有基础搭建好，餐饮企业做会员营销才会有序、成体系，所以搭建会员体系是做会员运营的必备条件。

会员体系搭建包括：建立会员等级、会员权益、会员升降级规则、会员积分规则。

1. 会员等级

会员划分为三大类：粉丝会员、积分会员、储值会员。从品牌忠诚度角度来说，充值会员的忠诚值最高，是价值最大的用户群体。积分会员是在餐厅产生消费的会员，而数量最多的则是粉丝会员，粉丝会员一般占据会员总量的 40%~60%，积分会员和粉丝会员则是需要餐厅不断"激活"的会员。

餐饮做会员运营其实是一个客户价值挖掘的过程，从粉丝会员到储值会员的转化，其实就像一个漏斗一样层层递进。粉丝会员从线上的公域流量、线下门店自有本地服务圈客户进行拉新；粉丝会员通过到门店消费产生积分，成为积分会员，门店通过积分兑换、积分秒杀等营销方案的不断刺激，促使积分会员产生复购；储值会员是门店忠诚度较高的会员，俗话说"钱在哪里，心就在哪里"。

2. 设计会员权益

粉丝会员、积分会员、储值会员要设置不同的会员权益，设置会员权益的目的是区别对待不同价值的会员，塑造不同会员不同的价值，让会员产生认可，逐渐培养会员忠诚度。

会员权益有关注礼、消费礼、积分抵现、储值送储值、卡券、积分、会员日优惠、会员生日专属礼品、会员特价、会员折扣、会员储值消费折扣等。

3. 会员升降级规则

通过设置会员权益，让客户感知到不同会员的不同权益，设置合理升级门槛，让会员付出一定的成本，获取相应的会员权益；而设计会员降级的目的在于会员若要维系现有的会员权益就要完成一定的储值或消费，由此提升会员的客单价或消费频次。

4. 会员积分规则

积分是会员营销中的一个基本权益，消费返积分，下次可抵用现金，或者用积分可以兑换礼品，让顾客觉得他下次来还有优惠，来得越多，消费越多，优惠也越多，从而可以长期稳定顾客。那么餐饮业态多样，客单价也不同，如何设计合理的积分返现比例呢？

针对积分返现比例的设计，我们分两种情况，一种是返的积分下次可以直接当钱用，另外一种是不能当钱用，可以拿积分兑换礼品，获得升级权益等。

1）积分可以当钱用

积分是商家让出的给予顾客的利益，通常力度不大，达不到优惠券吸引顾客回头消费的效果，但是必须要有，因为每一次的这点小利都会增强顾客的好感，但返的积分也不能跟客单价相差太远，这样积分的可利用价值就不大了。那么这个返现比例该如何设计呢？

这要根据商户的客单价或桌均消费，如果是正餐、火锅之类的多人堂食，就看桌均消费，比如某中餐桌均为180元，会员消费180元现金，那么给顾客打折多少，顾客才会感觉实惠，同时商家也不心痛呢？可考虑9~9.5折，也就是优惠9~18元，即积分返现比例是5%~10%。品牌越牛返现比例可以越低，新生品牌最大可以返10%，再往高商户就承受不住了。

那对于客单价二三十元的饮品咖啡，如果还按5%或10%，给予顾客的心理感知就不够强了，因为即使最高返10%，顾客消费20元也才返2元钱，下次买杯咖啡20元抵扣积分两元钱，不痛不痒，食之无味，弃之可惜，类似于现在的支付宝和微信鼓励金。这个品类虽然客单价低，但平均消费频次高，这就适用下一种积分玩法：积分不当钱用，用来兑换礼品。

2）积分不可以当钱用

可以按1∶1来返积分，顾客消费20元就返20个积分。这样顾客不用算，服务员也不用算，简简单单。以咖啡店为例，顾客累计购买几杯咖啡商户就可以送一杯，并且可以长期这么执行下去。建议35杯比较合适，若顾客回头消费频次低，可以降低到购买3杯产生积分兑换一杯，若回头频次高，提高到购买5杯产生积分兑换一杯。

### （二）会员拉新

做会员运营要关注的三点：

（1）明确目的是什么？

（2）可以应用的工具和渠道有哪些？

（3）针对每一个工具或渠道的落地方法有哪些？

会员拉新其实是粉丝会员的拉新，会员拉新的渠道包括线上和线下，线上主要分享从微信公域流量平台如何拉新，线下主要在餐厅本地服务圈拉新。

## B.12 科脉——品牌餐饮企业会员数字化营销

### 1. 线下会员拉新

店址选择是极其重要的，好的地理位置能够给经营者带来大量的人流。餐企运营者可借助移动互联网将线下客流群体转化为粉丝会员。

◎ 关注即会员

在搭建基于微信公众号的会员系统后，借助微信，引导客户扫码关注商家微信公众号。

第一，引导客户线上点餐，扫码点餐其实是会员拉新的一个很好的入口，把线下客户引导到线上点餐而成为粉丝会员。

第二,展示会员的会员权益,刺激线下客户完成会员转化。

◎支付即会员

设置台位账单二维码,引导客户扫码进行付款,当客户扫描付款时需先关注公众号,从而完成粉丝会员转化。

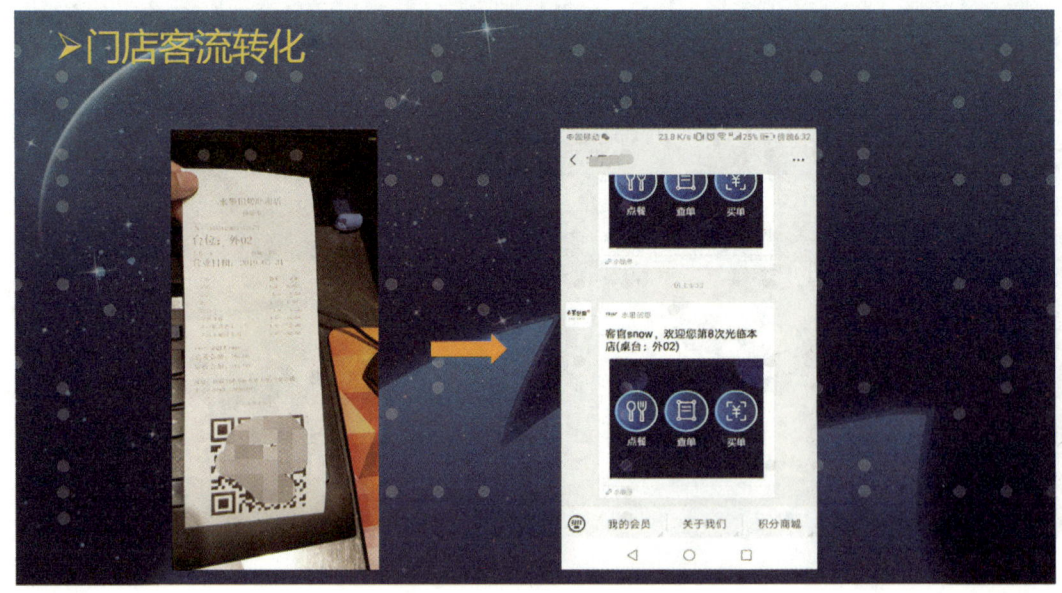

2. 线上会员拉新

◎朋友圈广告

微信拥有10亿+的流量,已经成为普通大众不可或缺的一个沟通工具,而几乎每一个人都会刷朋友圈，所以商家如果把餐厅的信息如公众号、卡券放在朋友圈推广，将会获得大量的客户关注。

朋友圈广告曝光是将餐厅周边5千米的闲置商业流量引流到商户，可以按消费者的消费喜好推送不同的优惠券，以实现新老客户精准抓取。

◎面对面发券

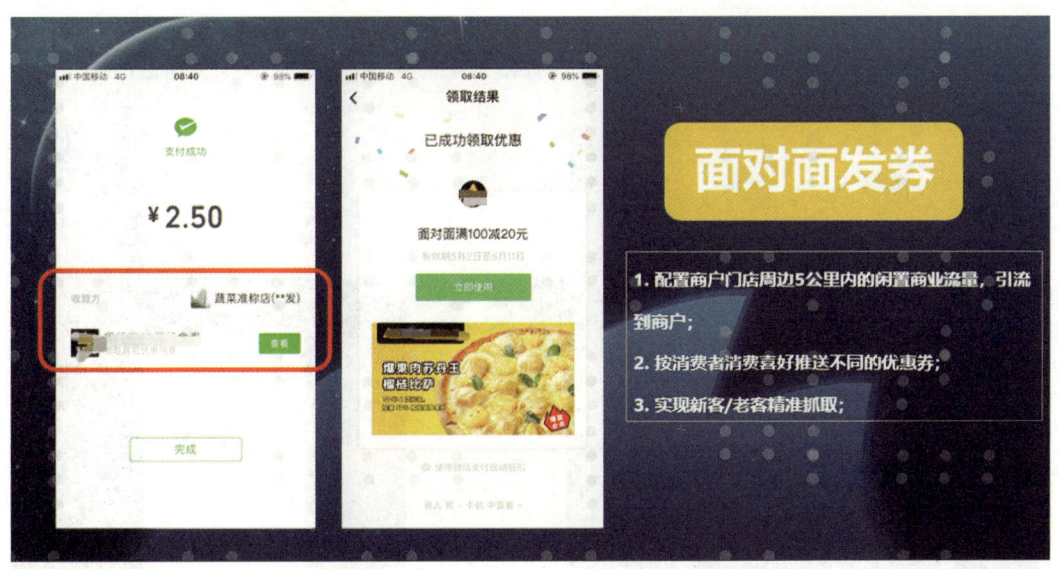

◎卡券投放

◎异业合作

卡券投放不止可以在一些公共区域进行曝光，同样可以应用在异业合作方面，比如科脉的餐饮品牌客户"面点王"，通过慧猿CRM会员系统进行拉新时，就考虑到是否可以在没有直接竞争关系的业态进行合作，比如百果园，他们将卡券二维码投放在了百果园的公众号里面，可以做到粉丝会员的转化，如下图。

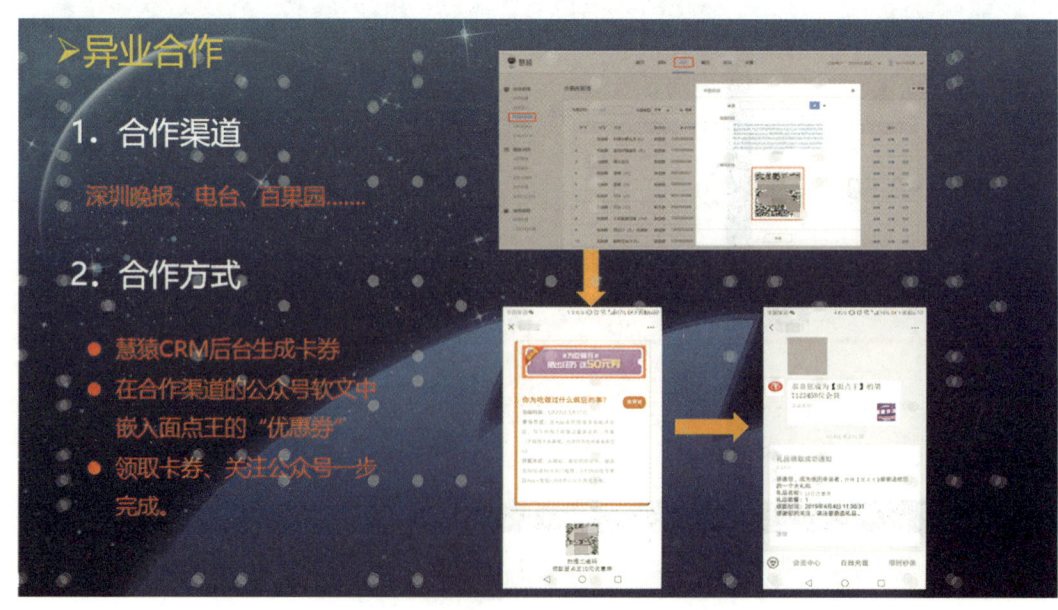

3. 老会员拉动新会员

◎ **邀请有礼**

通过会员管理系统设置会员推荐奖励规则，鼓励老会员推荐身边的意向用户到店消费，推荐成功赠送推荐人会员储值、卡券、积分。以老带新的方式能够更好地获得顾客信任，且间接推广了企业品牌，完善了门店口碑营销。

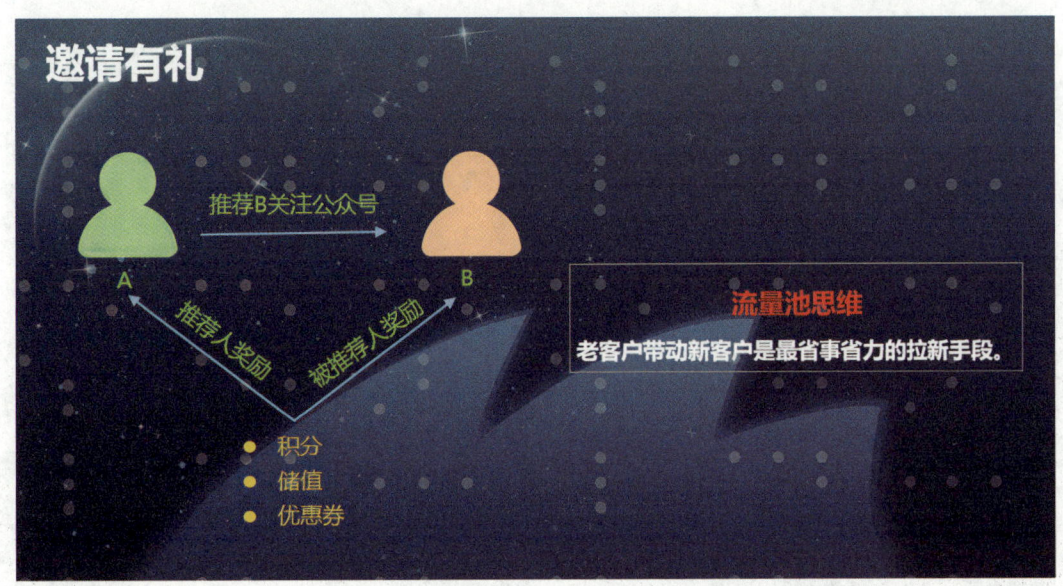

◎ **三级分销**

老客户 A 带动新客户 B 来门店消费，那么 A 就是 B 的上级，当 B 到门店就餐产生的储值 / 消费，A 就可以拿到相应的提成，此上下级的关系保持为三级，故称之为三级分销。

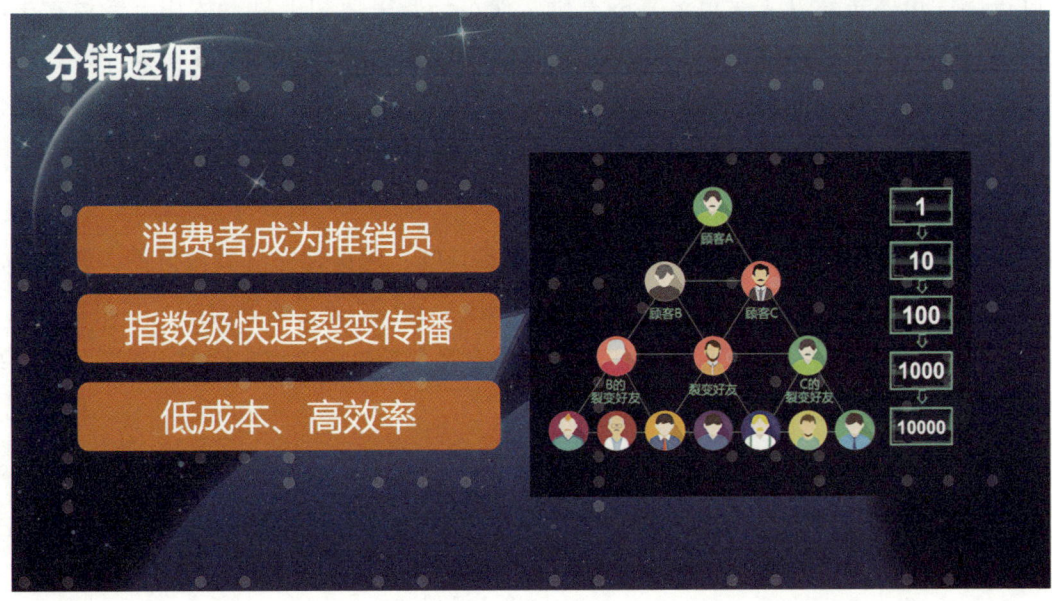

◎卡券转赠

当老客户有卡券即将过期，又无时间来消费时，会员系统将卡券转赠给朋友，如果此刻这位朋友不是餐厅会员，那么在领取优惠券的那一刻会关注商家公众号成为粉丝会员，同时卡券的流转和使用带动餐厅营业额的增长。

### （三）会员复购

通过搭建会员体系建立了会员运营的基础，通过一些渠道和工具，运用一些运营手段为餐企获取到粉丝会员。那么接下来我们要做的就是如何让这些粉丝会员能够持续性地到店消费。其实消费者对于餐饮企业的忠诚度是比较低的，不可能一直在同一家餐厅进行消费，哪怕服务再好、菜品再美味，时间久了也会吃腻，更何况面对那么多可选择的美食，哪个顾客不愿意去尝鲜。

那我们要如何理解会员复购呢？首先餐厅的菜品口味、服务是必须要做好的，因为这才是会员能不能产生复购的根本因素，如果这些做不好，那谈会员复购是没有意义的。在菜品口味、服务好的基础上，会员复购是借助会员营销的工具，利用会员营销手段来绑定会员，将粉丝会员转化为活跃的会员，提高会员消费频次。

会员复购首先要做的是设计不同会员等级的会员权益以及会员升降级制度，这一点可参照会员体系搭建。除了会员体系机制的设计带来的会员复购之外，我们要与会员产生关系，除了情感上的关系之外，还有一层金钱上的关系，这就是会员与餐企之间储值、卡券、积分的关系。

其中和会员黏性最强的是储值。传统的储值方案，餐企一般是做定额储值。定额储值有以下特点：金额固定、金额较大、客户排斥推销。对于客户来讲，其是不愿意储值的，他们希望能够直接打折，而餐企都是想做储值的，留住客户的钱，客户就一定会再来消费，所以这就产生了矛盾。

智能推荐储值可以完美解决这个矛盾。智能推荐储值即首先储值的场景是在扫码查账、扫码买单的场景下，根据客户的消费金额，智能推送线上储值的方案。如下图。

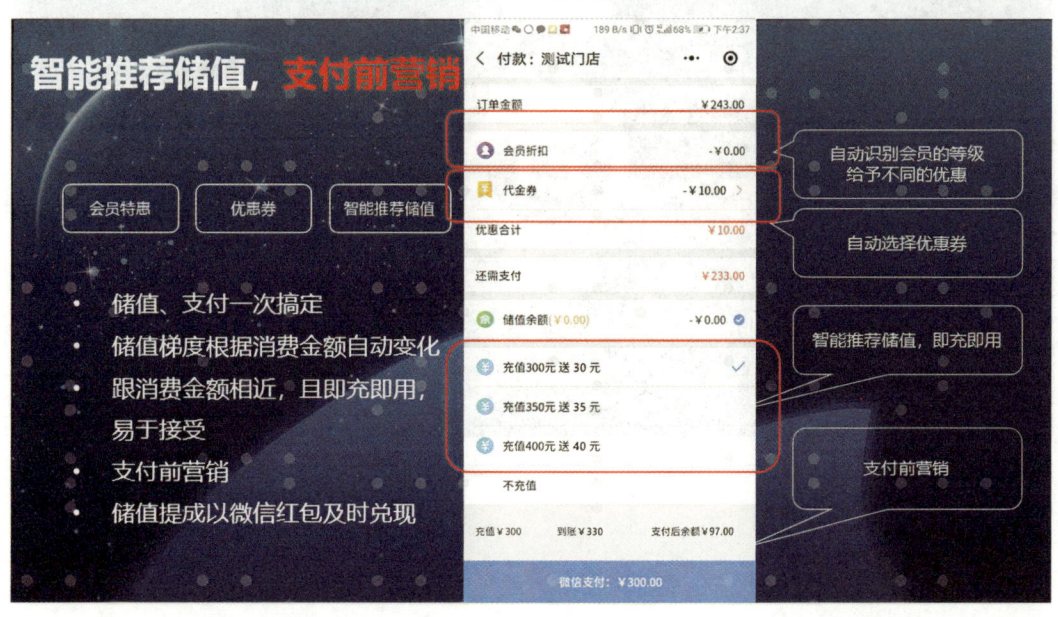

智能推荐储值有以下几个特点：

（1）推送的储值金额大于当次消费本金，其目的就是让客户留存一定的本金在会员卡里。

（2）推荐储值的金额略大于当次消费金额，客户留存的本金少，客户易于接受。

（3）储值、支付一步完成，省去先储值再买单的麻烦。

（4）客户在线上买单的情境下，只需要服务员简单的引导就能完成，配合一定的储值赠送，客户储值的概率会大大提高。

卡券和积分的玩法也有很多，无论是什么玩法，其核心是和客户产生利益或情感的关系。

### （四）精准营销

1. 精准会员画像

会员运营真正走向精准营销，是从收集用户数据开始，顾客注册相关信息，让商家知道了顾客的个人信息，且记录下了顾客买了什么。最初这些数据一般用来区分顾客及记录顾客积分。随着消费触媒方式的改变与多元化，其信息开始呈现出碎片化的特点。在庞杂的用户数据库中，呈现出的信息已经不仅仅局限于身份信息，还包括一些消费习惯与喜好信息，这些共同构成了消费者的"全景"画像，成为餐厅真正的会员资产。对于餐厅，会员身上的"标签"越多就越有利于商家进行定向、精准的营销行为。

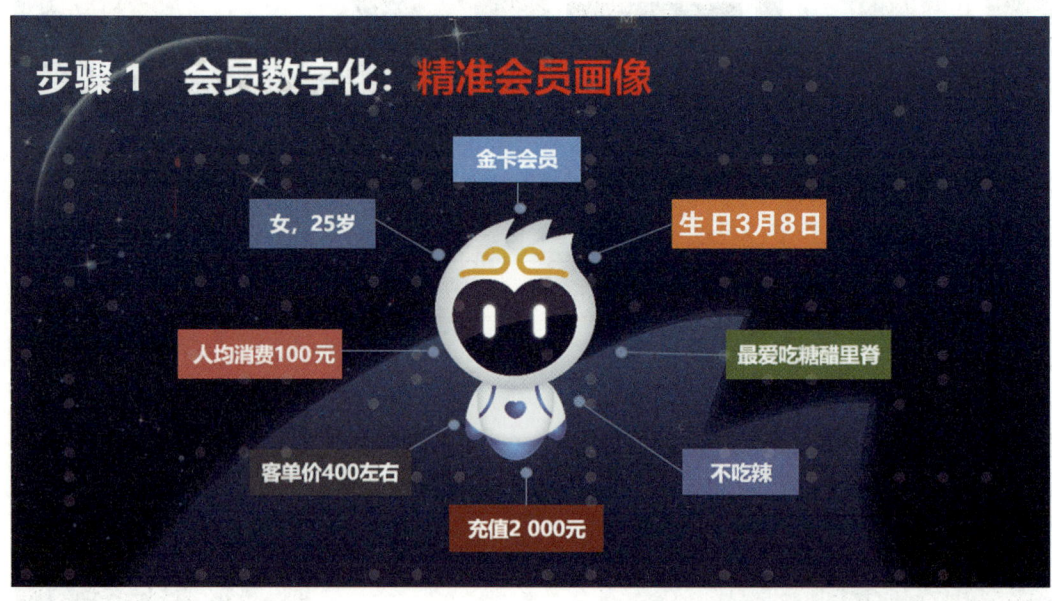

2. 会员数据分析

做会员运营就是挖掘客户价值，餐饮门店除了流动场所（医院、车站）做的是流动客户的生意之外，大多时候餐饮做生意做的都是客户的复购，80%的利润是20%的客户创造的。

◎ 活跃度

活跃度的标签判定是来源于顾客回购的时间周期，一般可以区分为4个阶段。

（1）活跃期：重复消费频率高，消费周期小于平均消费周期，可以认为其在活跃期。这一阶段的顾客可以向高价值顾客转化，提升其可产生的价值，例如转化为储值顾客，或者提高客单价。

（2）沉默期：未到店时间超过了平均消费周期，但未达到2倍消费周期。我们认为其在沉默期。这一阶段的顾客，存在多种情况，可能是对门店菜品吃腻了发现了新的餐厅，或者是在上次复购中门店自身有问题导致顾客对门店不满，从而导致顾客进入沉默期。这一阶段可以赠送一张相当有诱惑力的优惠券，可以是代金券，也可以是新菜品尝券，刺激客户回到门店。

（3）沉睡期：未到店时间超过了2倍平均消费周期，但未达到4倍消费周期，我们认为其在沉睡期。这一阶段的顾客很大程度上是因为在沉默期，没有及时唤醒或者唤醒的方式不被顾客所接受，所以进入沉睡期。这一阶段的建议是"重病下重药"，以较大的优惠力度刺激其返回门店复购，从而再次激起顾客的活跃度。

（4）流失期：经过几轮的沉睡唤醒，会员还是没有回头消费，那这个会员就流失了，意味着生命周期的结束，对商户来说已经失去了价值，无须再维护了。

◎ 忠诚度

忠诚度的标签判定来源于顾客的消费次数，我们将其区分为3个阶段。

（1）新顾客：只在门店完成了1次消费的顾客，这样的客户可能是尝鲜，尝过之后好久都没来了，也可能是最近来门店消费过，还没复购而已。

（2）零散顾客，即在门店完成了2次以上消费，但没有达到平均交易笔数的$N$倍。（门店所有顾客交易笔数总和除以门店所有顾客数，及时平均交易笔数。）

（3）稳定顾客，即在门店完成了平均交易笔数$N$倍以上消费的客户。

◎ 价值度

价值度的标签判定来源于顾客的累计消费金额，可以分为4个阶段。

（1）普通顾客：完成的消费总额小于门店客单价。（这一类顾客的可能是首次消费，总体判断客户价值度不高。）

（2）白银顾客：完成的消费总额大于门店客单价，但不足门店客单价的2倍。（这一顾客可以体现出消费水平较高，或者对门店进行过二次复购，无论是两种情况的哪一种，都值得继续关注这一顾客。）

（3）黄金顾客：完成的消费总额大于门店客单价的2倍，但不足门店客单价的4倍。（这一阶段的顾客基本上是有过复购，且可能还具备消费金额较高的属性。所以这一顾客可以重点关注，或者往储值顾客引导，进行锁客。）

（4）钻石顾客：完成的消费总额大于门店客单价的4倍。（这一顾客已经是门店常客，且对门店有较好的黏性，至少消费过2次以上，那么这一顾客，我们可以引导其为门店进行裂变，提升门店的客流和知名度,并引导储值,进行锁客。)

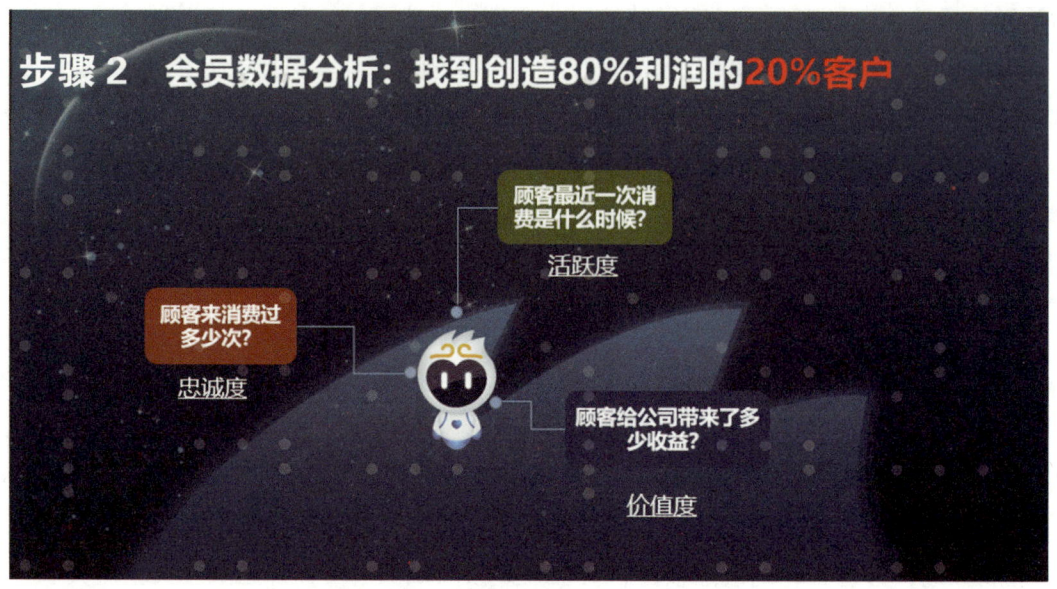

三个方面可以结合起来共同筛选出我们想要的客户,其实精准营销的核心在于精准会员。精准会员就是把客户的各种标签叠加起来使用,找到想要的会员,制定特定的营销活动。

3. 精准营销

◎挽回即将流失客户

挽回流失客户指的是会员未到店消费时间已经超过 $N$ 倍平均消费周期,此类客户可参照沉默期和沉睡期的客户的激活方式,通过赠送新品尝鲜卡、优惠券等方式刺激会员再次到店消费。

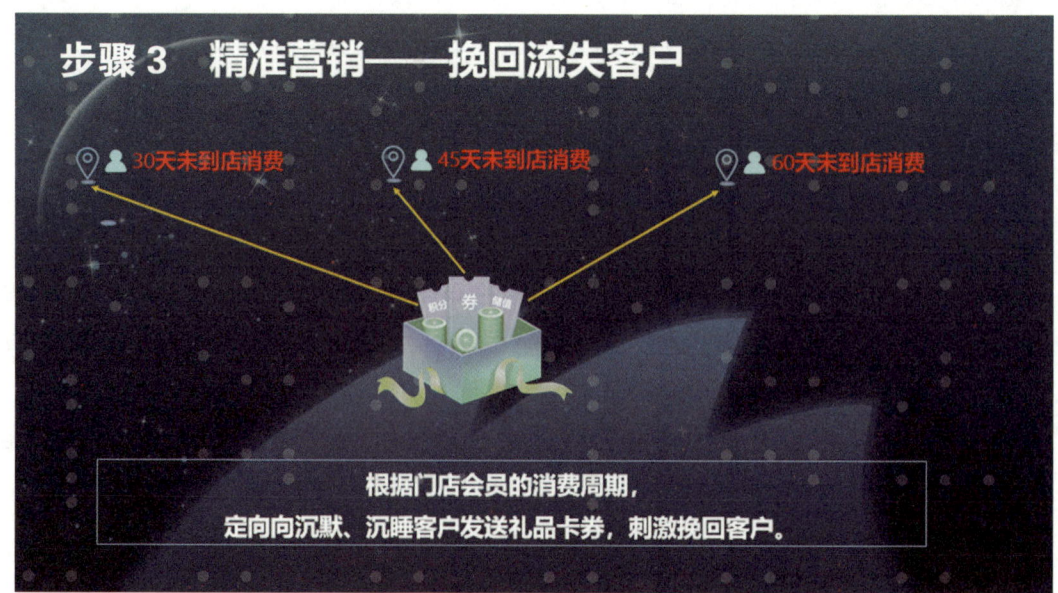

◎ 激活潜在客户

潜在会员指的是通过多种会员拉新方法，获取了很多的粉丝会员，他们可能是通过异业合作获取的，也可能是通过会员邀请、朋友圈广告等方式，但有部分粉丝会员从未到店消费过，这时可以通过定向发送卡券等优惠，激活潜在会员到店消费。

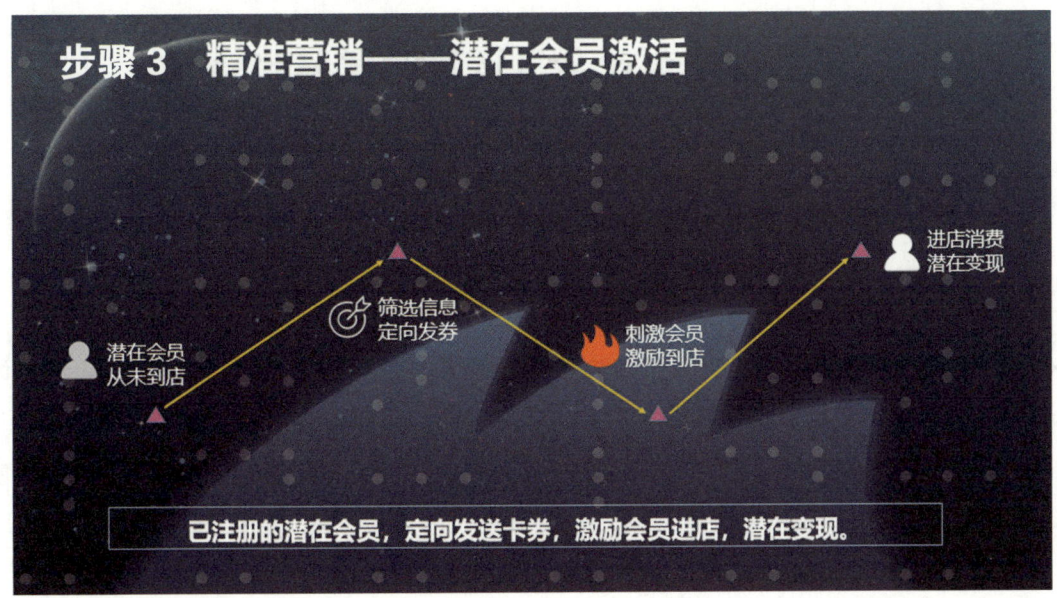

4. 自定义精准营销

运营人员做了会员数据分析以后，就可以清楚知道想要营销的人群。此时，可以通过会员个人信息标签、消费信息标签、消费喜好标签等筛选出特定的人群，做精准人群的营销。

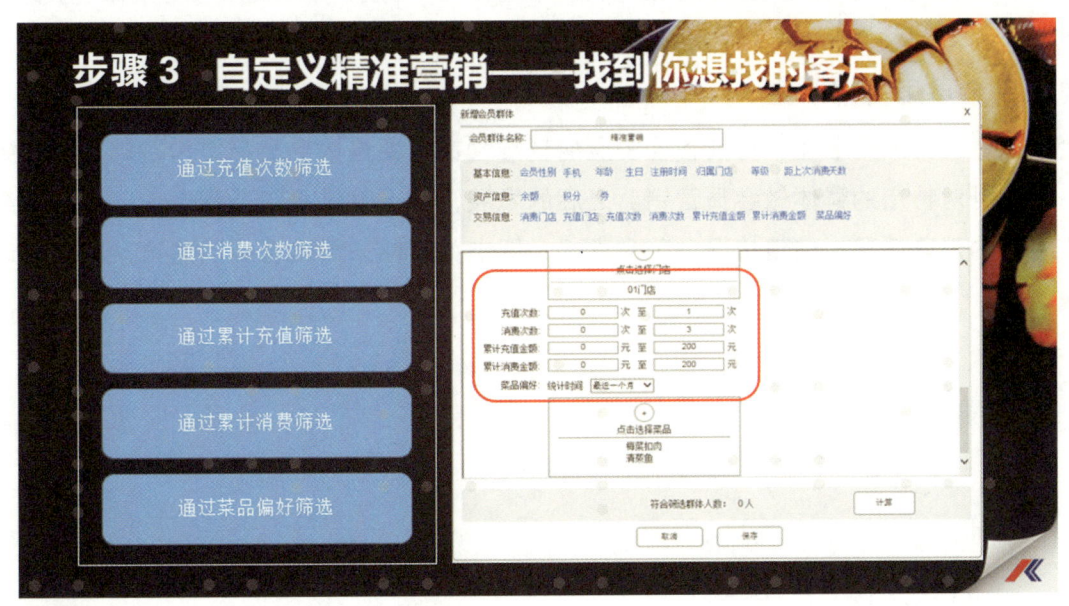

## 五、餐饮企业会员运营的发展趋势

### （一）会员运营体系化

在未来，餐饮企业做会员运营，大多会借助会员系统做体系化的会员运营，从会员体系搭建，到会员拉新、会员复购、精准营销，形成一套完成的、阶段化进行的会员运营体系。餐饮企业会员运营的岗位也会越来越重要，专人专岗。之前一个530家门店的餐饮企业很多时候可能是一个IT技术人员既要负责门店的硬件、线路，又要负责软件安装实施，门店的营销也可能是IT技术人员来落地。那么在未来餐饮信息化、会员运营将都会单独有专人负责，而且越来越重要。

### （二）会员运营广泛化

会员运营更加广泛化，有流量的地方就有拉新，除了微信平台，像抖音短视频、视频博客（Vlog）、大众点评等聚集线上人流的平台将会是餐饮企业做竞争的重要战场。这些公域流量平台的资源如何引流到线下，再通过会员系统进行有效的转化和锁客，将会是餐饮企业做会员运营的重要策略。

### （三）会员运营精准化

会员运营将更加精准化，目前餐饮主流的精准营销主要是以会员标签为基础，精准到会员群体，然后针对特定的群体做会员营销。之后的发展，精准营销将精准到个人，会员系统会根据每个会员的消费情况、储值情况、菜品喜好、朋友关系圈来给出营销的建议，做到自动化营销推送。

# B.13

## 佳宁娜——餐饮品牌的革新之路

■ 江本华  陈锦莲

---

江本华  男，深圳佳宁娜餐饮管理有限公司，董事兼总经理
陈锦莲  女，深圳佳宁娜餐饮管理有限公司，总经理秘书

# 一、佳宁娜集团的发展

佳宁娜集团控股有限公司由马介璋先生和马介钦先生1967年共同创立于香港，其是一家涵盖物业发展、餐饮、酒店及食品等多元业务的上市公司。佳宁娜集团前身为香港达成集团，1991年于香港联合交易所主板上市（香港股票代码00126）。随着集团业务扩大到内地，以及公司"佳宁娜"品牌的确立，2013年达成集团正式更名为佳宁娜集团。

### （一）佳宁娜餐饮发展的概述

佳宁娜集团餐饮业务旗下拥有佳宁娜潮州酒楼、顺意顺德家乡菜、潮梅里卤鹅、味皇、尝味、自家面（面皇）、泰越概念、韩赞等多个知名餐饮品牌。其中作为深港老字号品牌的佳宁娜潮州酒楼，于1982年在香港湾仔开设首家门店后，由集团名誉主席马介璋先生在1988年引入中国大陆，并先后在深圳、佛山、海口、昆明、益阳及东莞开设了9家分店，至今已有30余年历史。集团曾荣获"深圳老字号""国际餐饮名店""亚太厨皇会荣誉奖""深圳潮菜知名企业""第四届深圳餐饮风云榜最佳味道餐厅""中国饭店金马奖""粤菜师傅技师工作站"等多项荣誉称号，已成为深港两地潮州菜及高级食府的代表品牌。

### （二）品牌建设的重要性

在当今市场竞争中，品牌对于餐饮企业来说非常重要。从消费者角度来看，品牌可以为消费决策形成依据，有什么需求就会想到对应这种需求的品牌，同时也可以降低选择成本，提升自己的生活品质；从企业角度看，品牌解决了与消费者沟通的问题，在品牌的信息、体验、品质等方面，让更多的消费者心甘情愿去选择。品牌增强了消费者对它的期望值，从而提高了产品的社会价值。同时，品牌也是产品或企业核心价值的体现，可以增强企业竞争力。一个好的品牌随时会向消费者传递信息，可以让产品在众多的同类中脱颖而出。品牌的重要性主要体现在以下几个方面。

1. 品牌能够帮助企业建立目标消费者的忠诚度

企业有了品牌之后，其目标消费者就是通过品牌的价值和良好的口碑来识别目标产品。

2. 品牌能够帮助提高产品质量

企业想要做好品牌就必须综合考虑品牌的内涵和组成要素，而产品的质量是品牌的根本所在，如果一个品牌没有严格的质量管理体系来保证质量，也就不是品牌。

3. 品牌可以节约新产品的进入市场门槛和费用

当一个品牌在市场上被目标消费者广泛接受以后，品牌的价值和美誉度都在消费者的心目中形成，然后企业推出新品并借助老品牌的优势，就能很快被消费者接受和认可。

4. 品牌有利于把本公司产品同其他同类品牌区分开来

品牌一旦建立成功就能在消费者心目中形成固定的形象，这个形象一旦被消费者认可就能长期接受并形成惯性购买，从而把品牌和同类品牌产品区分开来，占领消费者心目中的空白领域。由此，我们也可以看得出品牌建设的重要性。

## （三）品牌建设过程中存在的问题

品牌是公司提供的产品或者服务在消费者心中的烙印，是在消费者脑海中建立的一个形象标签。品牌建设的目的是通过打造品牌的知名度、美誉度、忠诚度使其提供的产品或者服务卖得快、卖得贵、卖得多、卖得久。

佳宁娜作为深圳老字号企业，具有自己鲜明的特点，因此被顾客称道。但在发展品牌过程中，首先，其缺乏有效的品牌扩展措施去占领市场，其次，是在建立现代企业管理制度中缺乏有效的品牌管理机制，对品牌资源未能进行合理而有效的整合利用，造成品牌资源的流失。同时，佳宁娜的部分商标被他人恶意抢注，严重损害了佳宁娜的声誉和形象，品牌保护力度仍需在未来继续加强。

## 二、品牌建设中的探索

对餐饮行业来说，餐饮品牌建设是一个长期的过程，在这个过程中不断在消费者心中树立良好的品牌形象，才能实现口碑与品牌价值。佳宁娜餐饮近两年在品牌建设上，一方面，需要充分展现餐饮老品牌的强大影响力，在深耕老品牌企业优势的基础上丰富产品内容，创新服务形式；另一方面，需善于挖掘新兴、创意品牌在引爆消费热点、引领餐饮时尚潮流上的潜能，利用好线上平台和线下门店，扩大品牌影响力。

餐饮品牌的建设应区别一般消费品牌的建设，餐饮品牌的产品从制作到消费都是对顾客服务的过程，尤其向顾客服务是贯穿始终且影响深远的主要途径，通过最直接的方式——菜品、服务等传递品牌内涵，让顾客享受富有特色的服务后，增加对品牌内涵的记忆。所以，餐饮品牌的建设是不断循环、不断发展的过程，且有目的、有阶段、有针对性的品牌管理需要时间的积累，方能创造出中国餐饮企业的名牌。

因此，企业要采取切实有效的思路与对策，着力加强企业品牌建设，努力创建行业领先、用户满意、群众公认的品牌形象，以品牌优势提升企业核心竞争力，推进企业持续有效的和谐发展。

### （一）品牌意识的树立

品牌是企业的无形的宝贵财富，知名品牌更是无价之宝。企业要想在激烈的社会竞争占有一席之地，首先从上到下必须树立品牌意识，其次必须创建自己的品牌。要从市场竞争战略的高度认识品牌，其中包括对品牌的含义、品牌战略、品牌效应等方面的认识，这是加强企业品牌建设的关键。

### （二）企业文化建设

现在市场上的品牌产品，既是物质成果更是精神成果，还体现了企业的文化素质。只有具有高水平的企业文化，才能生产出精品、名品，创造出体现全部品牌价值的产品。因此，创建品牌、名牌，必须加强企业文化建设，提高文化素质。

### （三）优秀团队创建

人才是企业发展的根本所在，优秀人才更是创建品牌的决定因素。一要制定具体的措施，吸引优秀人才，激烈优秀人才，合理使用优秀人才；二要重视人才的培养，加快实施人才兴企战略，有计划地抓好人才培训，培养和造就优秀的科技和管理人才，建设国内一流的员工队伍；三要练好内功，形成积极向上的企业理念和企业文化氛围，依靠企业上下的团结协作，创建出企业品牌。

### （四）科学管理

科学管理在创建品牌过程中占有很重要的位置。一要加强对品牌自身的科学管理，准确地为品牌进行市场定位，永远地保证品牌的质量，精心为品牌包装，巧妙地为品牌设计广告，深刻地挖掘品牌的文化内涵；二要加强对企业的科学管理，抓好人才、管理、科技、产品、营销、公共关系等战略的落实，全面提高市场竞争力。

### （五）产品质量保证

品牌是高质量的标志，质量是品牌的生命，开拓市场效益的核心是产品的质量。因此，创建企业品牌，必须把质量工作当作企业的"生命工程"，高度重视产品的市场质量，千方百计地保证产品质量。

### （六）创新

创新在现代社会中的作用越来越重要，产品只有不断创新才会有更好的进步。

## 三、佳宁娜品牌的互联网推广

随着互联网技术和大数据在餐饮业中应用逐渐普及，面对未来市场，餐饮同行都在观望摸索，而佳宁娜也在寻求新的增长和未来。

### （一）引入会员系统

佳宁娜引入会员管理系统，发起多场会员营销活动，包括新会员招募、家宴、婚宴精准营销、会员生日营销、新媒体营销五大类型，而通过开展会员营销活动，持续挖掘会员价值，也将成为佳宁娜会员管理的重心。

### （二）第三方平台合作

2019年，佳宁娜加强与大众点评网、美团网、口碑网、各大银行APP等第三方互联网平台合作，加大网上预订销售力度和微信营销平台传播，提升精准销售服务，推出网上订餐抽奖、节日专属优惠等一系列迎合市场销售的举措。

### （三）智能化数据管控

佳宁娜引入智能化的数据管控平台，在财务、经营、营销等方面的分析工作，都是在引入大数据的基础上完成的，比如佳宁娜的"三大招牌、十大必点"都是通过数据跟踪和分析，针对消费者的口味变化制定出来的。

### （四）外卖研发投入

自2019年以来，佳宁娜加大了线上外卖产品的研发投入，开启了"互联网+餐饮"的计划。

### （五）推广电子点单

在所有连锁门店内实现了电子点单，提高了出菜效率，节约了人力成本。

移动互联网时代赋予了消费者更多的选择，也重新整理了餐厅与消费者之间的关系，加强品牌建设与品牌营销能够帮助企业有效地扩大市场，更好地为消费者服务，提升消费者的忠诚度，从而提升企业的核心竞争力。

# 四、互联网时代的品牌建设

随着互联网技术的提升,从电脑(PC)、移动互联发展到智能互联,对品牌的建设既带来挑战,同时也带来机会。在互联网时代,品牌建设需要格外关注的有几个方面。

## (一)阳光行动,从头做起

品牌建设要成为阳光行动,从头做起,以小见大,要进行全生命周期的培训,不能"英雄不问出处"。过去讲"英雄不问出处",只要做得好就行,这是典型的草根文化。互联网时代,英雄一定要问出处。

## (二)品质提升,经久不衰

在互联网时代建设品牌要注重品质的提升,因为品牌是品质的符号,只有高品质才能撑起好品牌,才会经久不衰,所以我们在品牌建设中要抓好品质建设。近几年,国家特别提出要促进产品品质的提升,促进"中国制造"向"中国质造"的转变,企业更应该将品质放在首位考虑。

### （三）培育基因，长期坚守

品牌培育是有基因的，品牌要注入文化基因。品牌也是文化的积淀，是品牌创造者文化素质的体现。为什么有的品牌不能打动人心？最重要的是缺少文化内涵。

### （四）数字定义，实时共享

品牌建设要用数字来定义，我们进入数字经济时代，发展数字经济就要加快推进品牌的数字化，从而促进品牌网络化共享，集约化整合、协作化开发、高效化利用。同时，在品牌建设中要深度开发数据，广泛利用大数据，这样可以更精准地对接市场，适应定制化的消费需要，实时进行品牌提升，这是数字经济时代对品牌建设提出的特殊要求。

### （五）战略主导，持之以恒

品牌建设要成为一种战略，而且必须放到重中之重的位置上，要持之以恒。随着产业的转型升级，企业也面临着战略上的转变，从规模最大化转向价值最大化，而价值最大化的标志是什么？就是品牌的最大化。所以我们要在互联网时代把握这个时机，既要敢于迎接挑战，更要善于把握机会。

在互联网时代，品牌建设要做到有品质、有感情、有温度。如今的市场，同质化品牌和产品屡见不鲜，如何通过品牌建设打动消费者，得到消费者的认可，是每个企业都要考虑的问题。

佳宁娜品牌革新后，电子商务平台涵盖了网上预订、网上销售、移动设备支持、第三方接入等与换联网相关的内容，借鉴互联网思维，增加了新的销售渠道，实现了营收的增长。

# B.14
## 行膳——餐饮业产学研通路探寻

■ 吴 麟

---
吴 麟 男，行膳餐饮研究院策划部

作为世界第一的人口大国,依托政策与人口优势,中国在过去的 40 年间快速成长为世界第二大经济体,国民生产总值自 1978 年的 3 600 亿元攀升至 2018 年的 90 万亿元,增长达 250 倍。人均可支配收入从 40 年前的 171 元/年增加到今天的 2.8 万元/年,其中城镇人口人均可支配收入达到 3.9 万元。

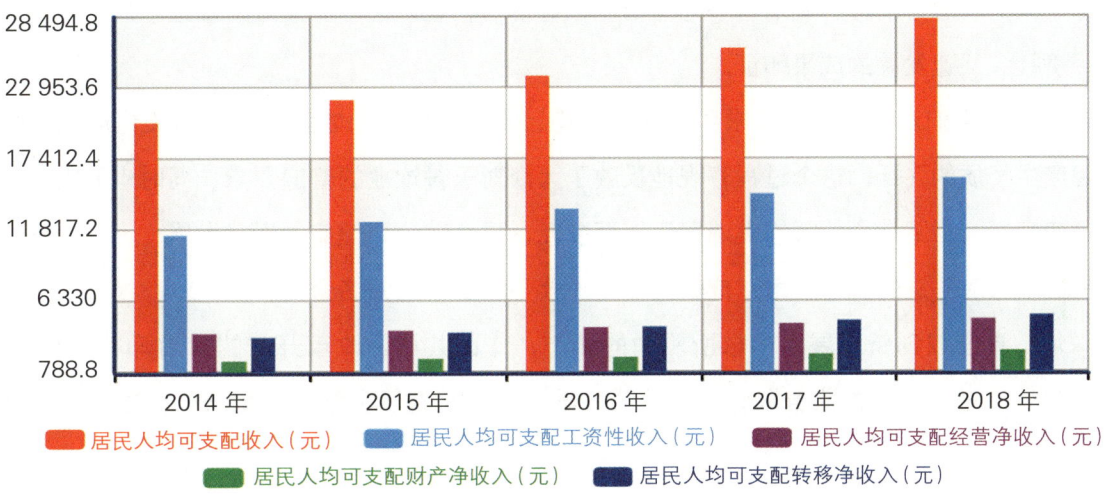

图 B.14-1　2018 年居民人均可支配收入
(数据来自国家统计局)

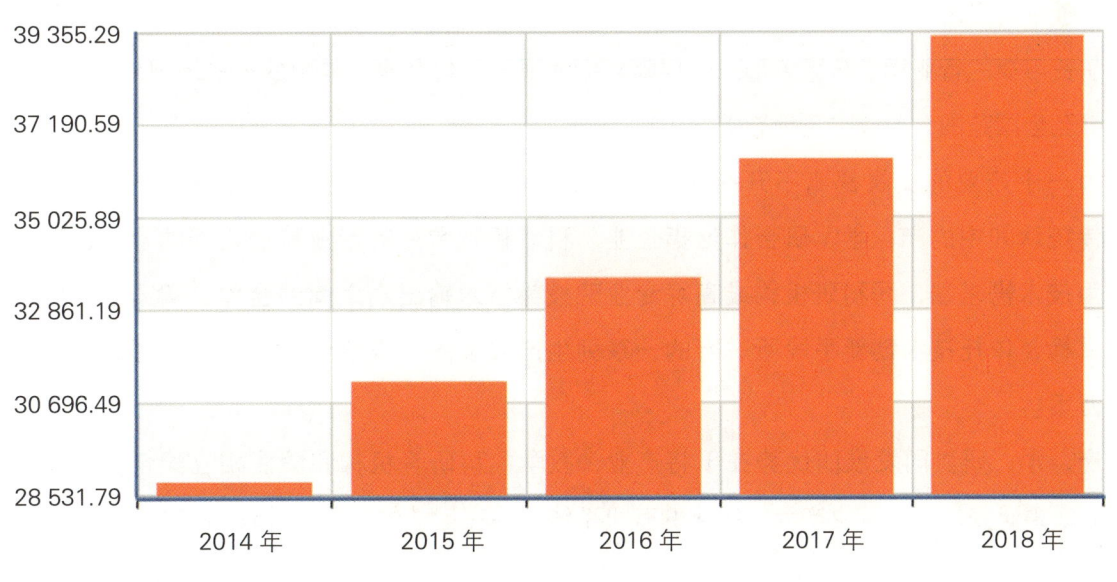

图 B.14-2　2018 年城镇居民人均可支配收入
(数据来自国家统计局)

伴随国民收入的增加，大众对于生活品质的要求也随之提高。古往今来，从街头巷尾到深宫大院，崇尚"民以食为天"的传统观念，是中国人骨子里亘古不变的追求。对于食物功能的定义，不再仅仅只是果腹，同时还反映着当下的民生民情，体现着地域的经济、生活与风俗文化，更加透露出每个人的观念与信仰、生活水平与身份地位等信号，是人们对于美好生活追求最基本的体现，也是经济社会飞速发展的成果印证。

在今天，人们对于食物的要求早已从吃得饱、吃得好发展为吃得巧、吃出文化内涵。吃的文化已经产生了质的飞跃，这个过程客观地反映了大众对于餐饮业的普遍要求，同时也助推了餐饮行业的迅速发展。当下社会的餐饮类消费正以更多元、更高端、更健康的形式发展，一部分餐饮企业已经掌握了与时并进的先进技术，成长为当今时代下行业中的知名企业。

深圳，这座以创新发展为内核所驱动的城市，作为共和国改革开放的前沿阵地，在过去40年的历史发展进程中，扮演着敢为人先的领头羊角色，起到了引领经济增长，树立发展榜样的标杆作用。

一座城市的发展得益于各种产业的多样化生长，以及技术力量与管理方式不断地升级迭代。深圳的餐饮服务业，因其特殊的区位优势，历经了早期向国外和港澳地区学习先进经验的时期，在这个过程中，经过自身不断地研究摸索、大胆尝试与整合调整，已经总结并且发展出更加适合内地社会消费习惯的行业标准与服务形态，伴随社会发展与文化交流，其中的一些地域性餐饮文化迅速地辐射至全国范围，形成广泛地影响。

每一个产业的发展都离不开商业与学术的有机结合，这就是我们常说的产、学、研的合作，传统认知中的产、学、研合作泛指企业、科研机构和高等专业院校之间的合作，通常指以企业为技术需求端，同科研机构或高等专业院校为技术输出端之间的合作，实质上是以市场需求为目标，依托技术创新手段所进行的一系列生产要素的开发整合，从而不断形成更新更优的解决方案。

产、学、研协同发展的优势在于将产业、教学、科研等机构和职能相互配合并发挥各自优势，形成集研究、开发、生产为一体化的有机系统，并在运营的过程中体现出综合优势，从而形成强大的推动力量。

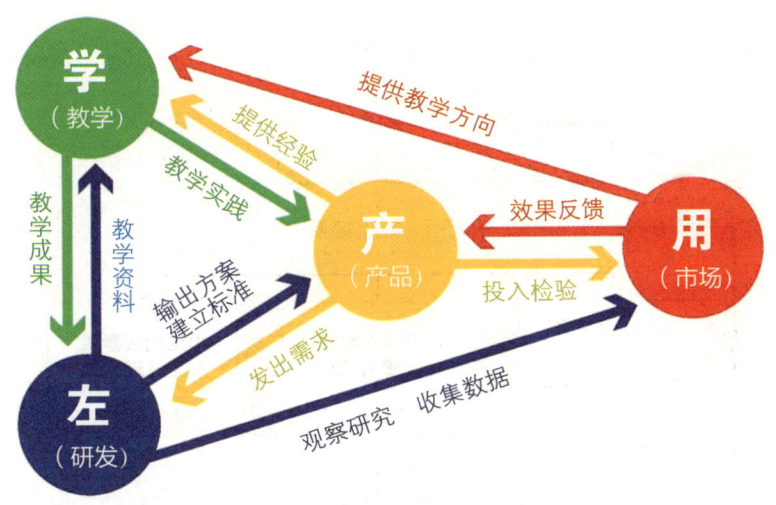

图 B.14-3　产、学、研、用协同发展示意图

基于这样的时代背景和发展理念，诞生了一家立志于探索餐饮行业的产、学、研通路，打造一个全通路多方位的集餐饮研发、学术交流、模式创新的平台型餐饮企业——深圳市行膳餐饮研究院。

我们感受到社会大众对于餐饮业服务更高的要求与期待，本着为业内输出更多优质产品、优秀人才及先进经验的起心动念，深挖以中式餐饮为主，同时包罗世界各地美食，希望将餐饮文化和将餐饮行业的系列服务做得更出色。

行膳餐饮研究院既做餐饮及配套功能的研发孵化，也提供高端会员制服务，同时整合业内一切同餐饮相关的优质资源为从业者提供服务。其立志于为餐饮业的发展贡献力量。探索餐饮业的产、学、研协同发展并互为支持是行膳餐饮研究院的发展方向。

图 B.14-4　行膳品牌 LOGO 展示

行膳餐饮研究院坐落于深圳市罗湖区中心商圈的世界金融中心大厦，地处罗湖商业中心区域。该区域写字楼与卖场林立，商业资源发达，拥有良好的消费市场，对于研究获取餐饮消费中各种有关餐饮出品、餐饮消费场景、餐饮服务流程与相关需求具有比较明显的代表性作用。

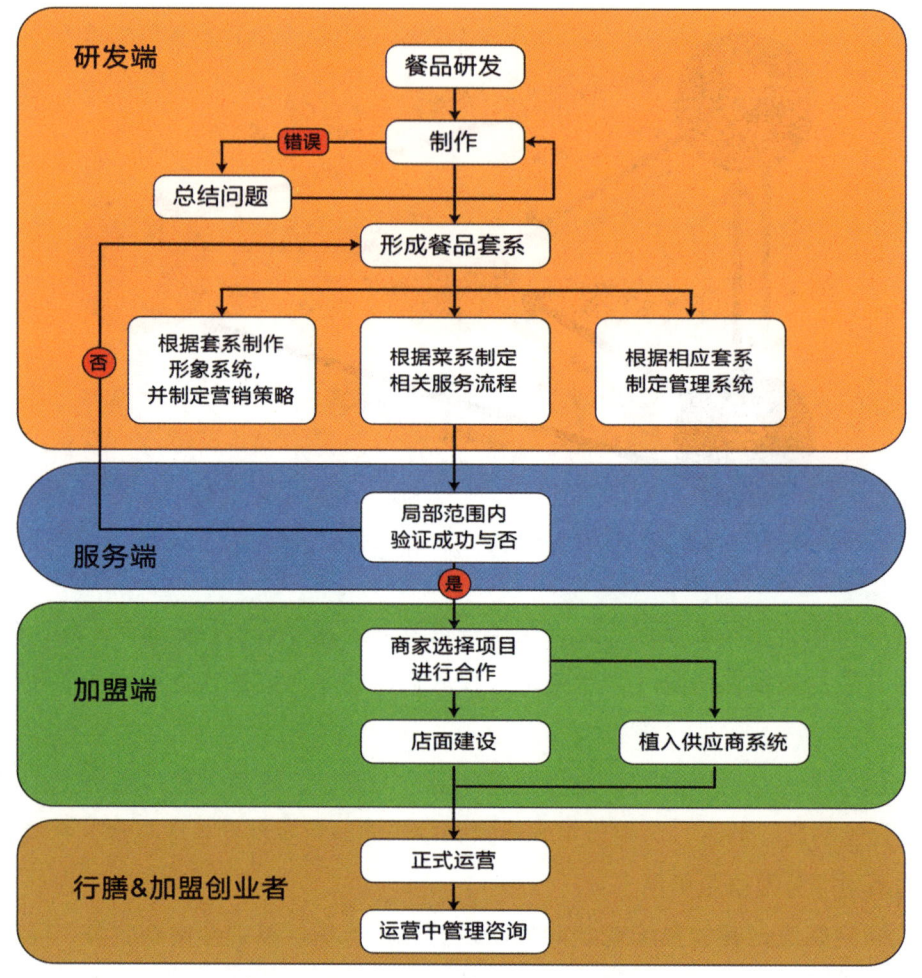

图 B.14-5　行膳餐饮研究院运营架构示意图

# 一、基于市场反应的研发端——研

产品是否受顾客的青睐？与市场中同类产品对比优势在哪里？是否可以弥补市场中的某个空白？存在哪些缺陷？怎样更好地控制成本？怎样管理更高效？区域环境中什么品类或品牌更受欢迎？从业者对产品以及模式的反应如何？通过这一系列的问题，我们可以发现无论产品定位如何高端,管理如何完善,都需要投入到市场中进行检验。市场即战场,市场是最公平的天秤,不会偏袒任何的不足,却会将产品与服务中哪怕最细微的瑕疵毫无保留地曝光在大众的聚光灯下,毕竟消费者的眼睛是雪亮的,顾客自会给出评分,提出问题。

### (一)产品研发

行膳作为一家餐饮机构,菜品是其金字招牌,反映出其研发出品的水准,代表行膳的最核心实力。纵观餐饮市场,主要的品类构成有几类——以八大菜系为代表的传统菜,汇聚各类地域文化特色的创新融合菜,回归菜品口味本质的江湖菜,紧跟时代消费习惯的餐饮小品,如各类小吃饮品。行膳经过广泛地研究市场产品,结合现代社会大众的餐饮消费习惯,打破传统意义上以区域、菜系、烹饪手法等方面来划分菜品种类,从新以功能与人群消费场景对菜品进行定义划分,尤其在深圳这样一个快速发展的移民城市,融合了全国乃至全球各地不同的美食,不能说哪一种是最主流的菜品,因为每一种都有自己显著的特色。

行膳经过仔细研讨论证,认为适应行膳平台研发与当下社会餐饮消费形态的菜品应具备几个标准条件:

(1)安全放心——在食品安全日益严峻的当下,这是饮食最核心的第一要素,让食客吃得放心,是其死守的第一道关卡。行膳出品的所有菜品,原材料均来自行膳自建供应平台,保证食材安全新鲜,品质具备国内高水准的食品安全等级,经得起各项标准的严格检验。每一批输送至行膳餐桌的食材都登记在册,并可追根溯源。

(2)健康养生——食材要新鲜,菜品的营养搭配要符合健康要求,为实现这一功能,行膳组建有一支具备多年行业经验且用心钻研的队伍,包含食品工程学、营养学、中医药学等专业学科人员组成的产品研发队伍。

(3)出品效率——时间就是金钱,效率就是生命。在当下的餐饮服务中,追求更快更好,是行业乃至全社会都关注的焦点。行膳自筹备期就开展了广泛的考察,走访了国内外一批拥有先进厨房设备及管理系统的餐饮类企业,并聘请了香港专业的厨房设计团队,历时半年多时间,经过多轮方案推翻与重建,设计出一套适用于行膳平台,且具备国际先进技术于一体的智能化厨房系统。该系统可以保证更高效地出品,并且对整套厨房系统进行智能化管理。此外,该系统亦可用于高端厨艺表演与技术交流。

(4)滋味美妙——美妙的滋味是美食最迷人的特质,它是饮食品质最纯粹的体现,口味与口感承载着食材的质量与烹饪技艺的水准。为此,行膳组建了一支拥有高超厨艺的出品团队,他们来自国内多个知名酒楼与餐饮品牌,平均拥有20年以上的优秀从业经验,更有多名厨艺大师荣获中国烹饪协会颁发的"注册中国烹饪大师"证书。此外,行膳聘请多名国内外名厨名师担任研发顾问与客座研究员,尽最大努力去展示美食文化与烹饪艺术最迷人的一面。

（5）形式多样——如今，大众对于吃的理解已经超越了一日三餐的范畴，"吃"本身是一种文化的体现形式，吃出花样，吃出门道，吃出文化，层出不穷的创新与美食家助推着美食以丰富多样的方式发展。在菜品形式的研发中，行膳注重食材的搭配与创新以及烹饪手法创新，分为组合套系与单品研发，把目光锁定在不同年龄、不同身份、不同功能、不同价位、不同场所等多维角度下的饮食场景中，旨在创造更加丰富的菜品和口味。目前，行膳已孵化出汤品、甜品、行业终端配套餐饮、火锅及素食等品牌。

（6）文化内涵——有形的事物终会被时间磨灭，被更新的具备创造力的事物代替，得以流传的始终是内在文化。在吃这件事上，如何升华菜品的文化内涵，同样是行膳着力之处，一道菜品的由来，一套器皿的讲究，一个程序的出处，都有文化可讲，种种皆文化，般般有来由。不仅品尝美食，更是认知其中的魅力，巩固文化印象。

行膳研究院从设计之初到施工运用，均依据现代先进的商业理念，采用模组化设计，每一功能均可拆分为独立模块，以匹配行膳商业理念及应用系统，结合餐饮、产品及运营三大板块的创新管理模式来进行研发，同时对系统内一切研发成果进行专利申请及建档管理。

### （二）服务研究

如果将一家餐饮企业的菜品比作其金字招牌，那么服务一定是雕琢这块招牌的能工巧艺。服务较之菜品而言，同样具备自成一套系统的方法。同时，在整个用餐的过程中服务是最早接触到顾客，其方式与质量为顾客带来第一印象，反映着企业的形象。

行膳餐饮研究院对于服务的理解来自全方位多层次，从环境的打造到人员服务的流程与细节都进行了充分的考量与研究，"工欲善其事必先利其器"，这是行膳对于专业出品的底层逻辑。

在服务的环境打造上，行膳聘请了在装饰行业中久负盛名及具备优秀实力的广田装饰集团与美伦美装饰资深设计团队操刀力制。其中，甜品区域在设计过程中参考了国内多个设计单位的方案后，最终选择远赴欧洲，聘请意大利设计师对甜品区域进行设计与文化植入，体现出甜品温馨浪漫的感觉。

在行膳研究院逾300平方米的大厅内设置有多个功能区域，包含珠宝展示、奢侈品展示、亲子、孝贤、阅读、茶艺、书法、对弈等功能，满足各种场景下的服务需求，确保来到行膳的每位贵宾在享受到美食之外收获更多的精神愉悦，感受回家般的温馨。在这里，可同事业伙伴谈经论道共叙韬略，与长辈子女共度居家时光，和三五知己品读人生百态。品一杯好茶，赏一幅字画，读一本经典，交一众良友，感受时光对生活的雕琢。

行膳研究院的大厅凝聚了企业对生活与服务的感悟——生活之所以具备优美的品质，焕发出惊艳感官的形式之美，一定得益于用心的经营与执着的创造，才匹配其对于服务的理解——一切的用心是为了提升舒适度与价值感。

此外，研究院内配有风格迥异的五大包厢——体现高贵典雅气度与精雕细琢工艺的北京厅，具有欧洲古典风格的巴黎厅，充满时代简约风格的深圳厅，有着独坐小楼观烟雨闲情逸趣的苏州厅，精致简约又做工考究的东京厅，令来宾体验情怀各异的风情。

在楼面服务上，行膳组建了两套班子——标准化执行与监督报告，均以高端餐饮标准化服务为参照基准，引进互联网思维，总结出更加全面细致的服务方法，并以人性化思维管理我们的服务团队。同时服务队伍积极关注国内一切专业动态，积极参与一切跟专业有关的组织与活动，提升行膳的服务质量。

### （三）管理研发

在行膳系统内，管理的精髓在于不断地记录与复盘，找出存在的问题和不足，以更好的方案迭代。在这里，每个职能的工作都依据一套完善的管理方式，在执行过程中不断调整优化，确保研发、原料供应、出品、服务、推广营销等工作更好开展。

同时，在加盟端，行膳根据市场的广泛需求推出便于数据统计与运营的管理模式，对数据加以分析，提供更好的服务方案，方便品牌加盟者快速获得实际的利益，将最大的精力投入到日常的经营活动当中。

### （四）模式研发

一套好的模式可以让一家企业的运营顺利开展并保持持续快速的发展势头。行膳主抓餐饮市场的研究，服务于立志投身餐饮业的创业人群，了解餐饮从业群体的各种需求，进行有针对性的研究。

因此，行膳餐饮研究院广泛收集并研究了市面上的各类餐饮创业方案和服务模式，将其中一些进行了整合与增值，对加盟行膳旗下品牌的创业者来说，其将提供更多元的服务方案，让餐饮从业者经营更轻松、企业发展更稳定，品牌形象更清晰，受众品牌黏性更强。

以行膳旗下的孵化品牌为例，不同的品牌存在细分种类、消费价格、经营规模等因素的差异，经营方式和消费方式也有差别，因而产生不同的需求，所以在关于各个品牌运营、日常管理以及规范性等问题上，行膳做了全面深入的研究，整理与完善出适合各品牌和餐饮服务形式的合作方式，解决创业者关心的各种经营问题。

### （五）周边研发

除了餐品的研究开发工作外，围绕餐饮相关的一系列服务均为其工作范围。

关于烹饪的设备、器材、配套服务、器皿用具、仪式流程、烹饪效率、烹饪方式、摆放视觉等多方面，行膳餐饮研究院都采取了积极的建设与创作。

同时，行膳与餐饮业相关的各行业的优秀商家积极建立战略合作伙伴关系，以吸取最新的优质服务，贡献给餐饮从业者。

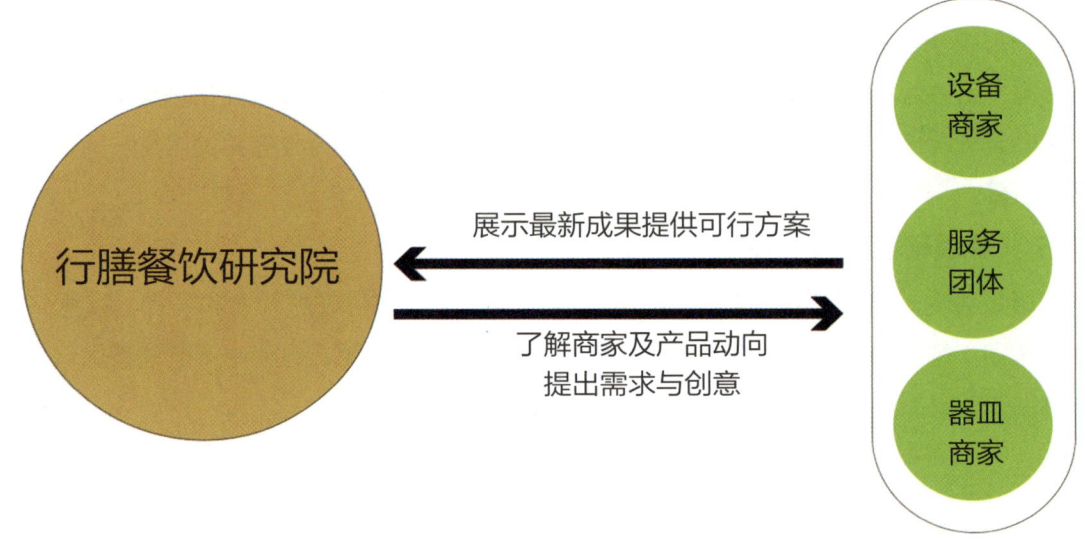

图 B.14-6　行膳餐饮研究院与商家的合作示意图

## （六）营销推广研究

在现今"酒香也怕巷子深"的高度商业化竞争时代，强大如麦当劳和可口可乐这样的世界500强餐饮企业，在每年的品牌营销与广告推广上都会投入数十亿美元以保证品牌的曝光度，由此可见在极度繁华商业社会与竞争激烈的环境下，持续对消费者进行品牌认知灌输的重要性。

这源于品牌推广起到的几个核心作用：告知、说服、提醒、强化。以水滴石穿的耐力对品牌的清晰认知度加以强化，五年、十年，乃至数十年始终不渝地坚持输出品牌的形象与价值，让品牌的形象与价值在受众的大脑中烙下深深的烙印。

行膳自项目筹备初期即对营销推广方面的工作进行了细致的部署，成立了专职的营销策划部门，针对企业日常推广、文化打造、产品包装推广、广告发布渠道、营销活动等方面的工作进行整合与研究，保证让更多创业者认识行膳，了解行膳为餐饮创业群体带来的积极作用。同时，策划部门对于行业动态、研发专利、专业技术等方面的资料进行建档管理，确保尽可能全面地了解市场动向，以输出最适合企业自身与加盟创业项目的推广方案。同时，行膳还联合国内外众多行业商会展开合作，网罗全球行业资讯。行膳还开辟电视栏目《行膳有味》，举办行膳全球赛事，全面地展示与平台相关的优势资源，尽最大努力让餐饮从业者了解与关注平台。

## 二、储蓄后备力量的教学端——学

事物总是遵循量变到质变的过程，一件事做得多了就会更细致、更周到，获得更好的结果，一群人共同为一件事情付出，就有可能从中产生优秀的人才。正是基于这个道理，为了保证不断推出更多、更优、更新的研究成果，行膳建立了一套完善的教学系统，用以建立与壮大人才梯队，培养更多的优秀人才以保证出品质量。

### （一）技术教学

行膳拥有一支开放的技术团队，担任研发、出品与教学任务。在人才梯队的建设中，通过职业院校途径招收优秀学员，并通过行膳赛事来选拔、招纳具有潜质的优秀专业人才作为后备力量。其烹饪教学的范围主要分为两个部分，一是烹饪技艺的提升和先进系统与设备的运用，二是根据研发成果进行的创新菜品教学。由行膳的顾问与客座研究员提出教学方向建议并加以指导，由注册烹饪大师担任讲师，执行教学任务。

在服务教学方面，同样通过招募与选拔的方式建立人才梯队，定期由行业资深人士进行服务技能培训与考核，从服务每一个流程上深挖细节，让学员感受身为一个服务者，以能为顾客提供优质服务为荣，也让被服务者感受到高质量的服务。

### （二）学术交流

行膳餐饮研究院作为深圳烹饪协会副会长单位，积极投身于协会举办的一切活动，积极展示行膳的研究成果，也广泛同国内外的优秀同行建立合作关系，吸纳先进经验与技术，并且定期组织交流学习活动，以学习促进技能提升，以交流促进平台发展。

## 三、服务市场需求的出品端——产

餐饮业的本质是服务，餐饮企业保持竞争力的根源是菜品质量，拥有好的出品质量是餐饮企业得以发展与壮大的重要因素。基于此，行膳在出品质量上回归餐饮的本质——以菜品体现水准。因此其对于菜品产出的投入是巨大的。基于行膳的运营方针，在保证自有品牌出品质量的同时，还需将所有出品规范化建档，以形成可快速复制的产品资料，正因得益于研发端和管理端的支持，行膳的出品才能保持保证高水准。

### （一）会员服务

行膳餐饮研究院提供会员制服务，受邀加入研究院的会员均拥有良好的社会地位与商业造诣，每位会员均拥有独一无二的身份标识，拥有该身份标识的会员，在研究院可以享受到全面尊贵的体贴服务。可享受行政总厨烹制菜品，享受多功能区域。

同时，研究院在日常也会定期举办丰富的会员活动，包含新品品鉴会、茗酒会、食材主题活动、技艺主题活动、星厨秀、餐饮文化讲座、商业交流活动、公益活动以及丰富的节日活动，令会员充分体验多元与优质的服务。同时，行膳为会员搭建了一个广阔的交流平台，会员之间可由行膳结识更多各行业的朋友，亦可建立商业合作关系，以促进行业正向发展。

### （二）模式输出

在现今的商业社会，日益发展的经济满足了膨胀的消费欲望，大众拥有了更多的选择，对消费也有更高的要求，万众创新是这个时代的主旋律，新颖独特的商品与服务可以快速赢得口碑从而立足市场。餐饮这个传统的行业也因时代的发展和多元的需求而镀上一层崭新的时尚光泽，被赋予更高的期许。正因如此，餐饮业才得以繁荣发展，引得无数有志之士投身于餐饮行业的创业大潮。

作为一家有志于为餐饮人提供支持的企业，行膳更力争为社会"行善"，为行业的发展培养更好的人才，研发更好的菜品，设计更多的解决方案，提供更便捷的服务，帮助更多投身于行业的餐饮人。

行膳推出种类丰富的合作模式，从加盟合作、产品合作、供应合作、人才合作等多方面均有丰富的选择，全力协助从业者进行经营管理，创业者可以迅速地对应适合切身情况的方案，在加盟前也可通过行膳餐饮研究院系统地了解加盟项目的经营情况。

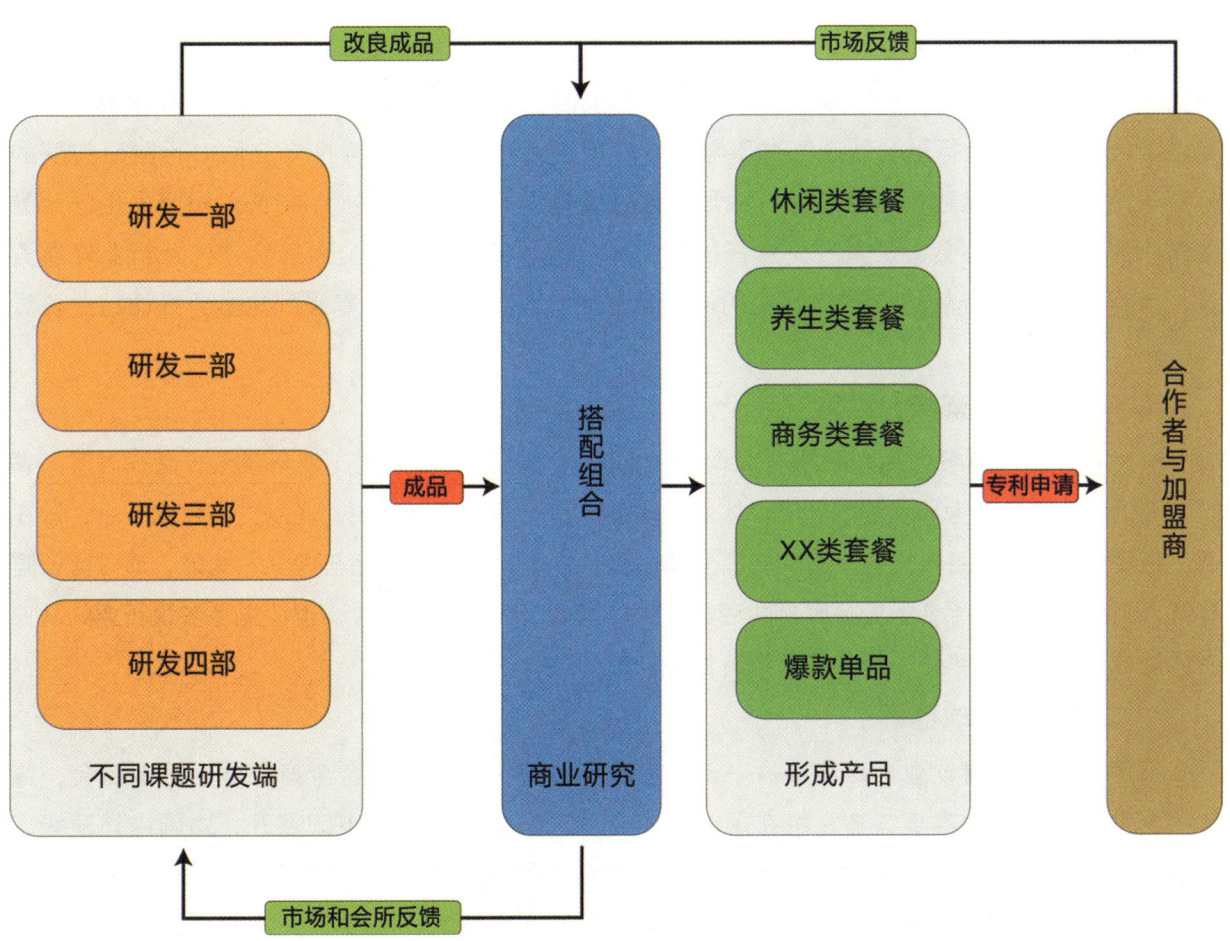

图 B.14-7　行膳推出的合作模式示意图

## 四、运营推广助力行膳前行

作为一家面向餐饮人提供全方位服务的餐饮平台，行膳希望让更多从业者了解到其优势并从中找到可以助力自己的部分。因此，行膳在运营与推广方面做了详细多面的设计，其中包括电视专栏《行膳有味》、行膳全球烹饪赛事与行膳专项创业基金，全方位推广与助力行膳研究院的运营。同时，行膳组建行膳俱乐部，由原全聚德董事长、中国餐饮协会会长姜俊贤先生任荣誉主席，深圳市烹饪协会会长黄平先生任执行主席。俱乐部将致力于全面整合国内外行业优质资源，为行膳餐饮研究院的发展提供广阔的资源平台，使加入的伙伴享受到更多更好的行业资源支持。

### （一）《行膳有味》栏目

该栏目系由行膳餐饮研究院联合深圳卫视推出的一档集饮食文化、创新菜品、烹饪表演、餐饮名人访谈、烹饪新秀展示等内容于一体的美食类节目，每周播出一期，同时推出月度节目，旨在通过栏目向大众介绍餐饮文化，推广行膳全球赛事，展示行膳创新菜品与模式；此外，通过《行膳有味》为更多在行膳平台上业务突出的后起之秀提供展示的舞台。同时，也让更多餐饮行业的从业者通过节目了解行膳系统，从中获取到有价值的部分。

### （二）行膳全球赛事

行膳联合推出餐饮业全球赛事——行膳世界中餐超级联赛，联合全球各地的行业商会、媒体平台共同打造行业赛事盛宴，将在国内数十个城市及各国代表城市间展开，由国内外顶级、具有国际认证的专家导师担任裁判团，通过比赛推广中国美食文化、烹饪文化，聚集全球行业及与行业相关的优势资源，同时，也通过比赛促进人才的练习、交流，开阔眼界，也为平台与合作伙伴发掘出更多优秀人才。获胜者将获得政府及国际行业权威为行膳背书的奖项以及由行膳提供的丰厚奖励。

赛事获奖作品和优胜人才将可通过《行膳有味》栏目获得曝光，同时一部分有志于在行膳平台上创业的优胜者也将获得行膳创业基金所提供的创业资金和资源支持，打造"厨界明星"。

通过举办这样的专业比赛,树立"行膳世界中餐超级联赛"在国际烹饪赛事上的品牌地位,专注打造赛事在行业间的影响力,力求得到世界厨师联合会认证。该项赛事同时具备综艺性,形成"专业赛事+娱乐展示"的赛事展现形态,进一步获得广大受众的认可,让美食与烹饪艺术深入人心。

### (三)行膳创业基金

行膳平台中的所有孵化品牌和模式都离不开资金支持,作为基础设施建设中的重要环节——资金供给方,行膳创业基金应时而生。

行膳创业基金是由相关持牌机构联合行膳餐饮研究院等共同发起设立的一支专注于新餐饮等大消费领域的早期创业投资基金。该基金的设立旨在为美康和餐饮行业带来普惠金融服务,计划于2020年第一季度开始设立并进行首批投资,预计规模将达1亿元人民币。

一直以来,餐饮行业整体市场都面临一些问题,诸如缺乏规模性龙头企业,从业者资本关注度低,行业创业者很难获取天使投资与创业基金,行业缺乏整合服务提供商、系统性解决方案等问题。而行膳创业基金将主要面向这些问题提供支持和解决方案,行膳平台可推荐优秀企业实现项目对接,有潜质的优秀创业者也可自行申请以获得行膳创业基金的投资支持。

行膳创业基金将围绕行膳研究院所打造的新餐饮生态,针对生态内餐饮服务商的创业、研发、新产品开发等需求,提供资金支持,孵化、培养和投资新餐饮优质项目。从供应链整合、运营管理、市场战略等,对所扶持企业与项目进行全方位运营优化,同时培育更多新餐饮领域的潜在独角兽企业,也将为《行膳有味》栏目及"行膳世界中餐超级联赛"的运营提供资金支持。

## 五、对于餐饮企业更好适应时代发展的建议

在调研市场信息的过程中,行膳发现依旧有许多餐饮企业存在着不少行业中普遍面临的问题,诸如模式雷同,创新不足,经营理念落后,产品标准化差异较大,基层人员流动较大

以及缺乏高素质管理人才等问题，正是由于这些问题，导致相当数量的餐饮企业生存状态堪忧，甚至举步维艰，有的企业是不具备应对实力，而更多的餐饮企业则不具备紧随时代的经营思维。

餐饮业是一个传统的行业，在高速发展的今天，势必要搭上时代发展的列车，从本质上改变一些陈旧的方式，顺应时代的发展与需求，才能拥有良性的发展。行膳餐饮研究院在今天所做的一切，正是奔着解决这些固有问题，与行业的从业大众共同探寻更好的发展道路，同时也呼吁餐饮业同仁们，重视信息与技术的力量，将广东甚至中国的餐饮业打造得更好，为普罗大众提供更好的服务，为行业同行者谋取更多的福利。

# 附 录
FULU

# B.15

附录一　2019年深圳市烹饪协会大事记

1. 2019年3月14日,"2018年度深圳市高技能人才认定暨技能大赛总结大会"在深圳人才园举行。深烹协主办的"2018深圳技能大赛—中式烹调师竞赛"产生了8名深圳市技术能手,在同年成功推荐申办了5家深圳市粤菜师傅大师工作室。

2. 2019年3月30日,由中国烹饪协会、深圳市福田区政府指导,深圳市烹饪协会、粤港澳大湾区餐饮食品产业联盟主办的《粤港澳大湾区美食传承消费升级·深化改革湾区深圳引领餐饮创新高峰论坛》,在深圳大中华喜来登大酒店圆满举行。

3. 2019年3月30日，晚在深圳大中华喜来登大酒店举办了深圳市烹饪协会成立五周年庆典活动。

4. 2019年4月19日,"新餐饮 新机遇"2019口碑品牌合作沙龙在深圳阿里中心圆满举行。口碑餐饮营销事业部全国大客户（KA）总经理苏婕全程陪同。

5. 2019年4月21日,"2019食品安全基础培训"讲座,于深圳市高训中心圆满举行。深烹协常务副会长兼秘书长李晓林担任开场嘉宾,共150多位来自深圳餐饮的经理、采购、总厨参与学习。

6. 2019年5月8日,深圳市烹饪协会组织30位协会会员单位代表参加2019年HOFEX第18届国际展览会,晚餐前往米其林一星餐厅香港大荣华酒楼同食神梁文韬一起品鉴交流。

7. 2019年5月17—19日，深圳市烹饪协会常务副会长兼秘书长李晓林、办公室主任侯丽捷、综合部部长喻杰陪同中烹协秘书长吴颖一行，对深圳餐饮企业进行食品安全示范企业遴选，在6月19日的2019年餐饮业质量安全提升工程推进会中，深圳市烹饪协会副会长单位佳宁娜、缪氏川菜、五稻厨房、探炉荣获"2019年餐饮业质量安全提升工程示范单位"称号。

8. 2019年5月30日，深圳市烹饪协会名厨委龚毅大厨、办公室主任侯丽捷、综合部部长喻杰带队参加广州第八届中华粤菜师傅厨师节暨2019粤菜师傅烹饪大赛，并取得了1个至尊特金奖、3个特金奖、2个金奖的好成绩。

9. 2019年6月6日,在深入实施"粤菜师傅"工程推进大会上,深圳市烹饪协会联合深圳第二高级技工学校联合发起了"粤菜师傅"人才培养联盟活动,并在当天举行了深圳粤菜学院、深圳国际烹饪学院、深派粤菜研究中心、广东省"粤菜师傅"培训基地和深圳市梁景谊"粤菜师傅"大师工作室揭牌仪式。

10. 2019年6月17日,深圳市烹饪协会常务副会长刘永忠、名厨委员会主席彭昆带领深圳市烹饪协会代表队李权霖、谭华、李大成、蔺建武参加2019年世界厨王争霸赛(浙江南浔),夺得团体季军的好成绩。

11. 2019年6月21日,深圳市烹饪协会组织何科茂大师和黄锦标大师前往深圳宝安对口帮扶广西都安县,担任中式烹调师(粤菜师傅)技能提升培训班教师进行专业辅导。

12. 2019年6月28日,深圳市烹饪协会于深圳大中华潮江春酒楼举办"2019年深圳技能大赛——'粤菜师傅'中式烹饪职业技能竞赛暨'鲍之源杯'深圳市第二届烹饪精英挑战赛"第一场艺术冷盘姿造比赛。

13. 2019年7月8日,深圳市烹饪协会会长黄平携秘书处于协会办公室接待市人社局林志立处长及贾婧干事,对协会的粤菜师傅工程项目的进展进行考察和交流。

14. 2019年7月29—30日,深圳市烹饪协会常务副会长刘永忠参加甘肃省金鸡扶贫产销对接启动会。

15. 2019年8月10日,深圳市烹饪协会组织会员单位参加第四场专题培训活动——"精益五常:餐饮开源节流法培训活动"。

16. 2019年8月31日,深圳市烹饪协会在大中华潮江春酒楼举办"2019深圳市烹饪协会迎中秋茶话会",协会荣誉会长、名誉会长、顾问等参加了此次活动。

17. 2019年9月5—19日,"深圳宴·爱心桌"走进深圳市烹饪协会10家餐饮会员单位,并由12位大师制作爱心菜。

18. 2019年10月1日,深圳市烹饪协会发起"一碗长寿面,与共和国共度生日"活动,协会10多家会员餐饮企业踊跃参与本次活动。

19. 2019年10月27日，深圳市烹饪协会主办的2019年深圳技能大赛"粤菜师傅"中式烹饪职业技能竞赛暨"鲍之源杯"深圳市第二届烹饪精英挑战赛总决赛在二高技（侨城校区）举行，并在当天的闭幕式中颁发了深圳市烹饪协会第三届"高权奖学金"。

20. 2019年10月30日,由深圳市烹饪协会承办,为期5天的"2019深圳食品安全美食节"在华强北步行街隆重举行。

21. 2019年11月7日，深圳市烹饪协会组织选手参加澳门烹饪协会主办的2019第三届世界粤菜厨皇大赛（澳门站），其中苏卓均、陈大创荣获粤点组金奖，高炳桓、于景林、何科茂、邹议建荣获粤菜组银奖。

22. 2019年11月20日，中国烹饪协会在深圳举办的第六届理事会，深圳市烹饪协会为2019中国餐饮企业家大会制作"深圳宴·中国味"大型欢迎晚宴。

23. 2019年11月25日，深圳市烹饪协会办公室主任侯丽捷参加市人社局、深圳市高技能人才公共实训管理服务中心主办的2019年度深圳市高技能人才培训基地技师工作站、技能大师工作室启动仪式及授牌仪式。

24. 2019年11月28—30日，深圳市烹饪协会副秘书长胡红、叶锦玲带领深圳代表队参加第二届粤港澳大湾区"粤菜师傅"技能大赛，并夺得1个广东省技术能手，3个第六名的好成绩。

25. 2019年11月30日,深圳市烹饪协会与艾美集团共同打造的行膳餐饮研究院开业庆典活动在世界金融中心三楼举行,由中国烹饪协会会长姜俊贤颁给黄平会长"中国烹饪协会饮食文化研究院深圳分院"牌匾。

# B.16

## 附录二 关于印发《广东省"粤菜师傅"工程实施方案》的通知

来源：广东省人力资源和社会保障厅  发布时间：20180903 15:10:12

各地级以上市人民政府，广东省委宣传部、广东省委农办、广东省发展改革委、广东省教育厅、广东省财政厅、广东省国土资源厅、广东省住房城乡建设厅、广东省农业厅、广东省旅游局：

经广东省人民政府同意，现将《广东省"粤菜师傅"工程实施方案》印发给你们，请认真组织实施。各地级以上市要结合实际制定实施方案，于9月底前报省人力资源社会保障厅备案。

广东省人力资源和社会保障厅
2018年8月30日

# 广东省"粤菜师傅"工程实施方案

为贯彻落实《中共广东省委 广东省人民政府关于推进乡村振兴战略的实施意见》（粤发〔2018〕16号），深入实施"粤菜师傅"工程，促进城乡劳动者技能就业、技能致富，全面提升就业创业水平，助推乡村振兴发展，经省人民政府同意，制定本方案：

## 一、总体目标

以习近平新时代中国特色社会主义思想为指导，全面贯彻落实党的十九大和十九届二中、三中全会精神，深入贯彻习近平总书记重要讲话精神，全力推进实施全省乡村振兴战略，采取职业培训与学制教育相结合模式，大规模开展粤菜师傅职业技能教育培训，提升粤菜烹饪技能人才培养能力和质量；创新"粤菜师傅+旅游"等模式，促进城乡劳动者就业创业；创新"粤菜师傅+岭南饮食文化"等模式，打造"粤菜师傅"文化品牌，提升岭南饮食文化海内外影响力。到2022年，全省开展粤菜师傅培训5万人次以上，直接带动30万人实现就业创业，将"粤菜师傅"打造成弘扬岭南饮食文化的国际名片。

## 二、实施"粤菜师傅"培育行动计划

1. 打造开放的粤菜师傅培训平台

各地要充分利用社会培训资源，从办学条件较好、培训质量较高的职业院校（含技工院校）、培训机构、就业训练中心、实训基地、创业培训基地和餐饮行业协会、企业培训中心确定一批粤菜师傅培训机构，承担本地区粤菜师傅培训任务，面向农村和城镇劳动者开展粤菜烹饪职业技能培训和职业教育。组织开展名师下乡、培训下乡、评价下乡活动，方便乡村劳动力就地就近参加粤菜烹饪技能培训。粤菜师傅培训计划纳入当地劳动力技能晋升培训年度计划，培训补贴在促进就业创业发展资金中列支。加强远程职业培训公共服务平台建设，对城乡劳动力免费提供粤菜烹饪远程职业技能培训。鼓励有条件的地方建设具有乡村特色菜系的粤菜师傅培训基地，支持优先建设为国家级高技能人才培训基地，并予以资金扶持。

2. 提升粤菜烹饪技能人才培养能力

加强院校、培训机构粤菜烹饪技能人才培养基础建设，完善场地、设施设备、师资等配置，提高粤菜烹饪技能人才培养能力，扩大招生和培养规模。支持行业企业和其他社会力量等设立以粤菜师傅培养为主的各类职业院校（含技工院校）和培训机构。对标世界技能大赛的技术标准、国际专业设置标准和国家专业教学标准，加快粤菜烹饪技能人才培养课程改革，将工匠精神融入教学培训全过程。鼓励院校、培训机构加强烹饪、面点、中厨等相关专业建设，开设粤菜烹饪相关精品课程，支持聘用知名餐饮企业粤菜师傅担任专、兼职教师。到2022年，全省建设30个粤菜烹饪技能人才省级重点和特色专业。

3. 加强校企双制共育粤菜师傅

充分发挥院校和企业双主体作用，深化院校、培训机构与餐饮行业协会、企业的合作交流，加大校企双制联合培养粤菜师傅力度。建设粤菜师傅培养校企联盟，由院校和行业企业共同研究制定粤菜师傅培养方案，全程共同参与专业设置、课程开发及考核评价等，提高培训的针对性和实效性。

4. 开展地方特色粤菜烹饪技能标准开发和粤菜师傅评价认定

广东省人力资源社会保障部门要组织制定粤菜烹饪技能标准开发和粤菜师傅评价认定框架指引，以广府菜、客家菜、潮汕菜等粤菜系列为重点，建立完善粤菜师傅相关的职业资格评价、职业技能等级认定、专项职业能力考核、行业企业岗位要求等多层次评价体系，组织推动地方、院校、行业企业开展地方特色粤菜烹饪技能标准开发和粤菜师傅评价认定工作。对参加职业资格评价、职业技能等级认定和专项职业能力考核，并通过考核评定的，颁发相应证书。加快地方特色粤菜烹饪专项职业能力和职业培训包开发，制定培养目标、开发培训教材、明确培训内容和课程规范等。各地要从食材采集、工艺流程、菜品质量等方面，自行确定体现本地乡村特色的系列菜品，开发多层级的评价标准，明确考核评价模式。对通过考核评定的，颁发培训合格证书。

## 三、实施"粤菜师傅"就业创业行动计划

1. 创新"粤菜师傅+旅游"就业创业模式

结合发展"一村一品""一镇一业"，大力挖掘、推广乡村本土特色菜式、特色宴，打造一系列美食名品、美食名厨、美食名店。支持粤菜师傅回乡开办农家乐、小餐馆或外出创业发展。对粤菜师傅创业人员及其创办的经营主体，按规定申请享受一次性创业资助、租金补贴、创业带动就业补贴、创业担保贷款及贴息等创业扶持政策。对属于灵活就业、符合条件的粤菜师傅就业困难人

员和院校毕业生，以及创办企业吸纳建档立卡粤菜师傅贫困劳动力等就业困难人员就业的，按规定落实社会保险补贴、岗位补贴等就业扶持政策。鼓励有条件地区依托粤菜师傅创业项目开展就业见习、实习实训等工作，并适当给予资金补助。

2. 拓展粤菜美食就业创业渠道

依托乡村旅游资源，深挖传统乡村粤菜美食，与民俗文化、农业观光休闲等相结合，打造一批乡村粤菜美食旅游景点和乡村粤菜美食旅游精品线路，拓展粤菜师傅就业创业渠道。开发粤菜美食加工、制作、包装、推介等相关就业岗位，对粤菜烹饪技能水平高的粤菜师傅推荐到乡村旅游区餐馆、连锁旅游酒店和星级酒店就业。建立东南亚、欧美等国外餐饮就业创业渠道，促进粤菜师傅海外就业创业。到2022年，全省打造1 000个乡村粤菜美食旅游点，建设100条乡村旅游美食精品线路。

3. 提高粤菜师傅公共就业服务水平

各级公共就业创业服务机构要广泛收集本地区餐饮服务行业招聘粤菜师傅的空缺岗位信息，积极面向有相关就业意愿、具备粤菜烹饪技能的求职人员开展职业介绍、职业指导、政策咨询等就业服务。加强与用人单位的沟通对接，定期组织开展粤菜师傅专场招聘活动。建立粤菜师傅信息库，对其中有求职意愿的，优先向本地区用人单位推荐，促进市场供求对接匹配。对其中有创业意愿的，提供有针对性的项目推介、创业指导、融资服务、补贴发放等公共创业服务。鼓励各地结合乡村地区特点，通过政府引导、社会资本参与等多种方式，充分利用现有农业产业园区、闲置厂房、零散空地等存量资源，整合建立一批主要面向粤菜师傅创业人员的创业孵化基地（园区）。

## 四、实施"粤菜师傅"职业发展行动计划

1. 开展粤菜师傅职业技能竞赛

各地、各饮食行业协会和餐饮企业要结合乡村旅游、农博会、粤菜美食节等活动，积极开展粤菜师傅职业技能竞赛活动，推动厨艺交流和岗位练兵。有条件的单位可优先申报省级、市级一类、二类职业技能竞赛项目，对职业技能竞赛优胜选手，按规定颁发"技术能手"证书。积极开展粤菜师傅创业大赛，提高创业实战能力。

2. 健全粤菜师傅激励机制

加大对粤菜师傅的表彰奖励力度，支持相关行业协会开展名厨师、名粤菜、名餐店等评选活动，激发乡村餐饮企业职工和粤菜师傅提升技能。对于具有较高技艺技能、在粤菜行业有影响、在粤菜烹饪技能传承中做出突出贡献的优秀粤菜师傅，优先推荐申报"中华技能大奖""全国技术能手""南粤技术能手奖"和政府特殊津贴等奖项。鼓励各类酒店、餐饮企业建立和推行粤菜师傅首席技师制度，对行业内公认、厨艺精湛的粤菜师傅首席技师，优先认定为南粤首席技师。各地要支

持粤菜师傅大师工作室建设，扶持当地传承成果显著、菜系品牌突出的行业企业建设"粤菜师傅"大师工作室，统一授予"XX市粤菜师傅大师工作室"牌匾。择优支持建设为国家级技能大师工作室，并予以资金扶持。

3. 打造"粤菜师傅"文化品牌

精心打造广东卫视《技行天下》粤菜师傅专题节目，推广岭南饮食文化。搭建粤菜师傅交流平台，开展粤菜学术研讨、文化展示和巡回报告等活动，推动粤菜改革创新，弘扬岭南饮食文化。鼓励行业协会、企业等组织粤菜师傅到国内各大城市、"一带一路"沿线国家和世界知名城市开展菜品推荐、厨艺展示等开拓职业发展活动，打造粤菜师傅国际名片，扩大粤菜海外影响力。

## 五、组织保障

1. 加强组织领导

各地要高度重视，将实施"粤菜师傅"工程作为推进乡村振兴战略工作全局的一项重要举措，列入重要议事日程。要建立健全工作机制，明确职责任务，层层抓好落实。各级人力资源社会保障部门要发挥统筹协调作用，各相关职能部门要各司其职，形成工作合力。

2. 做好资金保障

各地要充分发挥促进就业创业发展资金的作用，优化支出结构，完善资金使用和管理办法，落实"粤菜师傅"工程的各项优惠保障政策。要完善职业教育培训信息化管理，落实培训补贴实名制。要加强补贴资金监管，确保资金使用安全，切实发挥效用。

3. 广泛宣传发动

各地要充分利用电视、广播、报刊等传统媒体以及互联网、微信、微博等新媒体，广泛宣传"粤菜师傅"工程，激励广大劳动者积极投身乡村振兴发展。树立一批优秀粤菜师傅就业创业典型，发挥技能工匠、就业模范、创业成功者的示范带动作用，弘扬劳模精神和工匠精神，营造尊重劳动、尊重创新、崇尚技能、学习技能的良好社会氛围。

# B.17

## 附录三　关于印发《深圳经济特区食品安全监督条例行政处罚裁量权实施标准》的通知

来源：深圳市市场监督管理局　　发布时间：20181019 15:01

深市质〔2018〕476号

委属各单位：

市场和质量监督管理委拟定的《深圳经济特区食品安全监督条例行政处罚裁量权实施标准》已经深圳市市场和质量监督管理委员会2018年第九次委务会议审议通过，现予印发，请遵照执行。

特此通知。

市场和质量监管委
2018年9月30日

# 深圳经济特区
# 食品安全监督条例行政处罚裁量权实施标准

## 一、处罚条款

**第一百〇五条** 食品生产经营者违反本条例第五十一条第二款规定，未按照要求将食品安全相应级别的公示牌在生产经营场所显著位置公示的，由食品药品监督管理部门责令改正；拒不改正的，处一万元以上五万元以下罚款。

**案件定性**

食品生产经营者违反本条例第五十一条第二款规定未按要求将食品安全相应等级的公示牌在生产场所公示

**实施标准**

由食品药品监督管理部门责令改正；拒不改正的，根据以下情况进行裁量：

（1）有下列情形之一的，处五万元罚款

①两年内因同类违法行为受到五次以上行政处罚的。

②以暴力、威胁方式阻碍执法人员依法执行职务的。

③对举报者打击报复的。

④造成较大社会影响的。

（2）有下列情形之一的，处三万元罚款：

①两年内因同类违法行为受到两次以上行政处罚的。

②隐匿、销毁涉案物品，伪造证据的。

③以暴力、威胁以外的其他方式阻挠、干涉执法的。

（3）有下列情形之一的，处一万元罚款。

①积极配合行政机关查处违法行为的。

②初次违法，且危害后果轻微的。

## 二、处罚条款

**第一百〇七条** 食品生产经营者违反本条例第六十一条规定，未按照通知要求采取相关措施的，由食品药品监督管理部门责令立即改正，给予警告；拒不改正的，食品货值金额不足一万元的，处五万元以上十万元以下罚款；货值金额一万元以上的，处货值金额十倍以上二十倍以下罚款；情节严重的，吊销许可证。

**案件定性**

食品生产者经营违反本条例第六十一条规定，发生食品安全事故、疑似食品安全事故，接食品药品监管部门有关食品安全临时控制措施的通知后，未按照通知要求采取相关措施；食品生产经营者违反本条例第六十一条规定，因情况紧急、可能引发食品安全事故，接食品药品监管部门有关食品安全临时控制措施的通知后，未按照通知要求采取相关措施。

**实施标准**

由食品药品监管部门责令改正，给予警告；拒不改正的，根据以下情况进行裁量：

（1）违法生产的食品货值金额不足一万元的，处十万元罚款；货值金额一万元以上的，处货值金额二十倍罚款；情节严重的，吊销许可证：

①以暴力、威胁方式阻碍执法人员依法执行职务的。

②对举报者打击报复的。

③造成重大社会影响的。

（2）违法生产的食品货值金额不足一万元的，处七万五千元罚款；违法生产的食品货值金额一万元以上的，处货值金额十五倍罚款：

①以暴力、威胁方式以外的其他方式阻挠、干涉执法的。

②隐匿、销毁涉案物品，伪造证据的。

（3）违法生产的食品货值不足一万元的，处五万元罚款；违法生产的食品货值金额一万元以上的，处货值金额十倍罚款：

①初次违法，且危害后果轻微的。

②积极配合行政机关查处违法行为。

## 三、处罚条款

**第一百〇八条** 除食用农产品个体摊贩、食品生产加工小作坊和食品摊贩外，其他食品生产经营者违反本条例第六十五条第一款规定，未配备食品安全管理员或者委托专业服务机构从事内部食品安全监督管理工作的，由食品药品监督管理部门责令改正，给予警告；拒不改正的，责令停产停业。

前款规定的食品生产经营者违反本条例第六十七条第一款规定，配备的食品安全管理员不具备食品安全相关专业知识和管理能力的，由食品药品监督管理部门责令改正，给予警告；拒不改正的，处一万元以上五万元以下罚款；情节严重的，责令停产停业。

**案件定性**

除食用农产品个体摊贩、食品生产加工小作坊和食品摊贩外，其他食品生产经营者违反本条例违反本条例第六十七条第一款规定，配备的食品安全管理员不具备食品安全相关专业知识和管理能力。

**实施标准**

由食品药品监督管理部门责令改正，给予警告；拒不改正的，根据以下情况进行裁量：

（1）有下列情形之一的，处五万元罚款；情节严重的，责令停产停业：

①两年内因同类违法行为受到五次以上行政处罚的。

②以暴力、威胁方式阻碍执法人员依法执行职务的。

③对举报者打击报复的。

④拒不采取改正，造成严重后果的。

⑤造成重大社会影响的。

（2）有下列情形之一的，处三万元罚款：

①两年内因同类违法行为受到两次以上行政处罚的。

②以暴力、威胁方式以外的其他方式阻挠、干涉执法的。

③拒不采取改正，导致后果扩大的。

（3）有下列情形之一的，处一万元罚款：

①积极配合行政机关查处违法行为的。

②初次违法，且造成危害后果轻微的。

## 四、处罚条款

**第一百〇九条** 食品生产经营者违反本条例第七十条规定，有下列情形之一的，由食品药品监督管理部门责令改正，给予警告；拒不改正的，处一万元以上五万元以下罚款；情节严重的，责令停产停业，直至吊销许可证：

（一）食品生产经营者未依法建立食品安全追溯体系，或者追溯体系未正常运行；

（二）列入市食品药品监督管理部门重点监管食品的生产经营者未按照食品电子追溯的标准和规范，建立健全内部电子追溯体系。

**案件定性**

食品生产经营者违反本条例第七十条规定，未依法建立食品安全追溯体系，记录和保存进货查验等方面的信息记录信息不真实、准确、完整；从事保健食品、特殊医学用途配方食品、婴幼儿配方食品以及其他列入市食品药品监督管理部门重点监管食品的生产经营者违反本条例第七十条规定，未按照食品电子追溯的标准和规范，建立健全内部电子追溯体系。

**实施标准**

由食品药品监督管理部门责令改正，给予警告；拒不改正的，根据以下情况进行裁量：

（1）有下列情形之一的，处五万元罚款；情节严重的，责令停产停业，直至吊销许可证：

①以暴力、威胁方式阻碍执法人员依法执行职务的。

②对举报者打击报复的。

③拒不采取改正，造成严重后果的。

④造成重大社会影响的。

（2）有下列情形之一的，处三万元罚款：

①两年内因同类违法行为受到过行政处罚的。

②以暴力、威胁以外的其他方式阻挠、干涉执法的。

③拒不采取改正，导致后果扩大的。

（3）有下列情形之一的，处一万元罚款：

①积极配合行政机关查处违法行为。

②初次违法，且危害后果轻微的。

## 五、处罚条款

**第一百一十条** 食品生产经营者违反本条例第七十二条规定，未按照要求留样的，由食品药品监督管理部门责令改正，给予警告；拒不改正的，处一万元以上五万元以下罚款；情节严重的，责令相关食品生产经营者停产停业，直至吊销许可证。

**案件定性**

食品生产经营者违反本条例第七十二条规定，未按照要求留样。

**实施标准**

由食品药品监督管理部门责令改正,给予警告;拒不改正的,根据以下情况进行裁量:

(1)有下列情形之一的,处五万元罚款,情节严重的,责令相关食品生产经营者停产停业,直至吊销许可证。

①两年内因同类违法行为受到五次以上行政处罚的。

②以暴力、威胁方式阻碍执法人员依法执行职务的。

③对举报者打击报复的。

④拒不采取改正,造成严重后果的。

⑤造成重大社会影响的。

(2)有下列情形之一的,处三万元罚款:

①两年内因同类违法行为受到两次以上行政处罚的。

②以暴力、威胁以外的其他方式阻挠、干涉执法的。

③拒不采取改正,导致后果扩大的。

(3)有下列情形之一的,处一万元罚款:

①积极配合行政机关查处违法行为。

②初次违法,且危害后果轻微的。

## 六、处罚条款

**第一百一十一条** 食品生产经营者违反本条例第七十四条第一款规定,未开展食品安全自查并形成书面记录的,由食品药品监督管理部门责令改正,给予警告;拒不改正的,处一万元以上五万元以下罚款;情节严重的,责令停产停业。

**案件定性**

食品生产经营者违反本条例第七十四条第一款规定,未开展食品安全自查并形成书面记录

**实施标准**

由食品药品监督管理部门责令改正,给予警告;拒不改正的,根据以下情况进行裁量:

(1)有下列情形之一的,处五万元罚款;情节严重的,责令停产停业:

①以提交虚假材料等方式阻碍执法人员依法执行职务的。

②对举报者打击报复的。

③拒不采取改正,造成严重后果的。

④造成重大社会影响的。

（2）有下列情形之一的，处三万元罚款：

①两年内因同类违法行为受到过行政处罚的。

②拒不采取改正措施，导致后果扩大的。

（3）有下列情形之一的，处一万元罚款：

①积极配合行政机关查处违法行为。

②初次违法，且危害后果轻微的。

## 七、处罚条款

**第一百一十二条** 食品生产经营者违反本条例第七十五条规定，未按时将年度自查报告向生产经营场所所在地食品药品监督管理机构备案的，由食品药品监督管理部门责令改正，给予警告；拒不改正的，处一万元以上五万元以下罚款；情节严重的，责令停产停业。

**案件定性**

食品生产经营者违反本条例第七十五条规定，列入本条例第四十五条重点监督对象的食品生产者经营未按时将自查报告经第一责任人和食品安全管理员签署后，于每年十二月底前向生产经营场所所在地食品药品监督管理机构备案。

**实施标准**

由食品药品监督管理部门责令改正，给予警告；拒不改正的，根据以下情况进行裁量，

（1）有下列情形之一的，处五万元罚款，情节严重的，责令停产停业：

①提供虚假材料等方式阻碍执法人员依法执行职务的。

②对举报者打击报复的。

③拒不采取改正措施，造成严重后果的。

④造成重大社会影响的。

（2）有下列情形之一的，处三万元罚款：

①两年内因同类违法行为受到过行政处罚的。

②拒不采取改正措施，导致后果扩大的。

（3）有下列情形之一的，处一万元罚款：

①积极配合行政机关查处违法行为。

②初次违法，且危害后果轻微的。

## 八、处罚条款

**第一百一十三条** 食品生产经营者违反本条例第七十六条规定，发现生产经营条件不再符合食品安全要求，或者有发生食品安全事故潜在风险，未及时采取相关措施的，由食品药品监督管理部门责令改正，给予警告；拒不改正的，责令停产停业；情节严重的，吊销许可证。

**案件定性**

食品生产经营者违反本条例第七十六条规定，发现生产经营条件发生变化，不再符合食品安全要求的，或者有发生食品安全事故潜在风险的，未及时采取相关措施。

**实施标准**

由食品药品监督管理部门责令改正，给予警告；拒不改正的，根据以下情况进行裁量，

（1）有下列情形之一，给予警告拒不改正的，责令停产停业；情节严重的，吊销许可证：

①两年内因同类违法行为受到过行政处罚的。

②以暴力、威胁方式阻碍执法人员依法执行职务的。

③对举报者打击报复的。

④拒不改正，造成严重后果的。

⑤造成重大社会影响的。

（2）有下列情形之一的，给予警告拒不改正的，责令停产停业：

①以暴力、威胁以外的其他方式阻挠、干涉执法的。

②拒不改正，导致后果扩大的。

**处罚条款**

**第一百一十四条** 在本地设立分支机构的网络食品交易第三方平台提供者或者自建网络食品交易平台的本地食品生产经营者未按照本条例第八十一条规定备案的，由市食品药品监督管理部门责令改正，给予警告；拒不改正的，处一万元以上五万元以下罚款。

**案件定性**

在本地设立分支机构的网络食品交易第三方平台提供者或者自建网络食品交易平台的本地食品生产经营者未按照本条例第八十一条规定，需要建立网络食品交易平台的，未向市食品药品监督管理部门备案。

**实施标准**

由市食品药品监督管理部门责令改正，给予警告；拒不改正的，根据以下情况进行裁量，

（1）有下列情形之一的，处五万元罚款：

①两年内因同类违法行为受到过行政处罚的。

②以暴力、威胁方式阻碍执法人员依法执行职务的。

③对举报者打击报复的。

④拒不采取改正，造成严重后果的。

⑤造成重大社会影响的。

（2）有下列情形之一的，处三万元罚款：

①以暴力、威胁以外的其他方式阻挠、干涉执法的。

②拒不采取改正措施，导致后果扩大的。

（3）有下列情形之一的，处一万元罚款：

①积极配合行政机关查处违法行为。

②初次违法，且危害后果轻微的。

## 九、处罚条款

**第一百一十五条** 食品生产经营者违反食品安全法律、法规，受到罚款处罚的，食品药品监督管理部门应当同时对第一责任人处罚款金额百分之十以上百分之二十以下的罚款。

**案件定性**

食品生产经营者违反食品安全法律、法规，受到罚款处罚的，第一责任人也要受到罚款处罚。

**实施标准**

食品药品监督管理部门应当同时对第一责任人罚款，罚款金额根据以下情况进行裁量：

（1）有下列情形之一的，处罚款金额百分之二十的罚款：

①两年内因违反食品安全法律、法规，行为受到两次以上行政处罚的。

②以暴力、威胁方式阻碍执法人员依法执行职务的。

③对举报者打击报复的。

④发生食品安全事故的。

⑤造成重大社会影响的

⑥隐匿、销毁涉案物品，伪造证据的。

（2）有下列情形之一的，处罚款金额百分之十的罚款：

①尚未造成人身损害。

②积极配合行政机关查处违法行为。

③初次违法,且危害后果轻微的。

④主动消除或者减轻食品违法行为危害后果的。

## 十、处罚条款

**第一百一十六条** 食品安全管理员违反本条例第七十七条规定,发现重大食品安全隐患未向生产经营场所所在地食品药品监督管理机构报告,造成食品安全事故的,由食品药品监督管理部门对负有责任的食品安全管理员处对食品生产经营者罚款金额百分之五以上百分之十以下的罚款。

**案件定性**

食品安全管理员违反本条例第七十七条规定,发现重大食品安全隐患未向生产经营场所所在地食品药品监督管理机构报告,造成食品安全事故的

**实施标准**

由食品药品监督管理部门对负有责任的食品安全管理员处罚款,罚款金额根据以下情况进行裁量。

(1)有下列情形之一的,处罚款金额百分之十的罚款

①两年内违反食品安全法律、法规,受到两次以上行政处罚的。

②以暴力、威胁方式阻碍执法人员依法执行职务的。

③对举报者打击报复的。

④造成重大社会影响的。

⑤隐匿、销毁涉案物品,伪造证据的。

(2)有下列情形之一的,处罚款金额百分之五的罚款:

①受他人胁迫、诱骗等。

②积极配合行政机关查处违法行为。

③初次违法,且危害后果轻微的。

④动消除或减轻食品违法行为危害后果的。

## B.18 附录四 关于印发《食品安全初步筛查管理规定（试行）》的通知

来源：深圳市市场监督管理局　　发布时间：20181214 18:24

深市质规〔2018〕11号

各有关单位：

　　为了规范我市食品安全监督管理部门组织开展的食品安全初步筛查工作，保障食品和食用农产品质量安全，维护公众健康，根据《中华人民共和国食品安全法》《中华人民共和国食品安全法实施条例》和《深圳经济特区食品安全监督条例》等法律、法规，结合实际，我委制定了《深圳市市场和质量监督管理委员会食品安全初步筛查管理规定（试行）》，现予印发，请遵照执行。

深圳市市场和质量监督管理委员会<br>
2018年12月11日

# 深圳市市场和质量监督管理委员会
# 食品安全初步筛查管理规定
# （试行）

## 第一章 总 则

**第一条** 为了规范我市食品安全监督管理部门组织开展的食品安全初步筛查工作，保障食品和食用农产品质量安全，维护公众健康，根据《中华人民共和国食品安全法》《中华人民共和国食品安全法实施条例》和《深圳经济特区食品安全监督条例》等法律、法规，制定本规定。

**第二条** 本规定适用于本市行政区域内市、区食品安全监督管理部门（以下简称食品安全监督管理部门）开展食品安全初步筛查（以下简称"初步筛查"）以及对初步筛查结果进行处理的活动。

**第三条** 初步筛查应当购买样品，不得向被筛查人收取检测费和其他任何费用。

**第四条** 食品安全监督管理部门应当将初步筛查经费列入年度部门预算，并且规范经费使用。

## 第二章 初步筛查计划

**第五条** 食品安全监督管理部门应当制定年度初步筛查计划，并且按照年度初步筛查计划开展初步筛查。

**第六条** 初步筛查计划应当包括下列内容：
（一）初步筛查的食品、食用农产品品种和批次数量。
（二）初步筛查的环节、方法等。
（三）法律、法规规定的其他事项。

**第七条** 食品有下列情形之一的，食品安全监督管理部门应当实施重点初步筛查：
（一）风险程度高以及污染水平呈上升趋势的。

（二）流通范围广、消费者投诉举报多的。

（三）食品安全监管工作中发现存在较大隐患的。

（四）应节性的、应季消费量大的。

（五）其他需要作为初步筛查重点的。

**第八条** 食用农产品有下列情形之一的，食品安全监督管理部门应当实施重点初步筛查：

（一）缺少产地证明、购货凭证或者合格证明文件的。

（二）发生环境安全事故地区生产的。

（三）存在较大质量安全隐患地区生产的。

（四）其他需要作为初步筛查重点的。

## 第三章 初步筛查方法

**第九条** 食品安全监督管理部门可以使用简化流程、快速检测等方法对食品或者食用农产品进行初步筛查。初步筛查工作委托具有资质的食品检验机构依照有关法律、法规的规定开展。

简化流程有关规定由市食品安全监督管理部门另行制定。

**第十条** 快速检测主要适用于需要短时间内显示结果的禁限用农兽药、在饲料及动物饮用水中的禁用药物、非法添加物质、生物毒素等的定性检测。

快速检测主要针对食用农产品、散装食品、餐饮食品和现场制售食品，预包装食品原则上以常规实验室检验为主。

**第十一条** 快速检测过程中使用的快速检测产品应当符合国家、省、市食品安全监督管理部门的评价要求。对评价不符合要求的快速检测产品，食品检验机构应当立即停止使用。

快速检测产品是指快速检测方法的产品化，包括试剂化、试纸化、仪器化和设备化等。

**第十二条** 食品检验机构的食品检验人员应当按照快速检测产品要求规范操作，记录检测食品或者食用农产品的品种和名称、数量、检测项目、检测日期、检测方法、检测人员姓名、检测结果以及所使用的快速检测产品生产企业和产品型号、批号等信息。

## 第四章 初步筛查结果处理

**第十三条** 食品检验机构应当在初步筛查结果作出后，将初步筛查结果呈报食品安全监督管理部门，并且应当及时以纸质或者电子数据方式将初步筛查结果告知被筛查人。

**第十四条** 初步筛查结果表明不符合食品或者食用农产品安全国家标准时，食品安全监督管理部门应当依法实施进一步检验。检验前食品或者食用农产品经营者或者持有人对初步筛查结果无异议并且自行下架或者销毁该批次食品或者食用农产品的，食品安全监督管理部门在监督其自行下架或者销毁后，可以免于行政处罚。食品安全监督管理部门工作人员应当对上述过程进行摄像或者拍照保存，填写记录表，由受检单位签字确认。

被筛查人对初步筛查结果有异议的，可以在国家规定时限内申请复检。复检不得简化流程，不得采用快速检测方法。

**第十五条** 初步筛查结果不得作为执法依据，但是可以作为风险防控和风险预警的问题线索。

## 第五章　监督管理

**第十六条** 食品安全监督管理部门应当对承担初步筛查食品检验机构的检验能力、检验质量等进行监督、评价。食品检验机构有下列情形之一的，食品安全监督管理部门应当向社会公布，五年内不得委托其承担初步筛查任务：

（一）非法更换样品、伪造筛查数据或者出具虚假筛查结果的。

（二）利用初步筛查工作之便牟取不正当利益的。

（三）有其他严重违法行为的。

**第十七条** 食品生产经营者、食用农产品生产者和销售者拒绝、阻挠、干涉食品安全监督管理部门、食品检验机构及其工作人员在食品安全日常监督检查、专项整治、事故应急处置、重大活动保障等工作中依法开展初步筛查的，按照《中华人民共和国食品安全法》等法律、法规的相关规定进行处理。

食品检验机构、食品检验人员在初步筛查中弄虚作假的，按照《中华人民共和国食品安全法》等法律、法规的相关规定进行处理。

## 第六章　附则

**第十八条** 区人民政府在社区配备的专职或者兼职食品安全督导员开展初步筛查工作的，参照本规定执行。

**第十九条** 本规定自 2019 年 1 月 1 日起施行，有效期 3 年。

## B.19

### 附录五　关于印发《深圳市餐饮服务违法行为记分管理办法（试行）》通知

各有关单位：

　　为推动餐饮服务提供者落实食品安全主体责任，加强对食品加工经营过程的风险防控，按照《深圳经济特区食品安全监督条例》等法律、法规，结合实际风险分级分类，借鉴国内外先进做法，我局制定了《深圳市餐饮服务违法行为记分管理办法（试行）》，经市司法局审核同意，现予印发，请遵照执行。特此通知。

深圳市市场监督管理局

2019 年 10 月 31 日

# 深圳市餐饮服务违法行为记分管理办法
# （试行）

**第一条** 为推动餐饮服务提供者落实食品安全主体责任，加强对食品加工经营过程的风险防控，保障公众餐桌安全，根据《中华人民共和国行政强制法》（以下简称《行政强制法》）、《中华人民共和国食品安全法》（以下简称《食品安全法》）、《深圳经济特区食品安全监督条例》、《市场监督管理行政处罚程序暂行规定》、《食品生产经营日常监督检查管理办法》等法律、法规、规章有关规定，结合风险分级分类管理原则，制定本办法。

**第二条** 本办法适用于深圳市食品安全监督管理部门（以下简称食品安全监管部门）对全市持有有效食品经营许可证的餐饮服务提供者实行累积记分的监督管理工作。

本办法所称餐饮服务提供者，含餐馆、饮品店、糕点店、微小餐饮、中央厨房、集体用餐配送单位、餐饮服务连锁企业总部、餐饮管理企业和单位食堂。

本办法所称累积记分，是指食品安全监管部门对餐饮服务提供者违反食品安全法律、法规的行为，采取年度累积记分的监督管理措施。

依法需要实施行政强制措施等行政行为的，由食品安全监管部门另依据《食品安全法》《行政强制法》等有关规定执行。

未取得食品经营许可证或许可证过期，从事餐饮服务活动的，由食品安全监管部门依法查处，不适用本办法。

**第三条** 食品安全监管部门对餐饮服务提供者违法行为记分，作为对其进行食品安全分级分类评定等级、实施查封等有关行政行为的依据。

**第四条** 食品安全监管部门按照以下规定进行记分：

（一）以食品安全法律法规为依据，结合食品安全风险评估的严重程度，进行记分，一次记分的分值分别为5分、2分、1分。

（二）在同一次检查中发现餐饮服务提供者有两种或两种以上违法违规行为，需要记分的，应当分别累积计算。

（三）餐饮服务提供者同一种违法行为涉及检查表两项以上记分标准的，应当按照最高分值的条款记分，不重复记分。

（四）餐饮服务提供者在不同次检查中存在相同或不同种违法行为的，每次均应当记分。

**第五条** 餐饮服务提供者获得食品经营许可证的发证之日起，每12个月为一个记分周期。分数的记录日期应当与检查发现违法行为的日期保持一致。

**第六条** 食品安全监管部门依据餐饮服务提供者在年度记分周期内的违法行为实施分级分类评定管理，并按照以下规定降低其评定等级：

（一）本年度记分周期初始，尚未被违法记分的，初始列为甲级。

（二）本年度记分周期内累积记分达到10分的，降为乙级。

（三）本年度记分周期内累积记分达到20分的，降为丙级。

（四）本年度记分周期内累积记分达到25分以上（含25分）的，降为丁级。

餐饮服务提供者被降为丁级的，由食品安全监管部门依照《深圳经济特区食品安全监督条例》有关规定对其违法从事经营活动的场所实施查封，并向社会公告。

上一年度记分周期内被降至丁级的餐饮服务提供者，在下一年度记分周期内，食品安全监管部门可视情况对其监管风险等级的评定相应调整一个或两个等级，加强监管。

有关餐饮服务提供者分级分类评定等级的具体办法由市食品安全监管部门另行规定。

**第七条** 食品安全监管人员对餐饮服务提供者实施记分监督检查，可以依法采取现场检查、书面检查、视频监控抓拍违法行为记录、监督抽检等形式。

食品安全监管人员应当按照相应餐饮类型的《深圳市食品安全违法行为记分检查表》（以下简称记分检查表，附件11至附件14）内容进行检查及评价，每次监督检查原则上应当覆盖记分检查表中的全部项目。

食品安全监管人员在检查餐饮服务提供者时，应当制作记分检查表，并留存图像、影像等有关证据，作为记分依据。记分检查表应当经被餐饮服务提供者核实确认。如有违法记分事项，应同时发放《深圳市食品安全违法行为记分告知书》（以下简称记分告知书，附件2），告知餐饮服务提供者违法记分情况，并经餐饮服务提供者核实确认。

餐饮服务提供者拒绝在记分检查表、记分告知书上通过签字、盖章或回复等方式确认的，监管人员应当在记分检查表、记分告知书上注明情况，并采取录音、录像等方式记录，必要时可以邀请有关人员作为见证人。

**第八条** 餐饮服务提供者应当将记分检查表放在就餐场所食品安全信息公示栏等醒目位置进行公示，并保持至下次监督检查。

**第九条** 食品安全监管部门依照本办法第六条对餐饮服务提供者违法从事经营活动的场所实施查封措施的，依据《行政强制法》等有关规定进行。

**第十条** 在一个记分周期内，餐饮服务提供者的场所被依法查封后，根据本办法再次达到分值被降为丁级的，依据本办法第五、六条的规定再次执行查封措施。

**第十一条** 餐饮服务提供者用于违法从事经营活动的场所被依法查封后，餐饮服务提供者仍未停止经营的，依据《食品安全法》有关规定进行处罚。

**第十二条** 餐饮服务提供者用于违法从事经营活动的场所被依法查封后，有下列情形之一的，食品安全监管部门应当及时作出解除查封的决定：

（一）查封的场所与违法行为无关。

（二）食品安全监管部门对违法行为已经作出处理决定，不再需要查封。

（三）查封期限已经届满。

（四）被查封的餐饮服务提供者已经按照要求纠正违法行为的。

（五）法律法规规定的其他不再需要采取查封措施的情形。

**第十三条** 被查封的餐饮服务提供者认为已经按照要求纠正违法行为的，可以向食品安全监管部门提交以下书面材料，申请解除查封：

（一）解除查封的申请。

（二）针对违法记分事项已按监管要求整改的证明材料。

食品安全监管部门对其违法行为整改情况进行核查后，认为餐饮服务提供者已经改正违法行为，不再需要采取查封措施的，食品安全监管部门应当依据《行政强制法》等有关规定及时作出解除查封的决定。

食品安全监管部门可以委托第三方专业机构协助承担查封后专业整改事项的评估和监理，对食品生产经营者的评估不得收费。

**第十四条** 餐饮服务提供者不服食品安全监管部门查封措施的，可依法申请行政复议或提起行政诉讼。

**第十五条** 有下列情形的，餐饮服务提供者在一个记分周期内已有的记分予以清除：

（一）记分周期届满时，累积记分未达到25分的。

（二）累积记分达到25分以上（含25分），但已对其实施查封等处理的。

**第十六条** 食品安全监管部门的记分监督检查，按照下列要求实施：

（一）食品安全监管部门依据食品安全风险分级分类管理有关规定，结合各辖区"双随机，一公开"等监管工作要求，将违法行为记分检查融合入对餐饮服务提供者的日常监督检查工作中。

（二）食品安全监管部门应当组织对被查封期间的餐饮服务提供者进行巡查，依法处理擅自对外营业的违法行为。

（三）食品安全监管人员在实施监督检查时，应依据执法要求进行记录并归档，对餐饮服务提供者的违法行为记分及后处理情况记入其食品安全信息监管档案。

（四）食品安全监管部门应当组织执法人员、餐饮服务提供者及有关行业和人员开展对本办法的培训、宣传工作。

（五）食品安全监管部门应对辖区食品安全监管部门和执法机构实施记分管理措施情况进行监督抽查。发现工作人员违反本办法规定实施记分造成不良后果的，依法依规处理。

**第十七条** 食品安全监管部门应当在其官方网站或餐饮管理信息系统等有关信息公示平台上发布食品安全违法行为记分标准，提供记分和查处情况等有关信息，供餐饮服务提供者和消费者查询。

**第十八条** 任何单位和个人有权对食品安全监管人员存在的滥用职权、徇私舞弊等违法违纪行为进行检举、控告。

食品安全监管部门可以组织社会监督员及有关专家参与违法行为记分检查及后处理过程的监督。

**第十九条** 本办法由市市场监督管理局负责解释。

**第二十条** 本办法自 2020 年 1 月 1 日起施行，有效期 3 年。

## 附件11　深圳市食品安全违法行为记分检查表
### （普通餐饮单位）

| 检查类别 | 序号 | 违法违规行为（适用情形） | 记分值 |
| --- | --- | --- | --- |
| 一、许可管理 | 1 | 实际经营地址、主体业态、经营项目等事项与食品经营许可证不一致，经营条件不再符合食品安全要求未按要求立即整改或上报 | 5 |
| 二、信息公示 | 2 | 未在经营场所醒目位置公示食品经营许可证、量化等级、监督检查记录表 | 1 |
| | 3 | 未按要求采用开放橱窗、透明玻璃窗(或玻璃幕墙)、视频显示、隔断矮墙或设置参观窗口等方式方法，将餐饮服务关键环节进行展示 | 1 |
| 三、制度管理 | 4 | 未建立从业人员健康、食品安全自查、进货查验记录、过程控制、投诉处理等相应的食品安全管理制度，未按要求落实自查记录，列入重点监督对象的餐饮单位未进行自查报告备案 | 1 |
| | 5 | 未制定食品安全事故处置方案或方案内容不符合要求 | 1 |
| 四、人员管理 | 6 | 未按要求配备食品安全管理人员或者委托专业服务机构履行职责，食品安全管理员经监管抽查考核不具备食品安全管理能力或专业知识培训不合格 | 5 |
| | 7 | 接触直接入口食品工作的从业人员无有效健康证明或患有有碍食品安全疾病 | 2 |
| | 8 | 从业人员加工经营食品时未穿戴清洁的工作衣帽、双手不清洁、未保持个人卫生 | 1 |
| | 9 | 从业人员未进行食品安全培训 | 1 |
| 五、环境卫生 | 10 | 经营场所卫生未保持清洁：地面、墙壁、天花板和门窗等不洁净，排水沟渠不畅通，废弃物不能及时清理；与污染源未达到规定的距离；食品处理区内设有厕所；有圈养或宰杀活的禽畜类动物 | 2 |

续表

| 检查类别 | 序号 | 违法违规行为（适用情形） | 记分值 |
| --- | --- | --- | --- |
| 六、原料控制 | 11 | 未按规定查验供货者的许可证和检验合格证明，未如实记录有关信息并保存相关购物凭证 | 2 |
| | 12 | 原料外包装标识不符合要求 | 2 |
| | 13 | 食品原料贮存存在以下情形之一的：①未按照外包装标识的条件和食品安全要求贮存食品原料；②未分类、离地存放食品原料；③有变质或者超过保质期限的食品原料未及时清理；④未对贮存的散装食品进行信息标明；⑤食品原料与有毒、有害物品一同贮存、运输 | 1 |
| | 14 | 食品加工用水不符合国家GB5749《生活饮用水卫生标准》，自备水源未能提供有资质的检测机构出具的水质检测合格报告，接触食品成品的水未经过水净化设施处理或未使用可直接饮用水 | 2 |
| | 15 | 存在国家禁止生产经营的以下较严重情形之一的：①使用超过保质期、腐败变质、油脂酸败、霉变生虫、污秽不洁、混有异物、掺假掺杂或者感官性状异常的食品、食品添加剂；②生产经营致病性微生物，农药残留、兽药残留、生物毒素、重金属等污染物质以及其他危害人体健康的物质含量超过食品安全标准限量的食品、食品添加剂；③利用新的食品原料生产食品未通过安全性评估 | 5 |
| | 16 | 采购或使用不符合食品安全标准的食品原料（除15项以外的情形） | 1 |
| 七、加工过程 | 17 | 未采取有效防护措施避免食品受到污染：①食品原料、半成品与成品在盛放、贮存时未相互分开；②用于盛装成品的餐饮容器直接放置地上；③食品原料清洗、餐用具清洗消毒以及清洁工用具清洗水池（容器）未分开专用；④存在污染食品及其加工制作过程的其他情形 | 2 |
| | 18 | 食品成品存放的温度和时间不符合规范的要求 | 2 |
| | 19 | 超范围、超限量使用食品添加剂 | 2 |
| | 20 | 应该食品留样的餐饮单位留样不符合规范要求 | 1 |
| | 21 | 专间或专用操作场所存在以下问题之一的：①未配备符合许可标准要求的专间或专用操作场所与专用设施；②加工制作过程不符合规范要求，存在污染成品的食品安全的情形 | 2 |

续表

| 检查类别 | 序号 | 违法违规行为（适用情形） | 记分值 |
|---|---|---|---|
| 八、场所及设施 | 22 | 用于清洗、加工、贮存、陈列、防尘、防蝇、防鼠和防虫、通风、排烟、照明等设施或场所设置不符合实际经营许可需要或不能正常使用；冷藏、热保存设施数量或大小不能满足生熟分开存放，有蟑螂、老鼠等有害生物 | 1 |
| | 23 | 盛放原料、半成品、成品的容器和使用的工具、设备，无明显标识或未分开使用 | 1 |
| | 24 | 食品处理区未设置能正常运转、足够数量的洗手设施（含洗手、干手设施）；专间和专用操作区入口处未设置能正常使用的洗手消毒设施（含洗手、干手、消毒设施） | 2 |
| | 25 | 直接接触食品的容器、工具和包装材料不符合食品安全标准或要求，未保持清洁 | 1 |
| 九、餐饮具洗消 | 26 | 餐具、饮具和盛放直接入口食品的容器使用前未按要求洗净消毒和保洁的；购置、使用集中消毒企业供应的餐具、饮具，未查验其经营资质、索取消毒合格凭证的 | 2 |
| 十、集体用餐配送、中央厨房 | 27 | 集体用餐配送、中央厨房等有关食品运输过程的车辆、贮存、包装或容器、标识、温度、时间、禁止配送品种、检验不符合规范要求 | 2 |
| 十一、网络订餐 | 28 | 网络供餐未取得"网络经营"许可，未在经营行为主页面公示其食品经营许可证、食品安全量化等级等信息；无保证食品安全的送餐措施或者未委托具备相应运输能力的企业送餐 | 2 |
| 十二、其他 | 29 | 未遵守控烟要求：①警示标识未张贴；②未能及时制止在非吸烟区吸烟者 | 1 |

注：★以下情形需要当场实施行政强制措施的，由监管部门另依据《食品安全法》《行政强制法》等有关规定执行。

1.造成食品安全事故、对人体健康造成严重危害的、影响较大的食品安全不良社会影响。

2.存在国家禁止生产经营的以下严重情形之一的：

（1）用非食品原料或者添加食品添加剂以外的化学物质和其他可能危害人体健康物质加工食品，或者用回收食品作为原料生产的食品。

（2）食品用病死、毒死或者死因不明的禽、畜、兽、水产动物肉类及其制品。

（3）未按规定进行检疫或者经检疫不合格的肉类或者肉类制品；及其他国家明令禁止生产经营的食品及原料（药品、亚硝酸酸盐、非允许的河豚鱼等品种）。

## 附件12 深圳市食品安全违法行为记分检查表
### （微小餐饮）

| 检查类别 | 序号 | 违法违规行为 | 记分值 |
| --- | --- | --- | --- |
| 一、许可管理 | 1 | 实际经营地址、主体业态（加工经营场所面积明显超过50㎡）、经营项目等事项与食品经营许可证不一致 | 5 |
| | 2 | 未设置微小餐饮许可所必需的场所及设施 | 2 |
| 二、信息公示 | 3 | 未在经营场所醒目位置公示食品经营许可证、量化等级、监督检查记录表信息 | 1 |
| | 4 | 未按要求采用开放橱窗、透明玻璃窗（或玻璃幕墙）、视频显示、隔断矮墙或设置参观窗口等方式方法，将餐饮服务关键环节进行展示 | 1 |
| 三、制度管理 | 5 | 未制定食品安全自查制度、消费者投诉处理制度或未落实的 | 1 |
| 四、人员管理 | 6 | 未按要求配备食品安全管理人员或者委托专业服务机构履行职责，食品安全管理员经监管抽查考核不具备食品安全管理能力或专业知识培训不合格 | 2 |
| | 7 | 接触直接入口食品工作的从业人员无健康证明或患有有碍食品安全疾病，从事加工经营食品时未穿戴清洁的工作衣帽，未保持个人卫生 | 2 |
| 五、环境卫生 | 8 | 场所卫生存在以下情形之一的：①未保持经营场所清洁、卫生，地面、墙壁、天花板和门窗等食品加工经营场所有明显的污垢、脱落，排水沟渠不畅通、地面积水；②"三防"（防尘、防蝇、防鼠、防虫）设施不齐全，存在蟑螂、虫、鼠害等滋生现象；③未设有带盖子的废弃物存放容器，废弃物不能及时清理，未按照要求处理餐厨废弃物 | 2 |
| 六、原料控制 | 9 | 采购的食品、食品添加剂的，未依法进行索证索票和进货查验，没有留存每次购货凭证；由连锁总部统一采购的，各门店未能提供企业总部食品供货商的资质证明、食品合格证明文件等资料、接货清单 | 2 |
| | 10 | 原料存在以下不符合要求的情形之一：①原料外包装标识不符合要求；②未按照外包装标识的条件和食品安全要求贮存；③采购使用不符合食品安全标准的食品原料、食品添加剂；④食品原料与有毒、有害物品一同贮存；⑤用水不符合国家规定的生活饮用水卫生标准 | 1 |

续表

| 检查类别 | 序号 | 违法违规行为 | 记分值 |
|---|---|---|---|
| 七、加工过程 | 11 | 存在国家禁止生产经营的以下较严重情形之一的：①使用超过保质期、腐败变质、油脂酸败、霉变生虫、污秽不洁、混有异物、掺假掺杂或者感官性状异常的食品、食品添加剂；②生产经营致病性微生物，农药残留、兽药残留、生物毒素、重金属等污染物质以及其他危害人体健康的物质含量超过食品安全标准限量的食品、食品添加剂；③利用新的食品原料生产食品未通过安全性评估 | 5 |
| | 12 | 发现食品存放时存在污染的情形：①食品原料、半成品与成品未分开存放，相应工用具或容器能明显区分；②用于盛装即食用餐饮用具、已盛装即食食品容器直接放置于地上，未做食品安全防护措施的；③食品原料清洗、餐用具清洗消毒以及清洁工用具清洗水池（容器）未分开专用；④存在污染食品及其加工制作过程的其他情形 | 2 |
| | 13 | 食品成品存放的温度和时间不符合规范要求 | 2 |
| | 14 | 超范围、超限量使用食品添加剂 | 2 |
| 八、设施设备 | 15 | 直接接触食品的容器、工具和包装材料不符合食品安全标准或要求 | 1 |
| | 16 | 食品处理区未按要求设置相应数量的洗手设施（含洗手、干手用品） | 2 |
| 九、餐饮具洗消 | 17 | 未按要求对餐具、饮具进行清洗、消毒和保洁，购置、使用集中消毒企业供应的餐饮具，未按规定查验其经营资质及索取消毒合格凭证和供货票据 | 2 |
| 十、网络经营 | 18 | 网络供餐未取得"网络经营"许可，未在经营行为主页面公示其食品经营许可证、食品安全量化等级等信息；无保证食品安全的送餐措施或者未委托具备相应运输能力的企业送餐 | 2 |
| 十一、其他 | 19 | 未遵守控烟要求：①警示标识未张贴；②未能及时制止在非吸烟区吸烟 | 1 |

注：★以下情形需要当场实施行政强制措施的，由监管部门另依据《食品安全法》《行政强制法》等有关规定执行。

1.造成食品安全事故、对人体健康造成严重危害的、影响较大的食品安全不良社会影响。

2.存在国家禁止生产经营的以下严重情形之一的：

（1）用非食品原料或者添加食品添加剂以外的化学物质和其他可能危害人体健康物质加工食品，或者用回收食品作为原料生产的食品。

（2）食品用病死、毒死或者死因不明的禽、畜、兽、水产动物肉类及其制品。

（3）未按规定进行检疫或者经检疫不合格的肉类或者肉类制品；及其他国家明令禁止生产经营的食品及原料（药品、亚硝酸酸盐、非允许的河豚鱼等品种）。

## 附件13 深圳市食品安全违法行为记分检查表
（学校食堂）

| 检查类别 | 序号 | 违法违规行为 | 记分值 |
| --- | --- | --- | --- |
| 一、许可管理 | 1 | 实际经营地址、主体业态、经营项目等事项与食品经营许可证不一致，经营条件不再符合食品安全要求未按要求立即整改或上报 | 5 |
| 二、信息公示 | 2 | 未在经营场所或公共信息平台等方式公示食品经营许可证、量化等级、监督检查记录表、学校食堂从业人员的健康证明、备餐人员操作规范、食品进货来源等信息 | 1 |
| | 3 | 未按要求采用开放橱窗、透明玻璃窗(或玻璃幕墙)、视频显示、隔断矮墙或设置参观窗口等方式方法，将餐饮服务关键环节进行展示 | 1 |
| 三、制度管理 | 4 | 未建立从业人员健康和培训、进货查验记录、过程控制要求、场所及设施设备维修保养、餐具饮具清洗消毒、食品添加剂使用管理、集中用餐岗位责任、中小学和幼儿园集中用餐陪餐制度、投诉处理等相应的食品安全管理制度，未建立师生家长食品安全投诉处理及建议渠道 | 1 |
| | 5 | 未制定食品安全事故处置方案或内容不符合要求 | 1 |
| | 6 | 自查制度落实不符合要求：①未建立食品安全自查制度；②未开展食品安全自查并记录；③自查报告未定期上报监管部门 | 1 |
| 四、人员管理 | 7 | 未按要求配备食品安全管理人员或者委托专业服务机构履行职责，食品安全管理员经监管抽查考核不具备食品安全管理能力或专业知识培训不合格 | 5 |
| | 8 | 接触直接入口食品工作的从业人员无有效健康证明或患有有碍食品安全疾病 | 2 |
| | 9 | 从业人员加工经营食品时未穿戴清洁的工作衣帽，加工操作直接入口食品前未按要求洗手消毒，未保持个人卫生 | 1 |
| | 10 | 从业人员未进行食品安全培训 | 1 |
| 五、环境卫生 | 11 | 经营场所卫生未保持清洁：地面、墙壁、天花板和门窗等不洁净，排水沟渠不畅通，废弃物不能及时清理，与污染源未达到规定的距离，食品处理区内设有厕所，有圈养或宰杀活的禽畜类动物 | 2 |

续表

| 检查类别 | 序号 | 违法违规行为 | 记分值 |
|---|---|---|---|
| 六、原料控制 | 12 | 未按规定查验供货者的许可证和检验合格证明，未如实记录有关信息并保存相关购物凭证 | 5 |
| | 13 | 原料外包装标识不符合要求 | 2 |
| | 14 | 食品原料贮存不符合要求：未按照外包装标识的条件和食品安全要求贮存食品原料，未分类、离地存放食品原料，有变质或者超过保质期限的食品的食品原料未及时清理，未对贮存的散装食品进行信息标明，有毒、有害物品与食品原料一同贮存、运输 | 1 |
| | 15 | 食品加工用水不符合国家规定的GB5749《生活饮用水卫生标准》，自备水源未能提供有资质的检测机构出具的水质检测合格报告，接触食品成品的水未经过水净化设施处理或未使用可直接饮用水 | 2 |
| | 16 | 存在国家禁止生产经营的以下较严重情形之一的：①使用超过保质期、腐败变质、油脂酸败、霉变生虫、污秽不洁、混有异物、掺假掺杂或者感官性状异常的食品、食品添加剂；②生产经营致病性微生物，农药残留、兽药残留、生物毒素、重金属等污染物质以及其他危害人体健康的物质含量超过食品安全标准限量的食品、食品添加剂；③中小学或幼儿园食堂制售冷荤类食品、生食类食品、裱花蛋糕，或者加工制作四季豆、鲜黄花菜、野生蘑菇、发芽土豆等高风险食品；④采购、贮存、使用亚硝酸盐（包括亚硝酸钠、亚硝酸钾）⑤利用新的食品原料生产食品未通过安全性评估 | 5 |
| | 17 | 采购或使用不符合食品安全标准的食品原料（除16项检测不合格以外的情形） | 1 |
| 七、加工过程 | 18 | 未采取有效防护措施避免食品受到污染：①食品原料、半成品与成品在盛放、贮存时未相互分开；②用于盛装成品的餐饮容器直接放置地上；③食品原料清洗、餐用具清洗消毒以及清洁工用具清洗水池(容器)未分开专用；④存在污染食品及其加工制作过程的其他情形 | 2 |
| | 19 | 食品成品存放的温度和时间不符合规范的要求 | 2 |
| | 20 | 超范围、超限量使用食品添加剂，食品添加剂未做到专柜保存，对有使用限量要求的食品添加剂未能进行称量和记录 | 2 |
| | 21 | 食品留样不符合规范要求 | 1 |
| | 22 | 专间或专用操作场所存在以下问题：①未配备符合许可标准要求的专间或专用操作场所与专用设施；②加工制作过程不符合规范要求，存在污染成品的食品安全的情形；③在显著位置未公示备餐人员操作规范 | 2 |
| | 23 | 配餐送到教室等就餐场所的配送过程中的食品存放、运输、分餐操作不符合要求 | 2 |

续表

| 检查类别 | 序号 | 违法违规行为 | 记分值 |
|---|---|---|---|
| 八、场所及设施 | 24 | 未能按照许可要求设置相应加工经营场所，食品处理区未能按照原料进入、原料处理、加工制作、成品供应的顺序合理布局，未能有效避免食品接触有毒物、不洁物（实在无法分设时，未能在不同时段分别运送原料、成品、使用后的餐饮具，且未使用无污染的方式覆盖运送成品） | 1 |
| | 25 | 用于清洗、加工、贮存、陈列、防尘、防蝇、防鼠和防虫、通风、排烟、照明等设施设置不符合实际需要或不能正常使用；冷藏、热保存设施数量或大小不能满足生熟分开存放，有蟑螂、老鼠等有害生物 | 1 |
| | 26 | 用于加工动物性食品原料、植物性食品原料、水产品原料、半成品或者成品等容器、工具，未从形状、材质、颜色或标识上明显区分、未做到分开使用 | 1 |
| | 27 | 食品处理区未设置能正常运转、足够数量的洗手设施（含洗手、干手设施）；专间和专用操作区入口处未设置能正常使用的洗手消毒设施 | 2 |
| | 28 | 直接接触食品的容器、工具和包装材料不符合食品安全标准或要求，未保持清洁 | 1 |
| 九、餐饮具清消 | 29 | 餐具、饮具和盛放直接入口食品的容器使用前未按要求洗净消毒和保洁的；购置、使用集中消毒企业供应的餐具、饮具，未查验其经营资质、索取消毒合格凭证的 | 2 |
| 十、采购集中用餐饮配送或承包食堂 | 30 | 校外集体配餐存在以下情形之一的：①未建立健全校外供餐管理制度；②供餐单位无食品经营许可，未与供餐单位签订供餐合同（或者协议）；③未公示供餐单位信息；④学校未对供餐单位提供的食品随机进行外观查验和必要检验；⑤食品运输车辆、贮存、包装或容器、标识、温度、时间、禁止配送品种不符合规范要求 | 2 |
| | 31 | 承包或者委托经营学校食堂的，未选取有食品经营许可条件的餐饮管理单位，未依法签订合同并落实双方管理责任 | 2 |
| | 32 | 未按有关规定处理餐厨垃圾 | 1 |
| 十一、其他 | 33 | 未遵守控烟要求：①警示标识未张贴；②未能及时制止在非吸烟区吸烟者；③未制止食堂从业人员等人员在食堂及有关禁止吸烟场所吸烟行为 | 1 |

注：★以下情形需要当场实施行政强制措施的，由监管部门另依据《食品安全法》《行政强制法》等有关规定执行。

1.造成食品安全事故、对人体健康造成严重危害的、影响较大的食品安全不良社会影响。

2.存在国家禁止生产经营的以下严重情形之一的：

（1）用非食品原料或者添加食品添加剂以外的化学物质和其他可能危害人体健康物质加工食品，或者用回收食品作为原料生产的食品。

（2）食品用病死、毒死或者死因不明的禽、畜、兽、水产动物肉类及其制品。

（3）未按规定进行检疫或者经检疫不合格的肉类或者肉类制品；及其他国家明令禁止生产经营的食品及原料（药品、亚硝酸酸盐、非允许的河豚鱼等品种）。

## 附件14 深圳市食品安全违法行为记分检查表
（连锁餐饮总部）

| 检查类别 | 序号 | 违法违规行为（适用情形） | 记分值 |
|---|---|---|---|
| 一、许可管理 | 1 | 实际经营地址、主体业态、经营项目等事项与食品经营许可证不一致 | 5 |
| 二、信息公示 | 2 | 未在经营场所醒目位置公示食品经营许可证、量化等级、监督检查记录表信息 | 2 |
| 三、制度管理 | 3 | 未建立健全统一规范的从业人员健康管理制度和培训管理制度、食品安全管理员制度、食品经营过程与控制制度、食品添加剂使用制度、场所及设施设备清洗消毒和维修保养制度、进货查验和查验记录制度、食品贮存管理制度、食品召回、废弃油脂处理、投诉处理等保证食品安全的规章制度 | 5 |
| 三、制度管理 | 4 | 未制定食品安全事故处置方案或方案内容不符合要求 | 2 |
| 三、制度管理 | 5 | 未建立食品安全自查制度，未对各总部及各下属餐饮店的食品安全状况依法进行加工经营过程的风险检查、评价、控制或形成书面记录，未按要求定期上报监管部门 | 5 |
| 四、人员管理 | 6 | 未按要求配备食品安全管理人员或者委托专业服务机构履行职责，食品安全管理员经监管抽查考核不具备食品安全管理能力或专业知识培训不合格 | 5 |
| 五、原料控制 | 7 | 未建立食品安全追溯体系：未详细记录供货方信息、产品采购信息和门店信息，包括供货方许可证照、检验合格证明、地址、联系方式以及配送食品的品种等。未使用一式两联以上的配送清单，分别由总部和门店留存。各店仍不能及时查询、获取相关证明文件复印件或凭证 | 5 |
| 六、场所及设施 | 8 | 食品贮存、实验室场所与工具、容器、设施等不符合许可审核标准，或不能正常运行 | 2 |
| 六、场所及设施 | 9 | 未配备与配送食品品种、数量相适应的符合要求的封闭式专用运输车辆和专用密闭运输容器 | 2 |

附件 15 食品安全违法行为记分告知书

# 食品安全违法行为记分告知书

深市监（辖区局编码）记分　　　　　　　　[年月日]+序号

单位名称：　　　　　　　　　负责人：

地址：　　　　　　　　　　　联系手机：

经查，你（单位）于　　年　　月　　日，存在食品安全违法行为（见深圳市食品安全违法行为记分检查表）。根据《深圳市餐饮服务违法行为记分管理办法（试行）》的规定，本机关对你（单位）的上述违法行为记　分，若你（单位）本在年度记分周期内被累积记下 25 分及以上的违法行为，本局将会对你违法经营场所依法查封。

如需要查询你（单位）的累积记分情况，可登录我局官网或餐饮管理信息系统等有关信息公示平台上查询。

特此告知。

联系人：　　　　　　　　　　联系电话：

深圳市市场监督管理局 ×× 局（盖 章）

　　　　　　　　　　　　　　　　　　年　　月　　日

## 送达回证

| 送达地点 | | 送达方式 | □直接送达<br>□留置送达<br>□手机短信<br>□网络直达 |
|---|---|---|---|
| 收件人签名或确认邮件 | 年　月　日　时 | 见证人签名 | 年　月　日　时 |
| 送达人 | | | |
| 备注 | | | |

（备注：本文书一式三份，一份交被处罚人，一份归监管档案，一份承办机构留。）

# B.20 附录六 《深圳市餐饮服务违法行为记分管理办法(试行)》政策解读

来源：深圳市市场监督管理局

发布时间：20191104 14:48

## 一、《深圳市餐饮服务违法行为记分管理办法（试行）》出台的背景

《深圳经济特区食品安全监督条例》自 2018 年 5 月 1 日起施行，其第五十二条规定"食品药品监督管理部门可以对食品生产经营者违反食品安全法律、法规的行为，实行累积记分制度。食品生产经营者在一个记分周期内累积记分达到相应分值的，降低其分级分类评定等级；被评定为最低等级的，查封其生产经营场所。具体办法由市食品药品监督管理部门另行制定。"

为贯彻落实《深圳经济特区食品安全监督条例》，结合"星期三查餐厅"等检查活动中发现餐饮行业普遍存在的共性问题，借鉴中国香港特区、新加坡等食品安全违法记分监管等先进做法，我局牵头组织制定了《深圳市餐饮服务违法行为记分管理办法（试行）》（以下简称《办法》），以指导和规范我市各辖区食品安全监管部门对餐饮单位开展食品安全违法行为记分检查工作，更好的保障广大市民"餐桌安全"。

本《办法》被列入深圳市 2018 年重大行政决策事项目录及听证事项目录事项之一。

## 二、《办法》的主要目的

餐饮服务者的经营安全与广大消费者的健康息息相关。《办法》针对餐饮行业的实际风险特点，将食品安全管理员专业知识培训不合格或经现场抽查考核不具备食品安全管理能力、原料未依法索证、经营场所不清洁等常见食品安全违法情形作为累积记分内容，通过累积记分达到一定分值后对经营单位实行查封，以及查封后必须经过整改符合要求才能申请解封等措施，强化餐饮加工经营中的过程风险控制，提高餐饮服务提供者违法成本，致力解决餐饮行业普遍存在的"小错不断，大错不犯"老问题，推动餐饮行业自觉学习、自律落实主体责任，有效预防食品安全隐患，加快推动全市餐饮行业食品安全规范管理工作的整体提升。

## 三、《办法》的主要内容

《办法》共二十条，主要内容如下：

### （一）适用范围

《办法》适用于深圳市食品安全监督管理部门对全市持有有效《食品经营许可证》的餐饮服务提供者实行累积记分的监督管理。餐饮服务提供者包含餐馆、饮品店、糕点店、微小餐饮、中央厨房、集体用餐配送单位、餐饮服务连锁企业总部、餐饮管理企业和单位食堂。

对未取得食品经营许可证或许可证过期，从事餐饮服务活动的，由食品安全监管部门依法查处，不适用本办法。

**（二）记分运用**

违法记分将作为对餐饮服务提供者进行食品安全分级分类评定等级、实施查封等有关行政行为的依据。餐饮服务提供者获得《食品经营许可证》发证之日起，每12个月为一个记分周期。如在一个周期内被记分≥25分以上，食品安全监管部门按有关规定对其违法从事经营活动的场所实施查封，并向社会公告。

**（三）记分分值**

依据有关食品安全法律法规，结合食品安全风险评估的严重程度，将一次违法记分的分值设为5分、2分、1分三个级别。对餐饮服务提供者在一次监督检查中存在多项违法违规行为的，实行累积记分；或在同一记分周期中被不同次检查中发现相同或不同种违法行为的，每次均将被记分。

**（四）记分检查内容设定的法律依据**

《办法》配套使用的记分检查表分为四类：

1. 普通餐饮（29个检查项）。

2. 微小餐饮（19个检查项）。

3. 学校食堂（33个检查项）。

4. 连锁餐饮总部（9个检查项）。

每一项记分检查内容均依据《食品安全法》《广东省食品安全条例》《深圳经济特区食品安全监督条例》等法律法规和总局、省局印发的有关餐饮日常监督检查记录表，结合对不同主体业态的监管标准特点，最终确定检查表及检查内容。

**（五）对监管人员实施记分监督检查的要求**

一是《办法》第七条规定了食品安全监管人员可以依法采取现场检查、书面检查、视频监控抓拍违法行为记录、监督抽检等形式。二是应当按照相应餐饮类型的《深圳市食品安全违法行为记分检查表》进行检查，每次监督检查原则上应当覆盖记分检查表中的全部项目。三是应当制作记分检查表，并留存有关证据，如有违法记分事项，应同时发放《深圳市食品安全违法行为记分告知书》，记分检查表应当经被餐饮服务提供者核实确认。四是监管部门对餐饮服务提供者实施查封措施的，具体依据《行政强制法》等有关规定进行。五是在第十六条规定各辖区食品安全监管部门结合"双随机，一公开"等监管工作要求，将违法行为记分检查融合入对餐饮服务提供者的日常监督检查工作中。六是依法处理被查封期间擅自对外营业的违法行为。

### (六)对餐饮服务提供者的"救济途径"

为保障餐饮服务提供者的公正、公平权益,确保必要的营商环境,一是《办法》第十四条规定餐饮服务提供者不服食品安全监管部门查封措施的,可依法申请行政复议或提起行政诉讼;二是被查封的餐饮服务提供者符合《办法》第十三条情形的,可以向食品安全监管部门提交纠正违法行为的整改证明材料,申请解封。

### (七)社会监督

《办法》第十七条规定了食品安全监管部门应当在其官方网站或餐饮管理信息系统等有关信息公示平台上发布食品安全违法行为记分标准,提供记分和查处情况等有关信息,供餐饮服务提供者和消费者查询。第十八条规定了任何单位和个人有权对食品安全监管人员存在的滥用职权、徇私舞弊等违法违纪行为进行检举、控告。食品安全监管部门可以组织社会监督员及有关专家参与违法行为记分检查及后处理过程的监督。

## 支持赞助单位

| | | | |
|---|---|---|---|
| <br>深圳市新地酒店管理<br>有限公司 | <br>深圳市福田区<br>味道云南酒楼 | <br>深圳永中餐饮投资管理<br>有限公司 | <br>南粤春餐饮连锁 |
| <br>深圳市沙都餐饮管理<br>有限公司 | <br>雀巢（中国）有限公司<br>专业餐饮 | <br>深圳市谭厨小菜餐饮管理<br>有限公司 | <br>博客·格兰云天<br>国际酒店 |
| <br>本人造（深圳）传媒科技<br>有限公司 | <br>小芙蓉<br>餐饮连锁 | <br>深圳潮泰实业<br>有限公司 | <br>深圳合纵文化<br>有限公司 |
| <br>陈鹏鹏餐饮（广东）<br>有限公司 | <br>众安康集团深圳市餐饮<br>管理有限公司 | <br>姚酸菜鱼 | <br>中国潮江春集团 |
| <br>都百味集团 | <br>深圳市潮阳<br>大目餐饮管理有限公司 | <br>深圳市好伙夫<br>餐饮管理有限公司 | <br>深圳市日月永和餐饮<br>有限公司 |
| <br>深圳胡桃里音乐文化<br>有限公司 | <br>五谷芳乳鸽王饮食策划<br>管理有限公司 | <br>深圳佳宁娜餐饮管理<br>有限公司 | <br>深圳市国兰酒楼饮食<br>有限公司 |

| | | | |
|---|---|---|---|
|  深圳市缪氏饮食管理<br>有限公司 |  深圳市科脉技术股份<br>有限公司 |  深圳市德立安食品<br>有限公司 | 深圳市五稻厨房餐饮<br>有限公司 |
|  广东芙蓉楼餐饮<br>有限公司 |  锦江麦德龙现购自运<br>有限公司 |  深圳市晏煌餐饮管理<br>有限公司 |  君德餐饮<br>猎聘公司 |
| Dr.MENU 鼎日荣罩<br>深圳市鼎日文化传播<br>有限公司 |  餐饮界<br>新媒体 |  餐饮<br>O2O |  深圳市探炉餐饮连锁<br>有限公司 |
|  深圳市惠尔来农产品<br>有限公司 |  深圳市五耕餐饮投资管理<br>有限公司 |  深圳面点王饮食连锁<br>有限公司 |  深圳市艾美御膳餐饮管理<br>有限公司 |
| SAP<br>思爱普（中国）<br>有限公司 |  深圳市<br>誉兴集团 |  富莱斯勒贸易（深圳）有限<br>公司（连城新天地） |  深圳餐谋长品牌<br>策划公司 |
|  深圳市云味馆餐饮管理<br>有限公司 |  深圳市旗云野生菌贸易<br>有限公司 |  深圳市举人爷酒店管理<br>有限公司 |  深圳亚米餐饮管理<br>有限公司 |